山よりほかに友はなし

マヌス監獄を生きたあるクルド難民の物語

著
ベフルーズ・ブチャーニー
Behrouz Boochani

英訳
オミド・トフィギアン
Omid Tofighian

監修・監訳
一谷智子
友永雄吾

明石書店

山よりほかに友はなし

マヌス監獄を生きたあるクルド難民の物語

ジャネット・ガルブレイスに捧げる――鳥のような君に

山よりほかに友はなし　目次

まえがき

リチャード・フラナガン

『山よりほかに友はなし』は、オスカー・ワイルドの『獄中記』、アントニオ・グラムシの『獄中ノート』、レイ・パーキンの『苦境へ』、ウォーレ・ショインカの『人間の死』、さらにはマーティン・ルーサー・キング・ジュニアの『バーミンガム刑務所からの手紙』など世界中の監獄文学を集めた本棚に加えるべき一冊である。

若きクルド詩人ベフルーズ・ブチャーニーは、長期間に及ぶ監禁の苦痛に満ちた極限状況下で、このペルシャ語の本を書き上げた。それは勇気と創造への強い思いが可能にした一つの奇跡である。本書は紙やパソコン上に書かれたのではない。マヌス島の収容所の監視の目を掻い潜って、膨大な量のテキストメッセージとして、携帯電話に打ち込まれたのだ。

私たちはまず、その創作の困難さ、つまりほとんど不可能に近いことを可能としたことに思いを致し、ベフルーズ・ブチャーニーが成し遂げた功績を認めるべきだろう。オーストラリア政府は、庇護希望者の人間性を奪おうとありとあらゆる手を尽くしてきた。彼らの名前や物語は、私たちから遠ざけられている。ナウルやマヌス島の動物園のような過酷な状況下で彼らは生きている。彼らの命は、その意味を奪われてしまっているのだ。

この被収容者たちは何の罪を犯したわけでもないのに、判決も下されぬままに収容されている。それはオーストラリアの看守らの手に委ねられ、何の望みも得られぬという残酷な結末へと至る、まさにカフカの作品に描かれるような運命なのだ。

自由を求める叫びは、権力に抵抗しようとして焼身自殺した二三歳のオミド・マスマリーの焼け焦げた肉体へと化し、同じく自らに火を放った二一歳のホダン・ヤシンの悲鳴へと化した。

我が祖国オーストラリアは、こんな国に成り果てたのだ。

ナウルでは、レイプされる女性の懇願する声が省みられることはない。

ある少女は、そうした状況に抵抗を示すために自らの唇を糸で縫い付けた。

またある難民の子どもは、針で刺してハート型の傷を自分の手に刻みつけ、なぜそんな自傷行為をしてしまうのか自分でも理解できないでいる。

ベフルーズ・ブチャーニーの抵抗は、こうした抵抗の方法とは異なる。ベフルーズ・ブチャーニーを監視する看守が唯一破壊することができなかったのは、彼の言葉への信念、つまり言葉の美や必然性、可能性、そして解放の力への信念だった。

こうしてベフルーズ・ブチャーニーは、収容所での生活を通して、オーストラリアのジャーナリズムにおける最も素晴らしい仕事を始めた。ツイッター、テキストメッセージ、動画、電話そしてメールを駆使して、彼はマヌス島で起こったことを克明に伝えたのである。そうすることで彼は、マヌス島とナウルにジャーナリストが近づけないように常に目を光らせ、長い間難民の物語が語られないようにしてきたオーストラリア政府に抵抗した。政府は、難民の子どもへの暴力や性的虐待、さらには女性へのレイプ、その他あらゆる残虐な行為を公的に知らせうる医師やソーシャルワーカーらを二年間投獄することができるオーストラリア国境防衛法四二条という厳格な法律を盾にしてきた。

彼が記した言葉は、反難民を声高に叫ぶ報道にもかき消されることなく、海を越えて、世界中で読まれることとなった。手にしている真実と携帯電話だけで、収容されている一人の難民が、オーストラリアという一国の大罪を世界に向けて告発したのである。

ベフルーズ・ブチャーニーは、奇妙で恐ろしい書物を世に送り出した。そこには、オーストラリアの二大政党である自由党と労働党が、その残酷さにおいて大っぴらに競い合ってきた移民政策の囚われの身となり、マヌス島に五年間収容された若者としての彼の運命が記録されている。

オーストラリア人にとって本書を読むことは、この上なく辛いものだ。我々は良識、親切、寛大、平等主義という価値を重んじ、それを誇りに思う国民である。しかし我々が誇るべきこうした国民的美徳は、飢え、不潔、殴打、自殺、殺害を記すブチャーニーの言葉の中には全く見当たらない。

彼が描くマヌスにおけるオーストラリア政府当局の難民への態度は、第二次大戦中に私の父と仲間のオーストラリア兵が戦争捕虜として被った日本軍の仕打ちについて、父が語ってくれた時の痛みを思い出させた。

そうした犯罪を今現在において起こしているのが、まさに我々であるならば、我々は一体どうしてしまったと言うのだろうか？

本書は清算を要求する。誰かがこうした犯罪に対して応答しなくてはならない。もし、この事態から目を反らそうとするのであれば、歴史が我々に教えてくれる一つの確かなことは、マヌス島やナウルでの不正義はいつか、これまで以上に大きく悲劇的な規模において、オーストラリアで繰り返されるようになるだろうということである。

本書が目撃したおぞましい苦しみに対して、誰かが責任を負わねばならない。そして投獄されるべきなのは、無実の人々ではなく、その者たちなのだ。

けれども本書は、単に誰かを糾弾するだけの作品ではない。本書は、言葉がいまだにどれほどに重大なものかを我々に示してくれた若き詩人の完全な勝利の証である。オーストラリア政府は彼の身体を拘束したが、彼の魂は自由な人間のそれと何ら変わらない。彼の言葉は紛いもなく我々の言葉となり、我々の歴史は彼の物語への説明責任を求められている。

ベフルーズ・ブチャーニーがオーストラリアに迎えられる日が来ることを私は願う。彼が本著で示してみせたように、作家として。偉大なオーストラリアの作家として。

二〇一八年

翻訳者の物語——山並みを見晴るかす窓辺

オミド・トフィギアン

オミド：「あなたの近刊の記事を読みました……本当に素晴らしかった」

ベフルーズ：「それはどうも……私はただ、この悪夢から一刻も早く目覚めたいだけなんです」

ベフルーズの本を翻訳する経験は、それ自体が幾重もの物語に彩られ、豊かさに満ちたものである。そしてその物語は、私たちが初めて連絡を取り合い、対話を始める前、もっと言えば、マヌス監獄がこの世に姿を現す前から始まっていた。この数年間、特にベフルーズと出会ってから私は、よく生きるためには物語が必要不可欠であることを実感するようになり、本書を翻訳することを通して、物語ること（ストーリーテリング）への思考と経験を広げ深めてきた。この「翻訳者の物語」では、本書を作り上げた数々の経験と対話について考察し、私たちが共有した物語と人生をめぐる洞察について語ってみたい。

——＊——

マヌス島に到着してすぐ、私はロレンガウという町のバスターミナルへと急いだ。ベフルーズと私はそのバスターミナルで初めて出会った。彼は一日中何も口にしておらず、煙草が朝と昼の食事代わりで、私が車両から降りて挨拶をした時も、携帯電話を片手に誰かと話し続けていた。この日、ベフルーズに会う前に私は、ハメド・シャムシリプールという難民の遺体が、激しい打撲に加えて首を絞められた状態で、地元の学校近くの森で発見されたことを耳にしていた。実際、空港から町へ向かう途中にも、マヌス島の地元民や警察の集団を目にした。[1] その事件は殺人の疑いがあるもので、いまだに難民の多くは、シャムシリプールは殺害されたのだと主張している。オーストラリアをはじめ多くの国際ジャーナリストにとってベフルーズは、まず最初に連絡を取るべき人物だったため、その日も一日、彼は取材に応じていたのだった。この初めてのマヌス島訪問で私は、本書の翻訳を進めるための話し合いをするつもりでいた。しかし、そこで知ることとなったのは、この島で着々と進むのは拷問だけであるということだった。

本書の出版に至るまでに、マヌス島、ナウルそしてクリスマス島に置かれたオーストラリア国外の難民収容施設では、少なくとも次に挙げる一六人の難民たちが命を落としたとされている。

モハメッド・サルワル（ナウル島、二〇〇二年）
ファティマ・エルファニー（クリスマス島、二〇〇三年）
サイード・カーセム・アブドラー（クリスマス島、二〇一三年）
レザ・バラティー（マヌス島、二〇一四年）
セイド・イブラヒム・フセイン（ナウル島、二〇一四年）
ハミド・ハザイー（マヌス島、二〇一四年）
ファーゼル・チェガニィー（クリスマス島、二〇一五年）
オミド・マスマリー（ナウル島、二〇一六年）
ラキーブ・ハーン（ナウル島、二〇一六年）

カミール・フセイン（マヌス島、二〇一六年）
ファイサル・イサク・アハメド（マヌス島、二〇一六年）
ハメド・シャムシリプール（マヌス島、二〇一七年）
ラジェヴ・ラジェンドラン（マヌス島、二〇一七年）
モハメッド・ジャハンギール（ナウル島、二〇一七年）
サリム・キャウニング（マヌス島、二〇一八年）
ファリボーズ・カラミー（ナウル島、二〇一八年）

――＊――

ベフルーズの作品に出会う前から、いや、マヌス監獄に幽閉されたこの多作な作家について知る前から、その創作に私は馴染みがあったように思う。二〇一五年五月、私の父が突然この世を去った。それは、私がベフルーズと初めて連絡を取るおよそ八ヶ月前のことだった。ベフルーズと同様に父は、イランで歴史的迫害を受けてきた集団の一人であり、人生の大半を亡命者として生きた人だった。イラン革命勃発時に亡命した父は、二度と故郷の土を踏むことはなかった。父の名はマヌーチェールと言った。それはベフルーズの名前にも由来する叙事詩シャー・ナーメに登場する神話の王（シャー）から取られた名前だった。葬式やそれに続く喪の席で亡き父に捧げる追悼の言葉に、私は神話や伝説そして詩などの、特に父の名にちなんだ人物の晩年の物語を取り入れて、再話風に仕立て上げた。さらにはフェルドウスィーのシャー・ナーメに加え、迫害され抑圧された詩人で哲学者でもあったオマル・ハイヤームとターハレー・クラトゥルー・アインの詩によって父の人生を讃えた。父の人生を追悼することは、私や私の親族にとって、文学と文化の祭典となり、故郷を追われたディアスポラ的境遇にある親しい友らによる歌や踊り、語りもそこに加わった。だから、ベフルーズと私がマヌス島でようやく腰を落ち着けて、翻訳の方法をはじめ、この本のスタイルの詳細を話し合うようになった時、物語や哲学、記憶や芸術的実践について私たちがとてもよく似た考えを持っていることに気づくのに、それほど時間はかからなかった。この気づきは神秘的ですらあった。私にとって本書の翻訳は、すでに始まっていたマヌーチェールのための祝宴の続きでもあったからだ。

ベフルーズの本を翻訳する機会を得たのは、思いがけない幸運だった。彼が翻訳の話を持ち出したのは、私が彼の一連の報道記事を訳し始めてから六ヶ月が経った頃のことだ。その間に、私たちはコラボレーションの方法について相談し始めていた。彼がこの本を書いていることは早い段階から知っていたが、私たちは報道記事を英訳し、難民収容施設に異議申し立てをするための新しい戦略に注力していたので、本について真剣に話し合うことはなかった。しかし、意識が次第にこの本へと向き始めると、翻訳という作業は、それをめぐって展開する相互作用と共に生まれた私たちの関係性を創造的かつ知的につなぎとめる装置になっていった。そしてそれは、多くのインスピレーション、さらなる幸運な出会いと発見をもたらすこととなる。

この翻訳は、シドニー、カイロ、マヌス島で進められた。その方法と視点は、その時々に生み出され、変化を遂げてきた。各章の主題も、収容施設もしくはオーストラリアの国境政策に付随して起きた特定の出来事や動きに影響を受けている。そのため、翻訳の技法や様式や表現は、物語の時と場所に応じて変化している。つまりそれは、執筆や翻訳が行われていたその最中に、本書で描かれる出来事が起きていたということなのだ。

翻訳をめぐる物語は、本書自体の枠物語として機能するだろう。つまり、本書には、パラテクストとしての複雑な翻訳の過程があり、その中にメインストーリーが埋め込まれているのである。枠とそこに埋め込まれた物語の関係は、（クルド人を含む）イラン人の伝統的かつ現代的なストーリーテリングの実践に通じる物語の独特な技法にルーツがある。どのような枠物語が含まれているのか、その例を示すことは、本書の重要な主題、概念、問題を簡潔に説明することを可能にするだろう。さらにそれは、この翻訳がどのような文学的実験を含んでいるか、そして、作者、翻訳者、助言者、親友らによる共同作業が、共有された哲学的で学際的な活動の中でどのように育まれていったのかを説明するのに役立つに違いない。

共同作業と支援

ベフルーズ：「ジャーナリズムの分野では、わかりやすい言葉と基本的な概念を使って表現するしか選択肢がありません。報道記事を書く時は多様な読者を念頭に置く必要があります……そうした記事は一般大衆に向けたものであり、自分が書きたいことを思うように深く掘り下げることができません。それが問題なのです。ジャーナリズムでは、拷問について深く掘り下げて分析したり表現したりすることができないのです。けれども、いつかマヌス収容施設で起きている現象を論じるための批判的地平を拓くことが不可欠だと考えています。こうした仕事は、人文学や社会科学の分野に関わる人々を惹き付けるものになるでしょう。その作業は哲学的な言語を新たに創造することにほかなりません。この重要なプロジェクトに着手できるように情報提供する準備はできています。

例えば、フーコーの理論的枠組みを用い、マヌス収容施設について考察が可能になると思います。もしくは、ジジェクやグラムシのよく知られた考察やヘゲモニーと抵抗をめぐる言説を援用することも監獄、精神病者隔離施設、心理学などに関するフーコーの哲学的批評を応用してみるのです。もしできるでしょう」

オミド：「ムーネスとサジャドに会うたびに、あなたの本が豊かな批判的議論の基盤を提供するのではと思うようになりました……この本の可能性は計り知れないものがあります」

ベフルーズ：「この本が生み出す場では、多くの知的作業が必要になります……厳密で学術的な調査を実施できるチームが必要になると思います……大学の関与が求められますね。

今、私はイランの友人とマヌス収容施設を主題とした共同研究を進めています。学術誌にその研究の成果を発表できればと考えています。共著で論文を何本か書ければいいですね」

このように、ベフルーズとの最初のやりとりは、フェイスブック（Facebook）を通じて行われ、その後はワッツアップ（WhatsApp）というアプリに移り変わっていった。というのも、マヌス島のインターネットの接続環境は悪く、テキストメッセージとボイスメッセージが唯一の交信手段であり、リアルタイムでの直接的なやりとりはなかった。ベフルーズはこの本（そしてほかの報道記事や共同で監督した映画も）すべてをテキストメッセージによって書き上げた。彼は、ワッツアップを使って直接私に原稿を送ってくることもあったが、たいていは難民支援団体のもう一人の翻訳者ムーネス・マンスービーに長い文章を送り、ムーネスがそれをＰＤＦ化する方法を取った。原稿が整うと、ムーネスは章として完成したものをＰＤＦファイルで私に送ってくれた。各章に加筆する際は、ベフルーズが私に直接テキストメッセージを送り、私がその部分の書き換えを行った。すべての章が揃った段階での草稿は、段落のない長文のテキストメッセージだった。これが、文学的実験と哲学的活動を共有するためのユニークで知的な刺激に満ちた空間を作り上げた要素となったのである。

この翻訳作業のプロセスは私たちにとって、マヌス島に投獄された難民の置かれた状況と、それに関連した諸問題への分析を発展させる深い学びの経験となった。翻訳は二〇一六年一二月に開始され、以来それは、収容施設で起きた悲惨な出来事の数々、後退するオーストラリアの移民政策、社会・政治的言説からの強い影響を受けながら進んだ。

二〇一七年一〇月三一日、収容施設は突如、強制的に閉鎖され、その後三週間、抗議活動とそれを取り締まろうとする政府の攻防が展開された。退去を拒絶した人々は容赦のない罰則の標的となり、ベフルーズにはその事態を伝えるという緊急の必要性が生じたため、彼の原稿完成に向けた取り組みも、私の翻訳作業も中断を余儀なくされた。[2] この事件を伝える記事では、本書に似たやり方で、ベフルーズは文学の言葉とジャーナリズムの言葉を融合させ、飢餓、渇き、不眠症、病、さらには拷問の道具になりうる感情的、心理的な抑圧が戦略的に用いられる様を描いた。そして、この表現方法こそが、（私が英訳し二〇一七年一二月九日にオーストラリアの週刊新聞『サタデー・ペーパー』の記事として出版された）彼の詩的マニフェスト「マヌス島からの手紙」を成り立たせ、特徴づけているのである。

この「翻訳者の物語」の目的の一つは、私たちの翻訳作業がどのようになされ、進められたのかについて、読者の方々にも理解してもらえるような物語を語ることだ。ベフルーズという一個人の、想像を絶するような闘争には、恐ろしい抑圧と予測不可能な攻撃に打ち勝つためのたくさんの創造的で知的な戦略があった。そして、彼が取り組んだ共同作業は、その闘争の背景にあるもう一つの物語である。まずは、この共同作業を支えてくれた人々に感謝の意を示しておこう。次に挙げる人々は、この翻訳作業に関わり、継続的にサポートしてくれている支援者たちである。

ジャネット・ガルブレイス

ジャネット：「今朝、目覚めた時、詩をめぐる私たちのやりとりを思い出したの……何年も続いているあの詩的なやりとりのことを。それはとても深淵で創造的なつながりで、そんなやりとりができて、私はとても感謝している。そういえばベフルーズ、あなたは、初め自分の作品を本名で出版するのを嫌がっていたよね。だからペンネームについてはよく話し合ったね。それから、鳥の話もよくしたね、今も時々話すけれど……それでパシフィック・ヘロン（太平洋サギ）という鳥の名前を使うことにしたよね。覚えている？　パシフィック・ヘロンはマヌス島とオーストラリアを行き来する鳥だから、その名前がいいって。私たち二人ともその鳥を見たことがあったから。私は今、ヴィクトリア州中部に住んでいるのだけど、当時は同じ州の別の小さな町に住んでいて、その町の私の家のすぐそばの小さな池にパシフィック・ヘロンが一羽飛んで来て、数日滞在していくことがあったの」

この本をジャネット・ガルブレイスに捧げる。彼女は拘束されている難民（または以前に拘束されていた難民）を支援し、共同で創作を行う作家のグループ「フェンスを越えて書く（Writing Through Fences）」[3]という組織の運営をしている。ジャネットは、ベフルーズのマヌス島での執筆活動を初期の段階からずっと支援してきた（彼女は二〇一四年当時、ベフルーズの状況と創作活動に関心を持ち、彼と連絡を取った初期の支援者たちのまさに最初の一人だった）。ジャネットは、ムーネスと協力して、『マスカラ』（*Mascara Literary Review*）という文芸雑誌に公開された「ＭＥＧ45になること」（"Becoming MEG45"）というベフルーズによる一編を翻訳した。そして、この一編のおかげで、ベフルーズはピカドール出版と本書出版の契約をすることができたのである。

アーノルド・ゼイブル

アーノルド：「イランを離れてから四年、あなたはご自身のことをどの国家にも属さない、国なき人間だとおっしゃっています。では、あなたはどこに属しているのでしょうか。ご自身を取り巻く世界をどのように感じておられるのでしょう？　また、未知の国境に近づき、それを越えることに対して、どう思いますか」

ベフルーズ：「国境とは何でしょうか……私のこれまでの人生は、まさにこの国境という概念に振り回されてきました」

作家アーノルド・ゼイブルもまた、初期の頃からベフルーズの執筆と抵抗をめぐる活動に関わってきた一人である。アーノルドとジャネットは、ベフルーズの作品を国際ペンクラブに紹介し、彼が直面していた状況への国際社会の認識を高めた。二〇一五年にベフルーズに関わりを持って以来、アーノルドはベフルーズが監督を務めた映画『チャウカよ、時を伝えて』（*Chauka, Please Tell Us the Time*, 2017）［アラシュ・カマリ・サルベスターニーとの共同監督］の批評を行い、パネルディスカッションの司会を務め、主要メディアにベフルーズのインタヴューを掲載するのに尽力した。アーノルドは現在、さらなる対話を促す新たな構想の文学プロジェクトに取り組んでいる。ジャネットと同様に、彼もこの翻訳作業に対して有益なフィードバックと励ましを与え続けてくれた。

キリリー・ジョーダン

キリリー：「こんにちは、ベフルーズ……マヌス島とナウル島で起きていることにもっと人々の関心が向かうようにと、私はささやかな芸術作品の制作に取り組んでいます。オンラインであなたの詩に出会いました。よろしければ私のプロジェクトにあなたの詩を使わせてもらえませんか」

キリリー・ジョーダンもまたベフルーズの執筆活動に重要な役割を担っていた。オーストラリア国立大学の研究者であり芸術家でもある彼女は、ベフルーズの詩に触発されて、二〇一六年の初めに芸術の共同プロジェクトを通して彼と出会うことになった。それ以来、キリリーは彼が英語で書いた詩に定期的にフィードバックをしてきた。ペルシャ語から翻訳した本書の草稿への彼女の応答は、ベフルーズが草稿を練り上げてゆく際に、重要な分析やアイディアや助言を与えることとなった。

ピカドール出版

本書の第一〇章「コオロギたちの合唱、残酷な儀式／マヌス監獄の神話的地形」の草稿は、二〇一七年に『アイランド』誌に掲載された。ピカドールは、このプロジェクトの緊急性、さらにはそれがいかに重要なメッセージを持っているのかをすぐに理解し、ベフルーズが置かれた窮状と執筆活動にも理解を示してくれた。この翻訳作業の芸術性や構成に関わる重要な決定の多くは、この出版社の編集チームによる成果と言っても過言ではないし、彼らとのやりとりが独自性と創造性に満ちたこの作品を作り出したと言える。ピカドール、ベフルーズ、そして翻訳者のチームは、オーストラリアの難民支援サービス（The Refugee Advice & Casework Service［Aust.］）の主任弁護士であるサラ・デールにも恩恵を受けている。サラの無償の奉仕は、本書を法的な観点から見直すのに不可欠だった。

ナジェム・ウェイシー、ファルハド・ブチャーニー、トゥーマス・アスカリヤン

マヌス収容施設にいる間ベフルーズは、ナジェム・ウェイシー、ファルハド・ブチャーニー、トゥーマス・アスカリヤンというイラン在住の三人の友人と連絡を取り合っていた。ナジェムとベフルーズは大学以来の親しい友人だった。ファルハドはベフルーズの父方の従兄弟で、二人は子どもの頃から親しい間柄だった。トゥーマスとも大学で出会った。この三人はベフルーズにとって心を許せる存在で、彼は収容施設にいる間に自分が書いたものを、ワッツアップを通して常に彼らと共有していた。それゆえに、彼らが本書に与えた影響は大きい。彼らのやりとりや、マヌス収容所で起きていることを理解しようとする試みは、創造的で知的なこの共同作業に新たな言説を加えたと言ってもよい。翻訳作業と合わせて、この三人の友人との関係は、哲学的活動を共有するとはいかなることなのかを伝えている。

ムーネス・マンスービーとサジャド・カブガニー

ムーネス・マンスービーは、二〇一五年にベフルーズの報道記事の翻訳を始め、マヌス収容施設の恐怖について分析し書き続けている彼への支援において、極めて重要な役割を果たしてきた。特に、この翻訳プロジェクトにかかわらず、彼女が果たした役割というのは特筆に値する。このプロジェクトにおいてムーネスがなくてはならない存在であったのは言うまでもないが、彼女は初期の段階から私の相談に乗ってくれた。(古典と現代文学の両方における)彼女のイラン文学への造詣の深さにはとても助けられた。ムーネスは国際関係や難民支援にも精通しており、本書の社会的、文化的、政治的要素をより洗練されたものにしてくれた。

サジャド・カブガニーも翻訳作業に協力してくれた。彼は教育哲学と文学の研究者で、ムーネス同様、ベフルーズの原稿についての私の理解を助けてくれた。サジャドに相談することで、私は重層的な視点を得ることができ、そのことでより深いレベルの翻訳が可能となった。

章ごとに相談を繰り返し、その作業は何週間にも及んだ。私は大部分を一度に翻訳してみてから、詳細を検討する必要がある言葉や文章について彼らに相談するようにしていた。この打ち合わせの際は、私が英語で本文を読み上げた後、彼らがペルシャ語で再度読み上げて、内容を確認してくれた。こんな風にして、私は二人と共に毎回、一章ずつ仕上げていった。この打ち合わせは週一回、もしくは二週間に一度の割合で行った。数時間の時もあれば、一日がかりの作業となることもあったが、初回の打ち合わせから、私たちの交流は哲学のセミナーのような情熱を帯びていた。私たちは長い期間を費やして、一文一文を精読し解釈を試み、何度も推敲を重ねた。そして、ベフルーズに連絡を取り、意味を確認し、フィードバックを求め、意見交換を行ったり感想を述べ合うこともあった。こうした過程が示すように、この翻訳作業は紛れもなく、複数の視点を含んだ共同のプロジェクトなのである。ムーネスやサジャドと交わした会話は、この翻訳に素晴らしい効果をもたらした。だからこそ、私たちの対話の断片を記録し、この翻訳のプロセスについてここに説明し、二人のかけがえのない貢献について記しておきたい。

意味、構造、場所

ムーネス：「ペルシャ語－英語辞書、英語－ペルシャ語辞書、これらの多くはどれも十分ではないということを思うようになりました（中略）この本におけるベフルーズの言葉や文章の使い方はとても複雑で独自性に満ちています。彼の言語使用は、深遠かつ挑戦的で、かなり創造的でもあるので、奇妙に思えることもあります。様々な状況と彼の想像力が、単語や文章に新鮮で深遠な独特のニュアンスを加えているのです」

オミド：「時間が許せば、キーワードやフレーズを説明する用語集を作れたらいいのですが」

ムーネス：「それは今後やるべきですね。でも、この翻訳に取り組んだおかげで私は、包括的で学際的な辞書の編纂に着手することが急務であることに気がつきました。ベフルーズの本はいくつかの言葉の意味を広げていると思えます。彼は言葉の意味に新たな層を加えているのです」

適切な英語の言葉に置き換え、文構造を決めるのに、様々な工夫が必要だった。ペルシャ語で書かれた文学作品は、たくさんの異なる句が連続する長くて精緻な文章で書かれているからだ。主語は文頭に位置し、種々の句が続いた後、動詞は一番最後に来る。ペルシャ語は詩的な響きとリズムのある言語なので、長くて込み入った文や節がこの言語の場合はうまく機能するのだが、そうしたペルシャ語の文構造を完全に維持したまま翻訳しようとすると、英語で読むのが大変になってしまう。この翻訳では、様々なやり方で文章を分割し、文脈に応じてキーワードやフレーズを繰り返す工夫を施すことにした。さらにこの工夫に加えて、対句や頭韻、連続して同義語を重ねるという技法も組み合わせた。例えば、長い文を短い文の連なりに分割したり、短い文を一語で表現したりした。また、概念や要点が伝わりやすいように、さらにはある種の持続的なリズムを生み出すために、独創的な句読点の使い方を試みた部分もある。

パラドックスと並置はベフルーズのストーリーテリングを特徴づけるもので、その特徴を伝えるために、文を分割したり、節を組み換えたりもした。彼の文体や文学的技法を翻訳に再現するために、反意語や撞着語法を試してみるのは創造的な作業だった。フラッシュバック（アナレプシス）やフラッシュフォワード（プロレプシス）といった文学技法は、テクストが備えている感情的な力やメッセージ、哲学的発見、驚きの感覚といったものを直に伝え、その効果を高めている。ベフルーズは、これらの要素を戦略的に自分の文学表現に用い、そこにクルドの民間伝承と抵抗、ペルシャ文学、神話の伝統、その土地の歴史や自然の象徴、儀礼や儀式を織り込んでいる。そしてこの哲学的、文学的特徴はクルディスタンとイランに限定されるものではない。そこにマヌスの思想や文化が含まれていることは特筆に値する。彼はまた、西洋文学からの影響も取り入れている（例えば、彼はカフカの『審判』、カミュの『異邦人』、ベケットの『モロイ』と『マロウンは死ぬ』そして『名づけえぬもの』を読んでいた）。こうした技巧と影響を意識しながら、様々な文学的な方法を駆使して、それらを英語で戦略的に作り直すことで、原文の詩的要素や特異な文学的文体が損なわれないようにしたつもりだ。

ベフルーズの作品は、多様な文化的、歴史的、政治的な枠組みを参照し、それらを含み込んだ豊かさに満ちている。より合わされたたくさんの物語の社会的文化的背景は、クルディスタン、イラン、マヌス島、収容施設、そして難民船に揺られた危険な海路など様々である。こうした特質を表現する最良の方法は、断片化され何度も書き直された文章を提示し、その一部に韻文を用いることだと思われた。本書が最も人々の心を捉え、強烈な印象を与えるのは、散文が突然、詩へと変化し、またその逆が起こる瞬間にあると私は考えている。ベフルーズの文章と言語における詩的な要素に忠実であるためには、散文を詩のように翻訳することが最も適切な選択だったのだ。

言葉の選択には文脈を意識し、細心の注意を払った。どの場面においても、場所、状況、物語の設定が、うまく読者に伝わるように工夫した。ベフルーズが細心の注意を払って操る感覚の力が損なわれないように、その場所や環境にふさわしい単語やフレーズを選ぶことにかけては妥協しなかったつもりだ。したがって、名詞、動詞、形容詞、副詞の英訳は、多くの場合、特に各章各節の地理的かつ物理的な場面設定に合わせて比喩的に行った。抽象的で哲学的用語が目立つ場面もあれば、直接的にリアリズムの手法で描き出す場面もある。このように場所に基づいて物語を訳し分けることで、ペルシャ語では同じ単語であっても、場所、雰囲気、登場人物、事物、出来事、建物、環境に応じて異なる英語表現が可能となる。自然のシンボル化や擬人化は、異種のものを理解するベフルーズ特有の解釈を表すのに良い方法である。事実ベフルーズは、難民たちが自分たちを取り巻く環境や動植物との間に畏敬の念を伴った関係を築いていなかったら、長期にわたる収容施設の抑圧的な力が彼らを死に追いやってしまっただろうと確信している。自然は収容施設の制度と戦うために難民たちに力を貸してくれる存在なのである。

植民地性（永続するプロセスであり広く行き渡る構造としての植民地主義）

ムーネス：「今、イギリス在住のアルメニア系イラン人の歴史家、エルヴァンド・アブラハミアンの『クーデター』を読んでいます。アブラハミアンは植民地主義の役割について微妙な差異に配慮した批判的な議論をすることの重要性を認識しており、ベフルーズの著作を彷彿とさせます」

オミド：「クルディスタン、イラン、オーストラリア、マヌス島に及ぼした植民地主義の影響と結果を認識し、理解しない限り、読者はベフルーズの考えや執筆の深さを本当には理解できないと思います。植民地性と強制移住の関係も然りです」

ムーネス：「アブラハミアンの本の中で興味深いのは、esteʿmār（植民地主義／帝国主義）とestesmār

（経済的搾取）という言葉がどのように不可分に結び付いているかを調査したことです。多くの場合、この二つは同義語として使用されます。この研究と同様に、ベフルーズの物語の多くは、両者の関係を示しています。彼は、どのように支配と管理が天然資源の行き過ぎた採取と取引、生態系の破壊、人体の搾取に関連しているかを強調しています」

ベフルーズの著書は、植民地状態からの解放を希求する思考や方法を表象する脱植民地的なテクストである。監獄システムという植民地的発想の起源に対するベフルーズの深く鋭い批判が持つニュアンスと洞察をうまく表現するためには、文学的作品に専門用語を組み込むことが必要だった。本書の最後のセクション（「翻訳者の考察」）では、ジャンルの問題をより詳細に論じているが、ここでは、ベフルーズは異なる専門分野の言説からの政治的解説や言語を借りながら文学的作品と意図的に融合させているのだということを述べるにとどめる。これは異なるジャンルの形式や装置を含んだ文学的実験なのだと考えてもよい。こうした要素こそが、新植民地主義的試みとしての監獄のあり方を曝け出すと共に、脱植民地的な介入として彼の文学を位置付けることを可能にするのだ。

この翻訳では、本書を支えている学際的な視点を伝えるために必要に応じて学術的な言語を意図して用いている。ベフルーズの植民地主義に対する分析は、彼が受けた教育、学問的な探究心、さらには生きられた経験の賜物である。彼は植民地主義を歴史的、哲学的、さらには直感的に理解していると言えるのである。

名づけ

ムーネス：「ベフルーズという名前は、良き／より良き（ベフ）日（ルーズ）、さらには繁栄や幸運を意味し、叙事詩シャー・ナーメに出てくる軍隊の司令官の名前です。彼の母親はとても縁起の良い名前を付けたことになります。伝統的なペルシャ語の名前、すなわち古典文学に登場する戦士と同じ名前を付けたのですから。彼の名前は、宗教的な意味合いを持つ彼の兄弟や従姉妹の名前と比べて際立っています。母親はベフルーズという名前に何か特別なものを感じていたかのようです」

名づけの行為は、本書において重要な審美的、解釈的、政治的な機能を持っている。ベフルーズにとって、名づけられたものに再び名前を与えることは、彼の人間性の主張であり、権利を確立する方法だ。名づけは、収容施設から権利を取り戻す方法であり、システムを無力化し、主権をその土地に取り戻す方法なのである。それは一種の創造的な試みであり、政治的および物質的な状況を知るための分析の道具としても機能する。

ベフルーズは、独特のやり方で本書の登場人物を命名している。特定の個人について言及する際、その人物が特定されないように、または人物の性格を特徴づけるために、もしくはその両方の目的で、彼はユニークなあだ名や名詞（それは句の場合もある）を使用している。ペルシャ語には大文字表記がないが、私たちは（定冠詞を含め）語の最初の文字を大文字にすることで固有名詞を作ることができる英語の特性を活かすことにした。そうすることで、本書で用いられる特定の表現やあだ名は、個人の名を表すと同時に、その人物の性格や（外見的な要素や性癖、気質などを含む）特徴を明確に伝えるものであるように工夫した［日本語訳では書体をゴシックに変更することで呼称であることを示した。また、その対象を特定の個人に限定せず、一般の呼び名にも広げている］。

この本の最も重要な抽象概念は、「キリアーカル・システム（Kyriarchal System）」と名づけた。本書の最後の「翻訳者の考察」で、この学術的な概念について詳しく論じるが、「キリアーキー（Kyriarchy）」という概念は、罰を与え、征服し、抑圧する目的を増強する、交差性を持った社会制度を意味する。「キリアーカル・システム」とは、ベフルーズが収容施設内の統治機能におけるイデオロギーの基盤に対して与えた名前である。それは、収容施設とオーストラリアに遍在する国境を管理するための産業複合体を統治する精神を表す名なのだ。〈system-e hākem〉というペルシャ語には、「抑圧システム」「支配システム」「主権システム」「統治性システム」（本書では、「統治性」という語をこのシステムの特別な適用を示す語として使用）または「主権システム」のような訳語を当てることができるかもしれない。しかしながら、「キリアーキー」という概念と語を用いることで、収容施設内の拷問と支配、さらにはその存在を詳説し、その名前のとおり破壊的な性質をより明らかにすることができるのである。

ベフルーズはマヌス島域審査センター（the Manus Island Regional Processing Centre）にも新たな名を与えた。本書においてベフルーズはこの収容施設を「マヌス監獄」と呼んでいる。彼自身の言葉で名づけ、定義し、批判的な分析を加えているのである。その施設の各房に対しても同じような言葉を使って名前を付けている。

つまり、彼は名づけの行為を通して、概念的にこの監獄を掌握しているのだと言える。「マヌス監獄」と「キリアーカル・システム」という二つの固有名詞の組み合わせは、収容施設制度による構造的で組織的な拷問に対するベフルーズの考えを表明するものであり、また彼の知識人としての明敏さをも映し出すものでもある。その意味で、文学的用語とスタイルを駆使した対話の中で、彼が用いる学術用語は、様々な反応と解釈を呼び起こすだろう。

こうした学際的なインスピレーションに関するもう一つの重要な例は、各章に付けられたタイトルである。私は各章のタイトルについて、翻訳作業中に幾度もベフルーズとアイディアを共有し、それらがより良いものになるように二人で推敲を重ねた。私たちは、各章には異なる側面を強調する少なくとも二つ以上のタイトルを付けることにした。一見したところ、各章に付けられた複数のタイトルは、不調和な印象を与えるのだが、それが当惑と不条理の感覚を生み出すのに役立っている。タイトルが孕む不合理性とそれらが生み出す非論理的で予測不可能な感覚は、ベフルーズが本書で用いる技法や主題にも通じるものである。「**我らがゴルシフテ**は実に美しい」というタイトルは、ベフルーズにとって特別な意味を持つ。そのタイトルは彼にとって、その章の最も重要な一節を表すものだからだ。**我らがゴルシフテ**という登場人物は、物語全体においても最大のインスピレーションを与えている。

イメージと現実

サジャド：「彼の狼にまつわるメタファーは特別で忘れがたいものです……牧羊犬が羊の群れを守るために狼を撃退するのに、咽喉部を目がけて攻撃するとイランで聞いたことがあります。多くの場合、狼は犬よりもずっと強く、脅威になるものです。けれども、牧羊犬が狼の喉に噛みつき、狼がもはや耐えられなくなるまで締め続けることがあります。犬は狼が降参するまで止めないのです。狼に勝利したことで牧羊犬には異常なほどの自己肯定感が生まれます。この経験が犬を変容させ、力を与えます。牧羊犬は自信を持つことを超えて、新たな自己の感覚を育み、自分が狼だと思い込むようになります。羊飼いはこの現象が危険であることを知っています。犬のアイデンティティがこのように変容すると、もはや制御不能となります。そのため犬は殺処分されるのです」

当初、私はベフルーズの神話や叙事詩のような視覚的イメージを魔術的リアリズムの一種なのだと解釈していた。それは夢想的未来図であり、幻想と現実の融合したようなものだったからだ。しかしこの本には、自己省察的な文章も多く見られる。そうした文章からは、ベフルーズが自分自身だけでなく、収容施設というものの解釈、場面や状況の描き方、修辞的方法、文学的スタイルなどについて分析していることがうかがえる。このことは、彼の作品を魔術的リアリズムというジャンルに安住させない。彼の作品は独自のジャンルを築いているのである。事実、ベフルーズのテクストは、様々なジャンルの特徴を備えているにもかかわらず、そうした例に当てはめられることに抵抗するテクストである。しかし、本書を翻訳するためには、たとえ一時的な、そして仮のものであったとしても、何らかの概念的で理論的な枠組みが必要だった。私の目からすると、ベフルーズの文学的技法と表現形式は、恐怖的リアリズム、さらには文化的または民族的な文脈にあるシュルレアリスムと関連していた。これらの要素を定義付けることで翻訳を進めることができた。そうすることで、ベフルーズの声の表現、言葉選び、トーンやスタイルの創造、間テクスト的形象という要素に、説得力と一貫性を持たせることができたのである。彼のテクストのジャンル（もしくは、反ジャンル）を私は「恐怖的シュルレアリスム（horrific surrealism）」と呼んでいる。

文学、政治、そして語られなかったこと

サジャド：「本書のどこかでベフルーズはイランでの迫害の過去やイラン政府に対する批判をしていますか？」

オミド：「いいえ」

サジャド：「それは良かった。そうしたことを書くことも、彼がイランを去ることになった理由を正当化する必要もないのです。だからこそ、本書は美しく意味のある文学作品たりうるのです。イランでの彼の生活について読者が知るべきことは、最初の出国船の旅についての物語に含まれています。イランでの抑圧や差別など読者が知るべきことのすべては、あの海の描写にあるのです。彼が海の渦について描写する時、国家による抑圧のすべてが説明されているのです」

私は本書の翻訳の機会を、忘却された人々への迫害を記録することによって歴史に貢献する機会と捉えていた。ベフルーズにとって書くことがそうであるように、私にとっては翻訳することは歴史に対する義務であり、難民を無期限に拘束するという問題をオーストラリアの集団的記憶の奥深くに刻むための戦略でもあるのだ。

しかし、章を読み進めるにつれて、ベフルーズの忍耐力と洞察力を十分に表現し、彼の経験を英語で伝えることが可能なのかどうか、私は自問するようになった。彼の解釈、批判、そして表現はとても生々しく、差し迫ったものであり、容赦のないものである。物語は、苦しみや黙想、怒りや啓示を伝える。また、絶妙のタイミングで挿入される強烈で見事なユーモアのセンスをうまく伝える必要があった。想像力豊かな文章は、その書き手の独特の視点や声を映し出すことをも求めていた。

私が常に意識していたことの一つに、ベフルーズがクルド語でなく、ペルシャ語で書いたという点がある。彼は、クルド人としての文化、言語、そして政治の熱心な支持者であるにもかかわらず、自分を抑圧した者たちの言語で書いた。そして、この本は彼を拘束し拷問した者たちの言葉に翻訳されているのである。オーストラリア市民と非市民の権力格差に加え、イランで民族的に支配的な文化に属す者である自分が、抑圧されたクルド人男性の著作を翻訳しているのだという事実を、私は意識し続けなければならなかった（私は民族集団としてはペルシャ人ということになるが、一九七九年以来、政治的に確立した地位を築いてきた支配的な社会・宗教集団には属していない）。したがって、翻訳は歴史的な不正義、周辺化、表象に関する微妙な差異に合わせて調整し、ベフルーズと相談することが不可欠だった。私は自分自身に対して、次の一連の問いを発してみなければならなかった。

本書が書かれた状況をどのように伝えるのか？

携帯電話の文字メッセージや音声メッセージを通して表れる思想や感情、批評をどのように表現するのか？

ベフルーズがペルシャ語で生み出す新しい形式や技法をどのように表現するのか？

収容施設での経験にクルド人としての経験などそのほかの経験を融合させていることをどのように表現するのか？

作品の意味を伝えるには、ほのめかすのが良いのか、明示する方が良いのか、それとも強調するべきなのか？　投獄されたクルド人が語るマヌス監獄での体験とは、いかなる植民地文学なのか？　故郷との分かちがたいつながりを持ち、解放に向けて献身するクルド人男性の視点、そしてクルディスタンの先住民の視点において、大事なこととは何なのか？　意味解釈のためのどんな記号を彼は提供しているのか？形式と意味の関係性とは何なのか？　そのほかの植民地化された人々や場所をも尊重するようなストーリーテリングの重層性は存在するか？

その責任の重さに怖気付くような思いはしたが、様々な可能性があることに勇気づけられもした。

当初から私たちは、原著のペルシャ語が持つ社会・政治的かつ詩的な性質の両方を翻訳するという問題を抱えていた。ベフルーズの書くものは、様々な文学的伝統の一部を成しており、詩の様式の伝統をも反映しているからだ。しかし、ペルシャ語の原著を解釈し翻訳することの困難さは、新たな文学的実験の可能性を開くものでもあった。

英語に移し替えた時、そのテクストの雰囲気と特徴を醸し出すために、私たちは様々な技法を試してみる必要があった。そのためにこの翻訳では、ジャンルと様式を適宜組み合わせながら、文や節を意図的にばらばらにしたり、混ぜ合わせたりと、一般的ではないやり方で物語を配置したり提示したりしている。

共有された哲学的行為

ベフルーズ：「本書の芸術と思考の組み合わせについて理解するためには、ナジェム、ファルハド、トゥーマスと私の関係について理解しておく必要があります。執筆の間、彼らと定期的に交流し、これらのやりとりが、本書における劇的な特徴や学術的立ち位置、さらにはテーマといった点に影響を与えました。その結果、本書は神話と民間伝承、宗教と世俗、植民地主義と軍国主義、拷問と境界といった概念を取り入れた演劇舞台の脚本さながらの仕上がりになりました。ナジェム、ファルハド、トゥーマスは知識人であり、創造的な思想家です。イランにいた頃、私たちは、演劇的手法を用いて自分たちの批判的分析を表現したものでした。私たちにとって、演じることは哲学と啓発の一部なのです。私たちは頭の中で考えていることを演じてみせ、思考するという行為を表現しました……主張は物語であり……理論は芝居でした。ナジェム、ファルハドそしてトゥーマスはあらゆる意味で啓発された知識人であると言えます」

本書が生み出される条件、そして著者、訳者、協力者らの関係は、独自の哲学を探究する空間を形成した。そして、私たちが共有することとなったこの哲学的行為を伝えるためには、実験が必要だった。

二〇一五年、ムーネスがベフルーズと共同での執筆活動を始めた時、被収容者たちは絶えず監視下にあり、常に携帯電話を没収される危機に晒されていた。電話を探し出そうとする看守たちの定期的な襲来があったことを私はムーネスから聞いていた。このような突然で残忍な襲撃は、早朝の四時から五時頃にかけて起こったと言う。携帯電話を没収しようとする収容施設内での計画についてはいつも噂されており、難民たちは絶え間ない不安と予測できない恐怖と共に生きていた。

ベフルーズの最初の携帯電話は没収された。二、三ヶ月の間、彼は本書の内容を手書きし、ムーネスに転写用の音声メッセージを送るのにアレフ・ヘイダリーの携帯電話を使った。アレフはベフルーズの親友で、多岐にわたって彼を支えた人物である。彼は、ベフルーズが共同監督を務めた映画『チャウカよ、時を伝えて』にも出演し、鼓舞と哀悼の意が込められた解放を求めるクルドの歌を歌っている。

ベフルーズは最終的に別の携帯電話を秘密裏に手に入れることができた。そして、寝ている間に盗まれないように、彼はマットレスの奥深くに空洞を作り、電話機を隠せる場所も作った。看守がこの携帯電話を発見することはなかったが、二〇一七年にそれは盗まれ、また別の携帯電話を入手できるまでの間、短期間ではあったが執筆活動は遅れた。数週間もしくは数ヶ月間もの間、連絡を取ることを中断せざるを得ないこともあった。厳しい監視体制が敷かれている時期は、長期にわたって電話機を隠しておく必要があったからである。

ベフルーズにとって、ナジェム、ファルハド、トゥーマスとのつながりは必要不可欠なものだった。彼らの助言や批判的な問いのおかげで、ベフルーズはクルドという祖国とのつながりを保ち、受け継いだ母語やその伝統を活性化させることができた（ナジェムとファルハドはクルド人、トゥーマスはペルシャ人である）。彼らとのつながりはまた、ベフルーズがイランに住んでいた頃に関わりのあった知的で文化的なサークルから得た態度や知識を深めた。三人の友人らとのやりとりは距離を感じさせないものだった。同様に、ジャネットとアーノルドとのやりとりをする中で、ベフルーズが書くものには新たな次元と視点が加わった。オーストラリア在住の二人の作家との交流は、ベフルーズに自分は認められているのだという意識を与えた。そしてそれは、文化横断的な角度やニュアンスを本書にもたらしたと言える。本書の執筆・翻訳と同時並行で、ベフルーズはほかの作品を書いたり、リサーチを行ったり、芸術活動や講義活動を継続していた。つまり、本書は報道記事、調査報告書、映画、学術的発表、抗議スピーチ、そして人権擁護活動を手掛ける中で生み出されたものなのである。

私は、自分の哲学的な解釈について、ベフルーズと定期的に確認を行うようにし、打ち合わせを怠らないようにした。私たちの議論は、ベフルーズが本書のための文章を書く際にも効果を発揮しているし、私の翻訳にも影響している。本書の独自性の一つは、企画、執筆、翻訳が同時に進行したということであろう（時には、その出来事が起きている時に物語は書き続けられていたのだ）。マヌス島を実際に訪れて、ベフルーズと相談したり、見直しの作業を行うことで、解釈を確認したり、間違いを修正したり、文化的かつ政治的に気をつけるべき点について意識することが可能となった。ベフルーズの物語を解釈する方法は様々だ。しかし、彼が一番に目指していることは、マヌス収容施設で横行している組織的な拷問の実態への読者の意識を喚起することである。本書はオーストラリアの強制収容体制がもたらされた、植民地時代から続く考え方に抵抗し、省察を促し、徹底的に調査し、行動に結び付くように読者を導く役割を担うだろう。

共有される哲学的なプロジェクトには終わりはない。それは行動へと開かれた呼び掛けなのである。

シドニー、マヌス島、カイロ　二〇一八年

免責事項

本書は、オーストラリアのマヌス島域審査センターにおける経験について真実を記録し、このシステムに拘束されるとはどのようなことなのかその体験の実相を伝えるために書かれている。しかし、明らかにできることには限界があり、特に、被収容者の仲間についてはそうである。そのため、頭髪や目の色、年齢、国籍、名前などの詳細は変更した。ただし、それがこのセンターのシステム内に置かれた脆弱な人々のプライバシーを十分に保障することにはならないかもしれない。本書に登場するどの被収容者や難民も、特定の個人に基づいてはいないが、本書はこの収容所に囚われた人々の物語を詳細に伝えている。だが、彼らは本性を偽った個別の人物ではない。ここに描かれた人物の特徴も事実ではない。彼らのアイデンティティは完全に作られたものである。彼らは合成された人物たちであり、様々な出来事、複数の逸話から引き出されたコラージュなのだ。こうした人物たちは、報道記事ではなく、寓話の論理に触発されて生まれた。マヌスで亡くなった二人の男性、レザ・バラティーとハミド・ハザイーの詳細は公に報道されていることなので、それぞれが認識されるように敬意の証として実名を用いている。

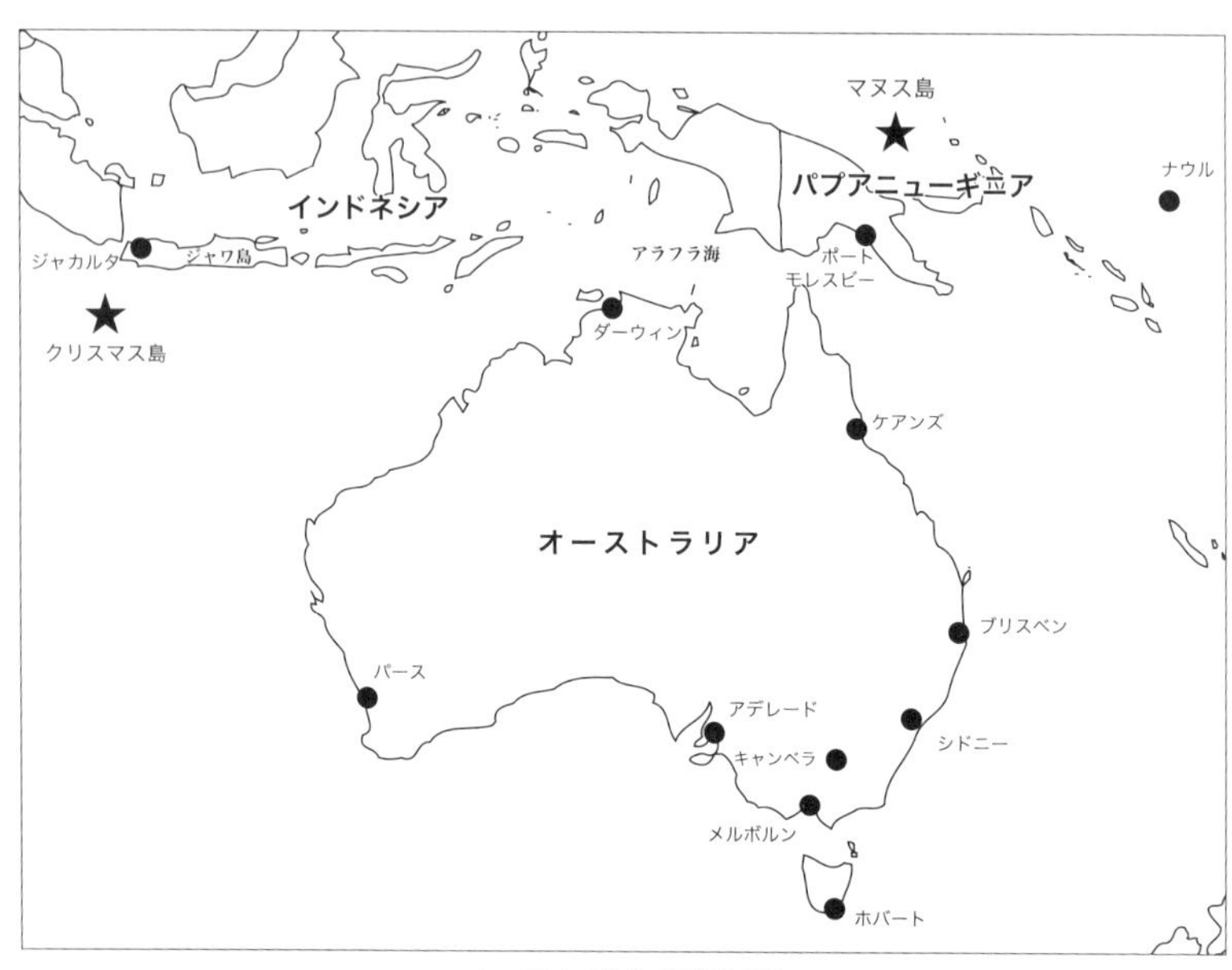

オーストラリア周辺地図

・翻訳の底本には、二〇一八年にPicadorより出版された*No Friend but the Mountains: Writing from Manus Prison*を用いた。
・著者ブチャーニーは、本書に登場する特定の個人や植物にユニークな呼称を与えている。英訳者トフィギアンは大文字表記を採用し、本書で用いられる特定の表現やあだ名が、呼称であると同時に、その人物や植物の性格や特徴を明確に伝えるものであるように工夫しているが、この日本語訳では、書体を変更しゴシック体を用いることとした。
・本書には一般的には不適切と思われる差別的表現もあるが、作品の文化的背景や文章の流れを考慮し、あえて採用した。

第一章

月明かりの下で／不安の色

月明かりの下
見知らぬ道をゆく
夜空一面に広がる不安の色。

二台のトラックが、恐怖に怯え落ち着きを失った乗客らを乗せ、でこぼこの曲がりくねった迷路のような道を進む。けたたましい音を立てて、トラックは加速し、ジャングルの奥へと入ってゆく。荷台は上部を除いて黒い布に覆われているので、車中からは星しか見えない。子どもを膝の上に載せた男女が隣り合って座り……私たちは強い不安の色が覆う空を見上げる。疲れた筋肉をほぐし、血の巡りを良くしようと、荷台の木の床の上でもぞもぞと身体を動かしている者もいる。座ってるだけで疲れるので、道中ではこうして耐え忍ぶしかない。

六時間もの間、老いぼれた男が歯のない口でくどくどと運び屋たちを罵るのを聞きながら、荷台の木の壁にもたれたまま私はじっと座っていた。三ヶ月間、空腹に苛まれながらインドネシアをさまよう生活は惨めなものだったが、ようやくこのジャングルを通り抜けて、海へと向かう道中にいるのだ。

トラックの荷台の隅にある扉の近くには、子どもたちが当座、用を足せるように空瓶が置かれ、布で仕切りがされている。その仕切りの向こう側で、粗暴な男らが満杯になった尿を外に投げ捨てても誰も気にしない。女たちも座った場所から動くことはない。たとえ尿意を覚えたとしても、あの仕切りの向こうで用を足す気にはならないのだろう。

女たちの多くは、子どもたちを腕に抱きしめながら、危険な船旅を想像している。でこぼこ道のために車体が揺れると、子どもたちはびっくりして飛び跳ねる。子どもでさえ危険を察知する。その悲鳴を聞けば彼らがどれほど怯えているのかわかる。

トラックの轟音(ごうおん)
排気音が響き渡る
恐怖と不安
運転手が座れと命令する。

扉の近くには、苦虫を噛みつぶしたような表情をした痩せた男が立ち、静かにするようひっきりなしに合図している。しかし車内には、子どもたちの悲鳴、それをなだめようとする母親たちの声、さらには恐ろしい唸り声のようなトラックの排気音が響き渡る。

迫り来る恐怖の影が、本能を研ぎ澄ます。スピードを上げて走る車中から、夜空が見えたかと思えば、また木に覆われて見えなくなる。どこを走っているのかはよくわからないが、ジャカルタに近い南インドネシアの岸に向かっているのだろう。そこには、私たちが乗船する予定のオーストラリア行きの船が係留されているはずだ。

私は三ヶ月間、ジャカルタのカリバタ市とケンダリ島にいた。その間、船が沈没したというニュースを何度も聞いた。けれども、そのような致命的な事故は他人事にしか思えず、自分の身に起こるとは考えにくかった。

人によって死の概念は異なる。私には死を想像することができない。まさか、一団となって海へと急ぐこのトラックが死の使いなどということがあるのだろうか?

——＊——

ありえない
子どもたちがいる限りはきっとない
そんなことがあってたまるか
海なんかで溺れ死んでたまるか
私はそんな風には死なない
死はもっと穏やかにやって来るはずだ。

私は、最近深海の底に沈んだという数艘の船のことを考える。

不安が高まる

その船には子どもたちも乗っていたのではないか？
溺死したのは私のような者たちではなかったか？

こんな時は何か哲学的な力が呼び覚まされ、死への現実感は消えてゆく。「ありえない、易々と死を受け入れるなんてありえないのだ」そう自分自身に言い聞かせる。私はずっと先の未来に死ぬ運命なのだから、溺死とかそれに似た死に方で命を落とすことはない。自分が決めた方法で自分が決めた時に死ぬのだ。私にとって、死というものは自分の意志が関わる行為である。自分の中で、自分の魂において、決めるのだ。

死は選択の問題でなければならない。

いやだ、死んでたまるか
そんな簡単に人生を諦めるもんか
死が避けられないのは知っている
それは人生の一部だから
だが、そう易々と死の不可避性に屈するわけにはいかない
母国から遠く離れたところではなおさらだ
あんなところで溺れ死んでたまるか
海の深みで。

生まれ育ち、人生の大半を過ごしてきた場所で死ぬものと私は常々思っていた。故郷から遠く離れた場

所で死ぬなんて思いもしなかった。何と惨めで哀れな死に様だろう。全くもって不当だ。あまりにも恣意的で不当な仕打ち。もちろん、自分にそんなことが起こるとは思えないのだが。

――＊――

一人の若者とその恋人アザデー(4)が、先頭を走るトラックに乗っている。二人は、共通の友人である**青い眼の少年**と一緒だ。この三人には、イランに残してきた辛い人生の記憶がある。トラックが私たちを滞在先まで迎えに来た時、この二人の男は、トラックの荷台に自分の鞄を投げ入れると、まるで兵士のように乗り込んだ。インドネシアにいた三ヶ月間ずっと、彼らはほかの難民たちの一歩先にいた。ホテルの部屋を見つける時、食料を調達する時、空港へ向かう時、どんな時でもそれは変わらなかったが、皮肉なことに、その率先した行動はいつも何らかの不利益を彼らにもたらした。ケンダリへ飛行機で移動することになった時、彼らは誰よりも先に空港へ向かった。しかし、到着した時、そこにいた係官からパスポートを押収され、ケンダリ行きの便に乗れなくなり、ジャカルタの通りを何日もさまよい、路地や裏通りで物乞いまですることになった。

今また、彼らは一団の先頭のトラックに揺られ、吹きすさぶ風を切りながら、光のような速度で駆け抜けてゆく。トラックは排気音を轟々（ごうごう）と唸らせ、海へ向かって走る。**青い眼の少年**の心にはクルディスタンで負った古傷があるのを私は知っている。カリバタ市のアパートの一角に缶詰状態になっていた頃、私たちは夜になると小さなバルコニーで煙草をくゆらせながら、これからの旅路について二人で話し合ったものだ。彼は海が怖いと言った。兄がイラム地方(5)のセイマレー川の濁流に呑み込まれて命を落としていたからだ。

……幼い頃、ある夏の暑い日、**青い眼の少年**は、兄と共に、前夜に仕掛けた釣り網の様子を見に、川の最も深い場所に向かう。兄は、深い水の中へと飛び込む。まるで川に投げ込まれた重い石のように、その身体は水面を引き裂く。突然、予想外の高波がやってきて、その次の瞬間、兄の体は波に消えた。水面から**青い眼の少年**に向かって助けを求めるような手だけが出ている。まだ幼い少年は、兄のその手を摑むことができない。ひたすら泣き叫ぶだけ。彼は何時間もの間、兄が浮かび上がって来ることを祈りながら泣いている。兄は逝ってしまった。二日後、ドールという伝統的太鼓が奏でる音と共に、兄の遺体が引き上げられる。太鼓の音色が川に向かって溺死体を返してくれと訴える。音楽によって結ばれる死と自然……

青い眼の少年は、陰鬱な遠い記憶を抱えてこの旅路をゆく。彼は極度に水を恐れている。それでも今夜は、途方に暮れるような旅を始めるために海へ向かって急ぐ。過去の大きな恐怖に取り憑かれた不吉な旅……

トラックの一団は、闇夜の静けさを破りながら、鬱蒼としたジャングルを次々と走り抜けてゆく。何時間も、木の床の上に座っているので、人々の表情には深い疲労の色が浮かんでいる。嘔吐する者もいる。プラスチックの容器に、食べた物を全部吐く。

トラックのもう片方の隅には、スリランカから来た夫妻と幼子がいる。このトラックには、主にイラン人、クルド人、イラク人が乗っている。彼らはスリランカ人の家族の存在に惹き付けられる。妻は黒い眼をしていて非常に美しい。彼女は乳離れ前の幼子を腕の中に抱きながら座る。夫は、妻と幼子を励まそうと必死だ。夫はできる限りのことをして妻子を慰める。傍らで支えたいという思いを妻に伝えようとしている。道中ずっと、夫は妻の肩をさすったり、道が悪くトラックがひどく揺れる時には彼女を強く抱きしめたりして、何とかして安心させようとしている。けれども妻が最も気にかけているのはその幼子である。

その片隅にあるのは
崇高で純粋な
愛。

――＊――

妻の顔は青白い。夫が容器を差し出すと、その中に嘔吐する。彼らの過去は私にはわからない。二人の愛は、愛だけでなく、この恐るべき夜へと向かわせる困難をもたらしたのだろうか？　二人の愛がすべてを耐え忍ばせ、それが幼子への愛情となっていることは確かだ。故郷を脱出する要因になった出来事は、彼らの心に刻まれているはずだ。

トラックには、様々な年齢の子どもが乗っている。もう大人と言ってもいいような子どももいる。家族連れもいる。やかましく粗野で配慮に欠けるクルド人の男は、道中ずっと煙草を吸っているので、周りの者たちはその煙を吸わされるはめになる。この男は、痩せた妻、成人した息子に加えて、もう一人、小憎たらしい息子と一緒だ。その子は母からその身体的特徴を、父からその性格を受け継いでいる。息子の声は、トラック中に響き渡るほど大きい。悪ふざけが過ぎるし、こらえ性もなく怒りっぽいので、みなから迷惑がられている。密航業者も苛ついて、彼を怒鳴りつける。「こいつが大きくなったら、親父よりも何百倍も浅はかな男になるだろうな」と私は心の中で呟く。

トラックが減速する。ようやく密林を出て、海岸に着いたようだ。密航業者が激しく手を振り始める

――みな静かにしていなければならない。

車両が止まる。

静かに……静かに。

あのうるさい悪ガキでさえも、静かにしていないといけないことは理解している。この恐怖感は当然だと言えば当然だ。誰もが警察に見つかることを恐れている。今まで何度も、乗船間際の海岸の端で、密航者が拘束されてきたからだ。

誰も物音一つ立てない。スリランカ人の赤ん坊も母親の乳房に静かにしがみついている。見つめているだけで、乳は吸っていないようだ。ほんの小さな音や泣き声で、すべてがぶち壊しになるかもしれない。あてどなくさまよい、空腹に耐えてきたジャカルタとケンダリでの三ヶ月間。静寂を保てるかどうかにすべてがかかっている。

これが最終段階だ。

この海辺が。

――＊――

この時点で、私はすでに四〇日間、ケンダリの小さなホテルの地下室に潜み、飢餓に近い状態を耐え忍んできていた。ケンダリは、渡航の交渉がしやすい場所として、歴史的に難民の渡航の中継地点となってきた。しかし、私が到着した頃、ケンダリは墓地さながらに、すっかり廃れていた。

今は警察の目がとても厳しく、私はホテルの地下室に隠れていなければならなかった。持っていた金は全部使い果たし、身も心も飢えに苛まれた。朝早く目覚め、トースト一枚、チーズ一切れを砂糖たっぷりの熱い紅茶と共に貪った。これしか食べる物がなく、一日をこれだけで乗り切らねばならなかった。市内を巡る警察は、あらゆる手を使って密航者を探していた。私は一秒たりとも安心できなかった。彼らは拘束した者すべてを監獄にぶち込み、数日後に強制送還した。そうなることは、想像するだけでも辛い。この旅のスタート地点に逆戻りしなければならないということは、死刑宣告を受けるも同然なのである。

それでも、ケンダリで過ごした最後の数日間、私は無事に朝食にありつき、何とかホテルから出る機会も得た。夜明け前の蒸し暑い時間帯で、街はまだ眠っていて、あの詮索好きの警官もこれから向かうジャングルの道には現れることはないという確信があった。

警戒しながら、舗装された短い道を横切り、木の柵で周りを囲まれた静かな森の中に私は入り込んだ。そこは私有地のようで、不法侵入になるおそれもあったが、人が来ることはなかった。大きな椰子農園の真ん中には小さな美しい家が建っていた。そこには、人懐っこく尻尾を振るたくさんの犬に囲まれた背の低い男がいつもいた。彼はニコニコしながら、親しみを込めて私に手を振ってくれた。その優しい笑顔を見て安堵感を覚え、農園内の泥道を先へと進んでいった。

大きな丸太が、水を湛えた田圃の脇に横たわっていた。その上に座り、煙草に火をつけ、自然の中で一服しながら、混乱に満ちた思いと飢えを吐き出した。吸い終わる頃には太陽が昇り始め、ジャングルの中の同じ道を、ホテル目指して引き返す。あの背の低い男が、優しい微笑を湛えてまた手を振ってくれる。小道の脇にそびえる大きな椰子の木々、その道の先にある小さな緑色の田圃、そこで過ごした美しい瞬間、それらは私の聖なる光景になった。

この三ヶ月の間、私の人生は常に恐怖、ストレス、飢え、徒労感の連続だった。けれども、あの聖なる農園で丸太に座って過ごしたひと時もあった。一人の子どもの叫び声が私たちを旅の始まりへと引き戻すかもしれないその凍りつくような瞬間は、この不安定な数ヶ月のまさにクライマックスだった。

トラックは静かな海岸線に沿って、数メートル進み、そしてエンジンが切られる。猟師のごとく浜辺に忍び寄り、そして静かに止まる。緊張が高まる。すべてが一瞬で水泡に帰すかもしれないのだ。

見知らぬ暗い浜辺で、バックパックを胸に抱え、トラックから飛び降りて逃走する準備を整えている。たとえ警官に見つかっても、私は刑務所には行けない。この数ヶ月間に聞いたほかの難民の経験談が蘇る。「警官は決して銃を撃たない……奴らが止まれと命令したら、できるだけ遠くまで走って逃げるんだ、止まるんじゃないぞ……」私は靴紐をしっかり結ぶ。

トラックが再び動き出す。少し先に進む。もう一息で、海だ。子どもみたいな言いようのない不安に苛まれる。浅黒く日焼けした男がトラックから降りるよう命令するのを、今か今かと待つ。けれども、彼は運転手と何か言葉を交わすと、手を振って静かにするよう合図する。あの悪ガキは反抗的な忍び笑いを続けている。この子にとって、これはわくわくするゲームに過ぎず、ただ一人彼だけは恐怖を感じていないようだ。

スリランカ人夫妻は互いの腰に腕を回し、慰め合うかのように、肩を寄せ合って座っている。

慰め合う二人
二人の身体を結び付ける腕、腰、首
彼らは一つになり
絆を強め
結束して抗う

――＊――

共に不安に立ち向かう。

また大きな音がする。今度は大きい。トラックが発進し、百メートル進まないうちに停車する。エンジンが唸る。トラックは獲物を捕らえようとする猟師、獲物を仕留めた時、その快感に叫び声を上げる。日焼けした密航業者がトラックから降りるよう命令する。私は**歯抜けの愚者**と共に、トラックの一番後ろにいる。女や子どもがぐずぐずしているのを待っていられず、トラックの横から飛び降りる。話し声がまた聞こえる。男と女の言い争い、子どもたちの喚き声が、浜辺の静寂を破る。

先頭に立って手を振りながら海の方へ導く密航業者の顔は見えないが、静かにしろと叫ぶ声が聞こえる。私たちは一目散に逃げ去ろうとする夜の盗賊のようだ。

青い眼の少年と、**青い眼の少年の友人**は、いつものように一番乗りだ。バックパックを小脇に抱え、浜辺で待っている。密航業者は急き立てる。激しく寄せる波の音が、ほかの音をかき消す。空港に到着し、海辺の街で過ごした恐怖に満ちた三ヶ月間、海を見たことはなかった。これがインドネシアで初めて見る海だ。

海辺にたどり着いた
海岸に寄せては返す狂おしき波
途切れることなく
小さな船が浜辺から数メートル先にある
遅れるな
船に乗り込むのだ。

第二章

山々と波／栗の木と死／あの川……この海

縄張り争いは
いつも暴力と流血の匂いを放つ
たとえそれが体一つ分の場所をめぐるものであっても
小さな船の上の
たった二日間だけであっても。

耳をつんざくような騒ぎ声が船橋に響いている。殺気立った男たちの場所をめぐる争いは、頂点に達していた。船長の椅子の隣では、**歯抜けの愚者**と**ペンギン**が人一人分のスペースを空けて身体を横たえている。ぐったりとした二人の体の間に私はバックパックを置き、背中を預けた。何時間もトラックの硬い木の床に座っていたので、ようやく痛む背中を休めることができて安堵する。

不毛に思われる争いの末、若い男たちはみな座る場所を確保していた。船室の床は彼らが占有してしまったので、家族連れは奥に追いやられてしまった。

青い眼の少年の友人はガールフレンドのアザデーの隣で満足そうにしている。実際そこは、この船上で最悪の場所なのだが。誰よりも早く船に乗り込んだのに、結局家族連れの隣に追いやられてしまったのだ。色目を使う男たちの隣でアザデーを寝させるわけにはいかないというのが、彼なりの譲れない理由だったのだろう。逆に一番良い場所を得た**青い眼の少年**は、船長の椅子からはみ出た古いクッションで体を休めている。

船室では若い男たちが家族連れに向かって怒鳴り声を上げ、船の端に追いやってしまった。あのスリランカ人の夫婦でさえ、不当な言い分で船室を追い出されてしまった。長い間立ったまま、赤ん坊を抱えた夫婦が船の端の方で場所を探していても、ほかの者たちはただ非情な目で見つめているだけだ。

船の端は座る場所を見つけるだけでも一苦労だ。女たちはみな、下品な言葉で罵倒される。見るに堪えない。どこもかしこも水に濡れていて座り心地が悪いのは変わらないので、興奮して怒鳴ったところで何の得になろう。スリランカ人の家族は、こうした口汚い罵り合いにすっかり参ってしまっている。

喧騒の渦中にあって、女と子どもが座り心地の悪い場所に何とか落ち着こうとしている間に船が動き出す。その様は、出産間近の雌馬が緩い駆け足で暗い海原を進んでいくかのようだ。

私たちはオーストラリアへ向かっている。

私の場所は悪くはない。バックパックに頭を載せて休むことができる。すぐ近くには船長の姿が見える。船長の手元の羅針盤は目的地のある南を指し、船の進む距離が示されている。それを見ると根拠もなく安心感を覚える。

船はゆっくりと静かに小さな波を越えて進み、海岸から遠ざかる。船上の騒ぎが収まると、船は静けさに包まれる。船首に当たっては砕ける波の音だけが聞こえる。疲れた顔で寄り添うように眠る大勢の人々が、船長の頭上に吊るされたランプのほのかな灯りに照らし出される。揺れ続けるトラックの荷台に乗ってジャングルを走る長い道のりに疲れ果て、人々は列になって横たわっている。疲労の滲む顔を並べて。

船はみすぼらしく
波はよそよそしい
異界の大洋に漂う。

――＊――

空が明るくなる。遠くの地平線に太陽の金色の光が少しずつ輝き出す。船長の補佐を務める男が船長と機関室とを行き来していて、そのほかにも数人立っているのが目に入った。

船の端に**青い眼の少年の友人**が腰掛けている。絵画のような、若者の誇りに満ちた姿。アザデーの頭を太ももで休ませてやりながら、波と周りの人々の疲れた顔を眺めている。船室の窓枠の近くには、髪をポニーテールにした若い男が座っている。寝ている妻のそばで、**ポニーテールの若い男**は両手で船のへりを握る**青い眼の少年の友人**に目をやる。**青い眼の少年**は船長の隣に立ち、袋から赤いリンゴを取り出しては貪っている。船尾では逞しい若い男がまだ起きている。彼の太い腕の中で、妻と子は休んでいる。

けれども体が眠ることを拒否しているのはこの男たちだけだ。眠りは彼らを捕まえることができないらしい。歯のない口で馬鹿げたことを話し続ける**歯抜けの愚者**でさえも、今は黙って**ペンギン**の腹を枕にして横たわり、**ペンギン**は外股の足をさらに広げて眠っている。船に乗り込む時は大声で偉そうに女と子どもを罵っていた若い男たちも、今は深い眠りの中だ。クルド人の家族も眠っている。あの悪ガキもエネルギー切れと見える。目覚めることのない死体のように横たわっているが、その寝顔には、子どもの純真さが浮かんでいる。

この眠りはただの眠りにあらず
この眠りは無意識を誘発する
青ざめた顔
よだれを口から垂らしている。

私のまぶたも眠気で重くなる。しかし好奇心、冒険心、または恐怖心がそれを許さない。持って生まれた性格が、私を警戒させ、鼓舞し、眠ることを許さない。一ヶ所にじっとしていることには耐えられず、船橋を離れ、動かず横たわるいくつもの体の間を縫うように、船の端から端まで歩き回る。ひどい有様だ。体は絡まり合い、誰と誰が家族なのかはもうわからない。男たちは他人の妻の腕で眠り、子どもたちも見知らぬ者の胸や腹に身体を預けて寝ている。何時間か前の怒鳴り声や罵り声も、男としての権威を示そうとして費やした労力も、すべて忘れ去られたようだ。まるですべてがなかったかのように。大いなる波の力があらゆる倫理的枠組みを押し流してしまった。この船に乗っている誰よりも強い絆で結ばれているに違いない若いスリランカ人の家族でさえ、今は離れ離れになっている。夫は隣の男の腕で眠り、妻は別の男の二の腕を枕にしている。彼らの子どもは別の女の太ももの向こう側だ。

太陽はもう高く昇っている。船は数時間のうちにかなりの距離、小さな入り江を越えるほどの距離を進んだようで、岸は見えない。大型船舶と小さな漁船だけが聖なる海のあちこちに浮かんでいる。ここがインドネシアの海なのは間違いなく、陸からもまだ近いのだろう。だが次第に大きく、そして荒くなる波に船は激しく揺れ始める。船長が巧みにその波をやり過ごす。激しい波間に船を走らせる船長の黒く日焼けした顔。煙草を絶えずくゆらせている。補佐の男が機関室とブリッジを行き来する。白髪交じりのその男は、年下の船長の命令を受け、その命を迅速に機関室で実行している。

岸からさらに遠ざかり、広大な海へと進んでいくにつれて、波はさらに凶暴になる。その時、左舷側の縁にあった小さなモーターの音がしなくなる。機関室から水を出すためのモーターだ。それは眠っている人間を乗せて孤独に海を航行する船にとって、まさに最悪の出来事だった。すぐさま補佐の男が止まったモーターに飛びつき、スターターロープを精一杯の力と速度で何度も引っ張るが、モーターはただ唸るような音を立てるだけですぐに止まってしまう。

もうおしまいだ。引き返すべきだと言う船長の声が聞こえる。だが、落ち着ける家もなく、飢えの恐怖を思い出させるあの岸に戻ることなど、受け入れられるはずもない。インドネシアの腐敗した警察に捕まり、逃れてきたあの場所に送り返されるかもしれないと考えるだけで気が狂いそうだ。船長の傍に立っていた**青い眼の少年**が叫ぶ。進む以外に選択肢はない、引き返すなんてできない、と。

ポニーテールの若い男が船長に向かって怒鳴る。「選択肢は一つだけだ。何があっても航行し続けるしかない!」船長は舵を握りながら、首を切る仕草をする。死ぬことになるぞ、と。彼はまだ若いが、海での経験は豊富だった。彼はこの危険な航海の先にある悲惨な結末を伝えようとしている。しかし、必死に危険を訴えても、誰一人として彼の忠告に耳を貸そうとはしない。

行く道は決まった
この航海を続けるのだ
背後の橋は燃やしてしまった
残された道は一つだけ

前に進む道だけだ
進め
広い海原を前へと進め。

そうと決まれば、起きている男たちは小さな排水ポンプの役を務めなければならない。水を掻き出さなければならない。船は浸水している。船体の穴から入ってくる水との闘い。補佐の男が小さなバケツを二つ手に取り、機関室に入っていく。**青い眼の少年**は機関室に続く階段に立ち、私は三人でバケツリレーできるように船縁の近くに立つ。補佐の男がバケツに水をすくい、**青い眼の少年**に渡す。そしてそれを私が受け取る。だんだんと波が荒くなる中、私たちは素早い動作で水を掻き出し続ける。

船体の穴から入ってくる水をバケツですくい、手渡しで外に出していく。一つ目のバケツが空になれば、すぐさま二つ目がやってくる。補佐の男の動作が素早いので、私はすぐに疲れてしまった。目に映るのは水の入ったバケツ、それを運ぶ日焼けした腕、そして**青い眼の少年**の幼く怯えた顔だけだ。

山のようにうねる波は盛り上がっては一気に下がる。

できることはもう何もない。水は機関室に満ちてゆき、すでに半分が水の下だ。こんなに浸水してしまっては一巻の終わりだ。**青い眼の少年の友人**と**ポニーテールの若い男**は、船の反対側で壊れた排水ポンプと格闘している。オイルと、ベルトと、クランク軸を何とかしようと言うのだ。

生き残りを賭けた奮闘が続く中、ほかの者たちは甲板の上で寝ている。荒々しい波に向かってバケツの水を叩きつける。空になったバケツを見ると、まだ希望があるように思えて勇気が出る。けれども不屈の精神が続くかどうかは、機関室の水の高さ次第なのだ。

青い眼の少年の友人がいる船の反対側では、何度か排水ポンプが動いたが、またすぐに止まってしまう。

ポンプを何度も分解しては組み立て直し、すべての気力をこの小さな恐るべき怪物のような部品の一つ一つに注ぐ。ポンプから出るあらゆる音が希望を刺激し、それが止まるたびに、船体に容赦なく叩きつけられる波の恐ろしい音が再び彼らを支配する。

こうした彼らの努力の甲斐も虚しく、大きな甲高い音を出してポンプが壊れる。明らかに直る見込みはない。もはやこの勝ち目のない海との戦い、命を賭けた戦いのゆくえは、ただ一ヶ所に委ねられる。この瞬間にも広がり続けている、船底に空いた穴だ。

バケツでひとかきするごとに水は減っているように見える。そのうち機関室の床が見えるだろう。追い風が吹いてきた。力が湧いてくる。機関室の水を全部海に戻すことだってできそうだ。明日の昼までには目的地にたどり着けるに違いない。機関室の水が順調に減っている。一息ついたら混乱に陥っている船内を見回るとしよう。寝ている者たちを起こしてやりたい。死が目前に迫っていることを伝えなければ。

――＊――

人々は甲板で折り重なって熟睡している。体格の良い若者数人は、寝床を抜けだして船の縁にもたれかかっている。日に焼けて真っ赤な顔をしている。近づいて見ると、彼らの体は胃から吐き出した液体と海水でぐっしょり濡れている。肩をゆすって、波に呑まれて死ぬぞと声を荒らげるが、泡を吹いてうめき声を返すだけだった。どいつもこいつも弱り果て、生気を失い、まともに話すこともできない。この航海が始まった時には偉そうに女や子どもを罵っていた若者たちも、こうなっては見る影もない。逞しい肉体も全く役立たずだ。

家族で乗船した者たちは、船の端で寄り添っている。スリランカ人の夫婦も幼い我が子をその手に取り戻していた。

両親の腕が子どもの胸骨の上に無造作に伸びて窒息しそうになっていたので、腕を持ち上げ子どもの細い脚の方へと逸らしてやる。深い眠りの中にあるこの神聖なまでに美しい家族を邪魔したくはないが、幼い子どもが両親の腕の下で窒息するのを見たくはない。この瞬間、私の目の前で両親の腕という聖域に抱かれた幼子が、母親、そして父親と深くつながっている。この光景を折に触れて思い出せるように、私の苦悩に満ちた心の片隅に深くとどめておこう。

私たちの乗った船は早くも悲劇に見舞われた。それでも止まることなく進んでいく。大きくなったり小さくなったりしながら波が奏でる歌に合わせて。

疲れ果てた旅の一行
体を丸め身じろぎもせず眠っている
この広く深い海の真っ只中で
怪物のような波に押し流されて
死の匂いに気づく。

この痩せた体と疲れ果てた筋肉の内側から驚くほどの全能感と恐怖が、一緒になって湧き上がるのを感じる。機関室に戻らなければならない。

機関室に流れ込む水は勢いを増し、水位はだんだんと高くなる。補佐の男は一人でバケツに水をすくい、短い階段を上り、力を振り絞って水を海に戻している。バケツで掻き出すたびに、甲板にこぼれた水が寝ている者を濡らす。**青い眼の少年の友人**とそのほかの数人は元の場所に戻って座り込み、途方に暮れている。私たちはみな疲れ果てて憔悴していたが、共通の敵を前にして団結しているようにも思う。必要なのは眠らずに戦い続ける意志だ。眠りは死を意味する。だから水を掻き出す。ぼんやりとへたりこんでいる暇などない。

青い眼の少年のリンゴを数口貪り、機関室への階段に立つ。**青い眼の少年**と入れ替わったのだが、それで疲れた体が楽になるわけではない。階段に立とうが船の縁に立とうが、何も変わらない。ただバケツで水をすくって掻き出すだけ、三人でバケツリレーを続けるだけだ。補佐の男が水の入ったバケツをこちらに渡す。空になったバケツを**青い眼の少年**から受け取り、機関室に渡す。リズムを保ち、少しでも早く、正確に、迅速に、バケツの細い持ち手を摑んで渡す。船底で広がり続ける穴と、日がな一日戦い続ける。

どれだけバケツを空にしても水は一向に減らない。もう腰の高さまで迫っている。**青い眼の少年の友人**たちは、それが二度と動くことはないと知りながらも、排水ポンプのところに戻る。それはまるでとてつもない高みから墜落する者が何かを摑もうと必死に手を伸ばしているかのようだ。死を逃れようともがく者は、奇跡の一つも信じたくなる。信仰にすがりたくなる。奇跡が起きて排水ポンプが動く音を聞きたくなる。

屈強な男がすべての力をクランク軸に注いでいる。だが何も起こらない。全く、何も。ガラクタになった排水ポンプは、甲板に転がる者たちと同じで、微動だにしない。

すさまじい波があらゆる方向から押し寄せ、恐ろしい音を立てている。数時間前に比べれば倍ほどの大きさの波の前に、この頼りないボートは真っ二つに裂けてしまいそうだ。強烈な揺れで、外に出すはずの水を頭からかぶるはめになり、集中していた補佐の男でさえ手を止めざるを得ない。海はあらゆる方向に私たちを振り回し、機関室の水位は上がっていく。補佐の男の判断は驚くほど素早い。後ろに下がれと私たちに指示をする。バケツを落としてしまい、作業が止まる。そのわずかな時間でまた振り出しに戻ってしまう。

船長はせわしなく左右に舵を切りながら、**青い眼の少年の友人**の方に手を振って補佐の男を呼ぶように指示を出す。船橋に向かった彼に新たな指令が出たようだ。痩せぎすで経験豊富なこの船員はもう何時間も休むことなく働いている。彼が抜けたことで機関室の状況は途端に悪くなり、ひどい不安と言葉にできない恐怖に苛まれる。水は勢いを増してあっという間に機関室の壁を駆け上り、波はさらに激しく船に襲いかかる。**青い眼の少年の友人**が補佐の男の代わりに機関室に入ったが、彼は燃えるガソリンの強烈な匂いに絶えられず、目に涙を浮かべている。明らかに力不足だ。代わりに**屈強な男**が機関室に入り、**青い眼の少年の友人**よりも力強く機敏にバケツを運ぶ。**ポニーテールの若い男**が階段に立つ私と交代し、バケツリレーは水を掻き出し続ける。

──＊──

スリランカ人の子どもに会いたくなり、その子を探して船尾に向かう。口を開けてよだれを垂らしている者たちを跨ぎながら、家族連れの中にスリランカの一家を探す。

その子の唇は暗い色をして腫れていた。だが母親の胸の中で、前に見た時よりもしっかりと息をしている。母と子の絆、何という安心感。すると急に**歯抜けの愚者**が足を引きずって現れ、ボートの端にすがりついて嘔吐した。黄色い胃液の一滴まですべて吐き出す。次に横柄な若者の一人が立ち上がり、荒れ狂う波を見つめながら、床の嘔吐物とその近くにいる仲間に向けて放尿し始める。幽霊にでも取り憑かれて意識を失っているかのようにふらふらしている。あまりに海が荒れるので、船酔いしたのだろう。小便をする場所もおかまいなしだ。

水には機関室から漏れ出した大量のガソリンが混じっている。そこに補佐の男が布と棒を持って潜る。船底の穴を見つけてふさごうと言うのだ。奮闘する彼を見守ること以外に、私たちにできることはない。不安気に、ただその様子を眺めている。水は彼のあばら骨の辺りにまで達する。布と棒を手に何度も水に潜り、水面に出てくるたびにその顔は黒くなってゆく。無言で潜り続けるその顔には、歴史には残されない偉業を成し遂げた戦士のような力強さが見える。その腕、そのすね、そのふくらはぎに浮き出た血管が、男たちに、女たちに、そして海に訴えかける。血管は網のように彼の全身を覆っている。頰がこけて皺が刻まれた顔は、まるでこの海と無慈悲な波が作り出した彫像のようだ。男の機敏さと不気味なほどの寡黙さは、彼が長い年月、恐れることなく、死と暗い暴風雨の夜を遊び相手としてきたことを思わせる。体に覚え込ませたものなのだろう。

頭を振りながら機関室の入り口まで来た**歯抜けの愚者**は、衝撃を隠せない。長く深い眠りから覚めても茫然自失の状態で、目の前で何が起きているかも理解できてないようだ。仲間に放尿した若者は、まだ心も体も麻痺しているようだ。自分たちとこのおんぼろ船に何が起きたのか、必死に理解しようとしているのだろう。その一方で、船長は機関室の状況に動じているようには見えない。火のついた煙草をくわえたまま、力いっぱい舵を回している。波と船を掌握する船長の力はすさまじい。船底の忌々しい穴などおかまいなしで、機関室からでさえ彼の存在を感じることができる。静かな力が、船長と補佐の男と船と海を結び付けている。

——＊——

補佐の男はガソリン混じりの水に潜り続けている。穴をふさがなければボートも私たちも波間に引きずり込まれるしかない。たとえ穴をふさいだとしても、海の力と厳しさの前には船が真っ二つになるのも時間の問題かもしれない。高く荒い波が船を何メートルも打ち上げ、船体に叩きつける波が私たちを振り飛ばす。体を固定するところもないので、体重の軽い子どもたちは、特にその被害を被っている。波はさらに速くなり、カビだらけの甲板は回転木馬さながらだ。放り投げられ、体と体がぶつかり合う。船の縁はもっと恐ろしい。そんなところに立っていようものなら、押し寄せる波の衝撃で回転木馬からはじき出されてしまうだろう。波に高々と持ち上げられた船は、そこから波の谷間へと落下し、真っ二つに割れそうなほどの衝撃と共に水面に叩きつけられる。船を粉々にしようと押し寄せてくる山のような波。心の奥深く、魂の奥深くに震えるほどの恐怖が引き起こされる。衝撃を受ける前から、頭がくらくらする。ボロボロの船は転覆寸前だ。少し落ち着いたかと思えば、すぐまた別の大きな波が船首に襲いかかる。波が一定のリズムで船首を打ち付けている。その勢いは前よりも激しくなっている。波がぶつかるたびに聞こえるすさまじい音の方が、揺れよりもずっと恐ろしい。それはまるで巨大な波が硬い石でできた岸壁に衝突するかのようだ。

補佐の男はようやく布と棒で穴をふさぐことに成功した。そして無言で、すぐに機関室の水を掻き出し始める。バケツは再び水で満たされ、リレーが再び始まる。階段に立っている**青い眼の少年**は自分の役割に戻る。

——＊——

もう真夜中だ。辺りはすっかり暗闇に包まれている。獰猛な波が今にも壊れそうな船に絶え間なく押し寄せる。激しく打ち付ける波に、恐怖と嘆きがないまぜになった感情が心の中に湧き起こる。

船の舳先（へさき）は割れ、絡まり合ったまま横たわる家族連れの下から水が噴き出している。ふさがっていた穴も押し入ろうとする波に負け、機関室にはまた水が溢れ始めた。寝ていた者たちも不意に目を覚まし、死の恐怖と向き合うこととなる。みな疲れ果て、頭も回らなくなっているが、まばたきする間に命を落としてもおかしくないことはわかっているので、必死に水を汲み出そうとしている。

混沌
真夜中の暗闇の中
死の風景
死の匂い
死が姿を現す
泣き声
叫び声
罵り声
激しく揺すぶられ翻弄される者たちの声
小さな子どもたちの声
胸を締め付けられるような痛々しい幼子たちの声
響き渡る声が混乱する船を地獄に変える。

バケツリレーの速度が上がり、水が素早く掻き出される。どうやら男より女の方が死を前にして勇敢に戦っているようだ。母性が彼女たちを獰猛な狼に変える。鋭い牙を剝き、海を睨み返す。

暗闇の奥深く
すべての希望が失われる寸前であっても
残されたかすかな希望の光は
心の奥底で輝く
輝く小さな光は
塵ほどにかすかで
彼方の星ほどであっても
この暗い夜の地平線を照らす。

遠くで輝く小さな光にすべての希望が託される。共有された思いは連帯感となり、戦うための力になる。あのちっぽけな光の場所にたどり着けば助かるのだろうか？　遠くのあの光には命が感じられる。戦いが始まる。生き延びるための戦いが。

けれども船室では、天が差し伸べる救いの手こそが希望のようだ。延々と続く祈りを唱える声が聞こえてきて、ぞっとさせられる。

聖霊の詩の旋律が恐怖を吹き込み
祈祷の声の不協和音が死を連想させる
取り憑かれたような嘆きの旋律に不安は煽られ
恐怖が辺り一面に、旅人たちの心に、広がる
聖なる詩の悲しく痛ましい和音は、天からこの地上に審判の日を連れてくる。

この恐怖は死よりもたちが悪い。頌歌や聖歌を聞きながら、子どもたちは母親にすがりつく。死後の世界で魂が流す涙に唱謡と祈願が結び合う。

スリランカ人の夫婦は誰よりも怯えているようだ。異国の祈りの響きはきっと、不気味で奇妙なものに聞こえるだろう。祈りの歌と混じり合う子どもたちのすすり泣きは、次第に針で刺されたかのような泣き声に変わり、聞く者の心を引き裂く。無垢な子どもの叫びが、それ以外の無意味な恐ろしい騒音をすべて覆い隠してしまう。

波の盲目的な願望が、壁の向こうから船室を揺さぶる。この最後の瞬間、宗教を信じる者の盲目的な欲望は何らかの超自然的力や幻覚にすがる。迫りくる死から目を背け、鳴き続ける鹿のように、ただ不気味な祈りの合唱の中に救いを求めている。

歯抜けの愚者は迫害から逃げてきたキリスト教徒で、船に波が打ち付けるたびに手で十字を切っている。十字架と聖歌、アラビア語、ペルシア語、クルド語など、様々な言語が混ざり合った祈りの声……身の毛がよだつような朗唱が船室に響いている。

トラックの中で悪態をついていたクルド人の男も、今はあの悪ガキを抱きよせてすすり泣いている。それは激しく叩きつける波のせいでもあり、恐怖に震える息子のせいでもある。すべてが終わろうとしているまさにこの瞬間に、妻は夫の涙を恥じているようだ。蔑むような周囲の目に気づくと、恥をかかせないでとも言うように夫を肘で小突いている。はらはらさせる危機的な瞬間であっても、因習に囚われている妻の姿におかしみを感じる。

混乱の中で、大声で泣く者も声を殺して泣く者もいるが、私はただ黙っている。死は平等にやってくる。ただ受け入れ、抱きしめるのみ。押し潰されそうな恐怖に屈して泣き叫ぶこともできたかもしれない。でも、むしろ私はほろ苦い運命を黙って受け入れよう。死に至る道と生命の流れは共に私たちの肉体に備わっている、この器が空になれば破滅が訪れるだけだ。この状況を先回りしてどこか別の場所から回顧している自分を想像する。私が私自身を振り返っている。死体が見える。けれどもその目にはまだ警戒感が宿り、生き延びる意志が示されている。

不意にすべてが馬鹿馬鹿しく思えてくる瞬間
自らの無意識の領域に手を伸ばし
この存在を作り上げた何かを探す
心と魂の奥深くに
大地に
神への信仰心を探し回る
超自然の力を探る
だが何も見つからない。

自分の存在の根っこにある何かにたどり着こうとしてみる。神聖な何かを見つけ、叶うならそれを手にするために。だが結局見つけたものは、うんざりするような不条理と倦怠を感じている自分自身だけだ。

全くの不条理
不毛
生きることそのものに似た感覚
人生なんてそんなもの。

そのことに気づくと、途端に勇気が湧いてくる。とりあえず煙草に火をつけ、煙を吸い込み、両肺を、この体で一番酷使されてきた臓器を煙で満たしてやる。死を受け入れる。そう思った瞬間、恐怖がまたやってくる。馬鹿馬鹿しさと、つまらなさと、わが物顔の恐怖が不思議に混じり合っている。恐怖が台頭したかと思うと、すぐに馬鹿馬鹿しさがそれに取って代わる。これまで経験したことのない感覚だ。死を受け入れている自分と、この騒音の渦と耐えがたい不安に呑み込まれてゆく自分……
眠りの渦に引き込まれてゆく。

怯える者たちの狂乱
背後から聞こえてくるすすり泣き
打ち付ける波
茫然自失となった者たちの無言の叫び
苦しげに泣き叫ぶ声
死体を載せた揺りかごを揺らす波
すべてが死と暗闇の支配下にある
私の母がいる
独りぼっちでそこにいる
この海を越えてきたのか、波間から現れたのか？
母はどこにいる？
わからない
だが間違いなくここにいる

私のすぐそばで
母は怯えている
母は微笑んでいる、そして泣いている
積年の悲哀に涙を流している
わからない
なぜ楽しそうなんだ？
なぜ涙を流している？
私は伝統の踊りで祝う婚礼の儀式を見た
私は死を嘆き悲しむ者たちを見た
ここはどこだ？
雪と氷に覆われ、冷気に包まれた大いなる山の頂上
私はそこにいる
一羽の鷲になって
その山並みの上を飛んでいる
山の向こうにはまた山が続く
どこにも海は見えない
見渡す限り、乾ききった大地
大きな古い栗の木がある
母はそこにいる
いつもそこにいる。

……私が船室の寝床で眠っている。スリランカ人の女の隣から、自分自身を眺めている。いや、彼女の腕に抱かれている。私の骸骨が船室の隅で煙草を吸っている。ここはクルドの地ではない。ここは海の上、船は難破寸前で、空のバケツで満たされ、そこらじゅうに空いた穴から水が噴きでている……

また、どこまでも続く山並みが見える
数え切れない山
いくつもの山が連なり
山また山
途切れることのない山並み
栗の木々が隠れる山
その山々は荒れ果て
木一本も見つけることはできない
その山並みは波に変わる
凶暴な波に変わる
違う、ここはクルドの地ではない
それなら、なぜ母はここにいる？
なぜ、あの場所で戦争が起きている？
戦車、数え切れない戦車、そしてヘリコプター
戦いの傷跡と残された死体
積み上げられた死体と女たちの嘆き

子どもたちの遊ぶブランコが栗の木の枝にぶら下がっている
花柄の服の少女たちが楽器を手にしている
戦争が起きている
血が流れ音楽が奏でられる
山と波
波と山
ここはどこだろう？
なぜ母は踊っているんだろう？

……半狂乱になって目を覚ます。暗闇が広がっている。遠くに見えた光が近づいている。前よりも大きく、明るく見える。私は船室の寝床にいて、下からは悲鳴と嘆きの声が聞こえてくる。まるで戦場。どこもかしこも波に包囲されている。この場所からでも、波がさらに激しく好戦的になっているのがわかる。この船内のあちこちを見て回っていたので、一瞬ですべての場所を思い浮かべることができる。恐れていた結末が近づいている。逃げ場はない……

渓谷が目に映る
栗の木が生い茂る渓谷
その奥深くに川が流れている
波が私たちを包囲している
光を拒む暗闇

私は鷲になって飛んでいる、悪夢のような光景の中を
美しき波の中を
栗の木の実が渓谷の奥深くに呑まれてゆく
川の中に、波の間に
一つまた一つ、渓谷を囲む斜面を滑り落ちる
波の渦へと落ちてゆく
川は増幅し、水嵩を増す
恐るべき川は栗の木を呑み込み、さらに水嵩を増す
少しずつ、渓谷の斜面が閉じられてゆく
私は鷲になり、峰高く飛び回る
眼下の川の流れは私が進むままについてくる
私を運ぶ願望の翼は
高く羽ばたき天国へと連れていってくれる
栗の木はもう見えない
渓谷ももう見えない
今やどこまでも川が広がっている
海だ
いや、これは大洋
見渡す限りの水
広い空が立ちはだかる

深い海が立ちはだかる
なぜ母は踊っているのだろう?
なぜ泣きながら踊っているのだろう?
いくつもの山と波
連なる山脈
波と、山脈……
船は難破し
二つに引き裂かれ
波の渦に囚われて
助けを求めている
救助の船が近づいてきた
その帆が空の真ん中で静止している
助けを求める叫び声……
助けてくれ……

助けてくれ!

恐怖で目覚める。体は汗まみれだ。悪夢。悪夢の中の悪夢。日の光が怯えた者たちで溢れかえった船室を照らし出す。誰も彼も助けを求めて、耳がおかしくなりそうなほどの大声で叫んでいる。船の外に視線を転じると、数メートル先に船があった。

信じられない。あの光のすぐそばにまでたどり着いていたのだ。船上ではたくさんの船員たちが心配そうにこちらを見ている。助かった。いや、助かりそうと言うべきか。ぼんやりと遠くにあった希望が手の届くところまで来ている。

一瞬の出来事だった。機関室と船首に水が溢れている。結局、水に軍配が上がったのだ。補佐の男が休みなくバケツを動かし続けても、水の勢いには勝てなかった。水のせいで船はとても重い。頑丈で長いロープが船とインドネシアの漁船をつなぎとめている。甲板では船員らが私たちを見下ろしている。船長と補佐の男がその漁船に乗り移る。海は、静かだった。助けが来たことで海も諦めて大人しくなったのかもしれない。

小さなモーターボートが降ろされ、救出作戦が始まる。みな我先に乗り込もうとしたが、女と子どもが先だと指示がある。いつ海の底に沈んでもおかしくないこの船の周りを、モーターボートが旋回している。やがてそのモーターボートは船の縁まで来ると、まず四人の女と子どもを受け入れる。数分かけて乗組員たちが女と子どもを乗り移らせた。

私たちを助けに来た体の引き締まった船員たちに焦りが見え始めた。時間はほとんど残っていない。波と戦い続けた壊れかけの船はどこもかしこも穴だらけで、今にも転覆しそうだった。この瞬間でさえ、船の平衡を保つために今いる場所から動くこともできない。水が入って重くなった船体の上で、波が静まった海に浮かびながら、疲弊した肉体が何とかバランスを取っている状態なのだ。

死をはねつけたとは信じがたい。恐ろしさが募る。戦いの後で今や命は栄光を手にし、死は周辺へと追いやられたと思い込んでいたのだ。

死が現実のものとなる時
神秘なる迷宮をくぐり抜けて死が訪れる時

恐れは鎮められ、最も美しい瞬間が呼び起こされる
死が生命を抱きしめる時
死は恐ろしさをいや増す
死と生は表裏をなし
死と生は陸続き
死は最も甘美な生の形なのだ。

死が遠ざかるほど、死への恐怖は強くなる。さらに恐ろしく、さらにおぞましいものとなる。

小さなモーターボートがさらに数人を運んでいる。船員たちがぐったりとした女と子どもを引っ張り上げる。クルド人家族の番が来た。父親とあの悪ガキは、ほかの女や子どもを押しのけて飛び乗った。

スリランカ人の夫婦も船縁に歩み寄るが、我先にと群がる家族に押しのけられる。幼子を抱く夫はほかの者たちを先に行かせる。子どもが落ちないか心配なのだろう。結局、ほかの家族よりも遅れてモーターボートに乗り込んだ。スリランカ人の子どもが助かったことに、私はまるで自分が救われたかのように安堵を覚え、励まされる。父親の腕の中の子どもから、母親は一瞬たりとも目を離さない。私の目もその子を追う。この異国の男の目も、母親の慈愛に満ちた目と共に、幼子の身体を見つめている。無事を願う眼差しが、その子に注がれている。

女と子どもが救出されると、野蛮な争いが始まる。誰一人として譲るつもりはない。横柄な若者たちがモーターボートに飛び乗る。**青い眼の少年**は顔色が悪い。唇は暗く腫れ上がり、その手は震えている。彼こそすぐにでもボートを離れるべきなのだが、「先に乗ってくれ。大丈夫。少ししたら俺も乗る」と言って後ろに下がる。この二日間、**青い眼の少年**は少しも眠っていなかった。ひどく取り乱しているようだ。

何時間も働き続け、私がそうであるように、その目にはいまだに水を掻き出すバケツが見えているのだ。私たちの脳裏にはその光景が永遠に刻み込まれるだろう。

モーターボートが私たちの船と漁船の間を行き来している。船の屋根にはまだ二〇人は取り残されている。だが、モーターボートが左舷に近づいて減速し、**青い眼の少年**と**ペンギン**、そのほか数人が乗り移ろうとする。**青い眼の少年**が飛び移ろうとするまさにその瞬間、船が反対側へとひっくり返った。その時、私は屋根の上にいた。この二日間で転覆しかけたことは何度もあった……だがこの瞬間についにそれが起こったのだ。船はあっという間に水面から消えた。

夢も、恐れも、勇敢な魂も……
すべてが呑み込まれた
何てひどい突然の惨事
山のような波に沈み
暗闇へと引きずり込まれる
無情の海に消えてゆく
海に呑み込まれてしまう
慈悲もなく呑み込まれてしまう。

巨大な落石が襲いかかるような勢いで、船は私たちを海へと叩きつける。二つに裂かれて残骸と化した船と共に、私は海の暗闇を突き進んでゆく。

深く……
さらに深く
さらに深く沈む
船が追いかけてくる
私を捕まえようと
その中に引きずり込もうと
死が眼前に現れる
前よりも本気で
前よりも恐ろしい姿で。

死が舞い戻る。命の猶予を与えられたまさにその瞬間に。私は一人きり。周りには誰もいない。私だけ。

誰よりも弱々しく
誰よりも怯えている
水を蹴り、泳ぐ……だめだ
すべての力を振り絞る……何も見えない
深い海の中にいる……とても怖い
目を閉じる
恐怖で目を開けることができない
暗闇の恐怖

残酷な海の脅威。

深海に広がる暗闇を見ないよう目を閉ざす。見守られているように感じる。守護神が見守ってくれているのだろうか？　その下の方に、深海へ引きずり込もうとする船の下で水を蹴りながら、必死に泳いでいる自分が見える。意識を失ってしまいそうになる寸前に、この船、さらには私と同じように船から放り出され、右も左もわからない水の中を命がけでもがいている者たちから離れたところにいる自分自身を一瞬でも想像できたことが、この状況を生き延びさせたのだと思う。生きようとして戦っている者たちの存在を感じた。転覆する私たちを見ている船員たちの存在を感じた。そして恐怖に怯えながら、その光景を漁船の上から見ている乗客たちの存在を感じた。

再び正気を取り戻す。命拾いした。体中の力を振り絞って泳ぐ。我が命を奪おうとする船から遠くへ。両肺に残されたほんのわずかな酸素を頼りに、できるだけ遠くを目指して。私の守護神はきっと、限界を超えて泳ぐ男を見守っていてくれるだろう。私は泳ぎ続ける。連なるいくつもの火の輪をくぐり抜けるように。

入り口に立っている
死の迷宮への入り口
死の真髄は戦争だ
生と死が隣り合わせの状態
幻覚の中を泳ぐ
このイメージはすべて

私の心が作り出したもの。

船は私の小さな身体より先に海の底に沈んでしまったのかもしれない。それとも私は大きな渦に摑まって、同じ場所を泳ぎ回っているだけなのか？　何が現実で何が幻覚なのか、もうどうだっていい。ただ水面に、酸素に、そこにある船にたどり着かなければならない。

息が続かない。それでも水面を目指して泳ぎ続け、空気を求めて小さな波を突き抜ける。目を開けた途端、波に襲われ、また水の下に引きずり込まれる。もうどれほど水を飲んだだろうか。しょっぱくて苦いガソリン混じりの水の下で、窒息しそうだ。

意識が遠のく。頭が働かない。必死で波の上に顔を出して、できるだけ速く泳ぐ。腹に溜まった水で体が重い。遠くに助けの船が見える。私たちの船が沈んだ場所には大きな渦ができていた。海に投げ出された者たちが、長い木片に摑まって浮いている。悲痛な叫び声が水でふさがった耳に響く。水面に浮いているバックパックやバケツ。靴も漂っている。

木片を筏代わりにして、それに必死でしがみ付く男たちの姿に勇気づけられる。腕と脚を奮い立たせて、分厚い波をかき分けて泳ぐ。その瞬間、生と死のバランスが変化する。死は遠ざけられ、生が近づいてくるようだ。

男たちの方へと泳ぐ。巨大な波が彼らの叫び声をかき消す。進むたびに襲いかかる大きな波に引き戻され、とうとう体が音を上げた。もう一寸たりとも動けない。波に揺られる死体のイメージが混乱する脳裏に浮かぶ。だがその時、目前に木片が現れ、男たちが私に向かって何か叫んでいるのが見えた。私を見守る力が、死体が波の渦に巻き込まれてゆく光景を脳裏に焼き付ける。船が沈んだ場所に向かって泳ぐ。目が眩むような波に揉まれながら、木片という救いの神にたどり着くために泳ぐ。二日間この海と戦い続けた船の断片。それは航海を共にした者たちへの最後の置きみやげ。

戦いは続いている
波間に消え果てそうなこの体を
波濤は容赦なく弄ぶ
死が生を支配する
受け入れがたい現実
すっかり混乱する。

木片に近づき、男たちに近づいていく。だが波は彼らを繰り返し水の中へ押し返す。水面に顔を出すたび、男たちは私に視線を返す。生きるために戦っている男に。波に逆らう私の姿に彼らは安堵し、木片にしがみつくその手に力を入れることだろう。助けるから戦い続けろと叫ぶ彼らの声に私もまた奮い立つ。その励ましが私の力を倍増させる。

あと数ヤードだ。木片に短いロープが結ばれているのが見えた。それを摑み引き寄せる。いくつもの手が差し伸べられ、ほかの男たちと共に、その木片にしがみつく。誰もが木片と互いの体を強く摑んでいる。新しい戦場で、新しい戦いが始まる。辛うじて危機を一つ乗り切ったに過ぎない。荒々しい波が休むことなく私たちの頭上を襲う。そのたびに私たちは溺れ、頭を出しては両肺を酸素で満たし、次の波に備える。その波の勢いにまた溺れ、再び束の間の自由を手にする。

呪われし者たちの押し潰されて傷ついた体に波が打ち付ける

生は近づき、また遠ざかる
死は近づき、また遠ざかる
何度も何度も繰り返し。

残酷な波間に、わずかな救いがある。水の勢いはすさまじく、引き裂かれそうなほどだ。仲間たちから引き離され、波にさらわれてしまいそうになる。水の中に引き込まれるたびに、釘やナイフのような鋭いものが脚や胴体を傷つける。私を切り裂く。まるで船の残骸に宿る悪意が波と手を結んで、さっさと諦めて手を放せと迫ってくるようだ。両脚はもう切り傷だらけだろう。ある瞬間、波の一撃と木片から突き出た刺の一撃が同時に襲って来た。二ヶ所に走る痛み。どちらからも、私に降伏を迫る。筋肉を奪い取り、死を受け入れさせようと迫るのだ。

水面から顔を出している時は、モーターボートを見続けていた。不規則に加速し、旋回しながら波に浮かぶ者たちを拾い上げている。水面に漂うバックパックのように浮かんでいた**歯抜けの愚者**も、生き延びるため波と戦う戦士の一人だった。女と子どもの救出の混乱の中で見失っていたが、今まさに諦めようとしていた彼の首を、力強い腕が摑み、引き上げている。私のように波と戦い続け、この筏にたどり着く前に助けられたのだ。

その救出劇は、私の中で歪んでばらばらになった一連のイメージとして生じた。まるで、つながりはないが関連し合った映像で作られる映画の一場面のようだ。振られる手、疲れ果てた男たち、海の暗闇、モーターボートの登場、真っ黒な海、ボートに引き上げられる弱り切った体、遠ざかるモーターボートの音、水面に残された航跡。その間も波は休みなく私たちに襲いかかり、木片から突き出た刺が私たちを何度も突き刺しては切り裂く。両側からの攻撃が続く。この木片から私たちを引き離そうとする力の前に、降伏を迫られている感覚も消えてはいない。私の両目はただ一つ、ただ一つのものだけを見つめている。モーターボートだ。

凶暴な波の呪いに捕らえられる。体中の力を振り絞って抵抗する。水面に浮かび上がり、半狂乱でモーターボートを探す。その時、はるか彼方からの素晴らしい啓示が与えられた。

ものの見える者こそが高潔なり
私は恐れる、恐怖とは制御の効かない感情
はてさて、私は恐るべき存在だったことがあっただろうか？
私は、私は霧の空を漂う薄っぺらな凧
それ以外の何者でもなかったはずだ……

波はこれまでになく荒ぶっている。漁船が来たので、犠牲となる者をさっさと呑み込んでしまおうと、海が急ぎ出したのだろうか。モーターボートに十分な広さはなく、木片にしがみつく男たちから四人だけ引き上げて離れていく。私の鎖は断ちきられた。私たちの船に乗っていた者のうち、まだ数人が波間に残されている。黒い死の天使の獲物として、何時間も待ち続けてきた者たちだ。私たちは傷つきながらも戦い続けている……。

木片と、それにしがみつく疲れ果てた者たちを呑み込もうとする海の欲望はすさまじい。水を含んだ木片は沈み始めている。すぐにでもすべて失われてしまうだろう。私に残されたものはなく、腕を動かすことすらできない。目の前が真っ暗になる。だがこの木片から手を放してしまえば、死はもう避けられない。

突然モーターボートが戻って来た。旋回し、私たちを襲う大きな波に小さな波を付け加え、止まる。すぐさま救助の手が伸びる。まるで熟練の捕食者の鉤爪に捕らえられた小動物のようだ。

しばらくして、若い船員たちが痩せて傷だらけの私の体を持ち上げ、漁船に移す。彼らの腕は海の匂いがする。トラウマを負った者たちが泣き叫ぶ声を聞きながら、私は乾いた甲板にうつ伏せに横たわった。

海は生贄を求めていた

あの川……この海……

その二つがこの危機的局面で出会った。

青い眼の少年が死んだ。

第三章

煉獄の筏／月は恐ろしい真実を語るだろう

助かった。二隻目の船へと
移送される
インドネシアからの新たな旅
与えられた新たな試練、意志が試されているのだ
安全にたどり着けるかは未知数だ
煉獄。

灼熱の太陽が空のちょうど真ん中に押された焼印のように輝いている。ギラギラとした太陽の光が海をすっぽりと覆い、遠くに広がる歪んだ鏡のように見える……両者の間に境界はない。波は近づいては去っていく。時折、巨大な建物のような貨物船の横に停泊している私たちの小さな白い漁船を揺らす。私たちの小さな船は、どっしりとした岩の陰にひっそりと横たわる小さな小石のようだ。太陽はいつにも増して大きく見える。降り注ぐ太陽の光線に皮膚が溶けてしまいそうだ。太陽は、どこまでも続く広大な海に浮

かぶ唯一の生物であるかのような私たちを溶かしてしまうのではないか。

私たちの頭上にある英国の貨物船には赤色と青色のコンテナが積まれている。雲一つない空のてっぺんまで届きそうなほど高い。甲板の船乗りたちはホースを漁船の方へ向け、私たちに水を浴びせる。私たちの体からは海の匂いが漂っている。胸毛を生やした男たちは、我先に水を浴びようと躍起になる。体を洗うだけのことなのに、照りつける太陽の下で愚かな争いを繰り広げている。女たちは船の下階の座席に崩れるように座り込み、ボロボロの赤い椅子に肩を寄せ合って座っている。小さな子どもを腕の中に抱いている者もいる。子どもたちの唇は黒ずんで腫れ上がっている。

私が立っている船の甲板からは、船乗りたちの顔はよく見えない。金髪の頭だけが見える。でも、彼らの目の色は、青い海の色だろうと想像する。私たちが救け出された海の色。船乗りたちはホースを引き上げた。しばらくすると、小さな昇降台が私たちの船の甲板に下ろされた。そこにはビスケットと水の入った容器と何箱もの煙草が積まれている。男たちが下から手を伸ばすと、箱に手が届きそうだ。英国船と遭遇し、法外に親切にされて私たちは、これまでに様々な権力から暴力や辱めを受け、罵倒され涙を流したこともすっかり忘れてしまった。

支援物資を目にした男たちに力が漲ってゆくのがわかる。彼らは、小さな積荷からできるだけ多くの物を獲得しようと争っている。妻が下階にいる男たちは、ほかの男たちよりも奮闘する。たとえビスケット数袋でも多く摑み取ろうとして必死だ。彼らは、家族の腹を満たしてやらなければという押し寄せる義務感、別の言い方をすれば、どんな犠牲を払ってでも家族に食べさせたいという責任感に駆り立てられ、これでもかと言わんばかりに雄々しく振る舞おうとする。その様は、飢えた野生の狼たちが、獲物の腸を引き裂き貪っているかのようで、互いを威嚇する唸り声すら聞こえてきそうだ。

この乱闘の後、若者たちはすぐに煙草に火をつける……黒い煙が暗い雲のように広がって空気を汚す。

船の最上階の甲板はすぐに煙に覆われてしまう。

彼らは、欲望に駆られて胸いっぱいに煙を吸い込む――煙は、肺、胃、干上がって痩せ細った腸を通り抜ける――煙で空腹が満たされてゆく。数日間の飢えの後の味わい。

わずかな物を分け合うのに、正義はない。そんなものは一切なければ、平等な解決策もない。思いやりもない。しかし、ジャングルの掟では、それこそがまさに典型的な正義だった。より強い者が、より多くを得る。両ポケットがぱんぱんに膨らんだ、はげ頭でずんぐりとした脚の曲がった男が目に入る。その男はビスケットを飲み込もうとして、甲板の水たまりで滑って、頭から床に突っ込みそうになったが、辛うじてバランスを保つ。それでも彼はビスケットを落としはしない。足が不自由ゆえに、私のような者よりも多くのビスケットをポケットに詰め込むことができたのだ。元の姿勢に戻ると、彼は汚れたシャツの中にビスケットの包みを隠し、赤ら顔で階段を下っていく。

疲れて怒っている男たちが子どものように不満をぶちまけていると、**我らがゴルシフテ**(6)が階段を上がってきた。彼女は男たちに向かって大声を上げ、下階の女と子どもたちに配るためにビスケットと煙草を男たちの手から奪い取っていく。まるで稲妻が走り、雷鳴が轟(とどろ)いて、その場を一瞬にして静めたかのようだ。**我らがゴルシフテ**は体も顔も大きく、その黒々とした目は怒りに満ちている。彼女はイラン人であり、一人の母親であり、積極的で統率力のある女性だ。私たちが海の上で途方に暮れているのに対して、彼女の振る舞いは勇敢で、威厳に満ちている。ナツメヤシやピスタチオを得るために、衰弱している仲間を顧みない者がほとんどなのに対して、彼女は混乱の中で怯えている者の方へと関心を向ける。海上で二日間が過ぎた頃、船にたった一タンクしか水が残っていないことがわかった時、彼女は飢えや渇きで亡くなる人が出ないように水を配った。彼女はライオンのように誇り高く、自信に満ちている。臆病な女たちの隠れ家になっている下階を出て、男たちと戦い、彼らをたしなめた。誰も彼女には歯向かえないほどの不屈の精神の持ち主である。誰も彼女には異論を唱えない。みな彼女に特別の敬意を抱いている。**我らがゴルシフテ**が二人の子どもと痩せた夫のためだけに食べ物を取ろうとするような人間ではないことを誰もが知っているからだ。彼女が去ると平穏が訪れ、私たちは一緒に腰を下ろして乾燥したビスケットを頬張る。

青い眼の少年の友人の顔が日焼けで真っ赤になっている。彼は船の縁に座り、水平線を見つめている。彼のガールフレンドのアザデーは、ほかの女たちと階下にいる。私はこの二人が四ヶ月以上にわたり、互いに支え合い、励まし合ってきたことを知っている。インドネシアで、彼らは幾多の困難を経験した。海で溺れそうになりながら、私たち三人が陸地への到達を目指したのはこれが初めてではない。彼らは私が初めてオーストラリアに向かおうとして失敗した時の集団にもいた。彼らはこの辛い旅を続けようと互いを説得し合ってきた。だからこそ今、感無量の思いでいるのだろう。あと一歩で目的地にたどり着けるかもしれないのだ。

歯抜けの愚者が、勝ち誇ったように笑みを浮かべながら舵の脇を通る。彼は褒美をもらった子どものように喜んでいる。私は、ケンダリのホテルの地下室でのことを思い出した。そこで**歯抜けの愚者**は、辛かった時の話をいろいろと聞かせてくれた。若い頃、彼は刑務所に入れられたそうだ。母親と最後に会ったのも刑務所だった。母親は彼に「お前に会えるのはこれが最後だと思う」と言った。その一週間後、母親が亡くなったことを知らされた。父親もそのわずか二週間後に亡くなった。両親のことを語る時、彼の目には涙が溢れた。彼の記憶にはこうした痛ましい出来事が焼き付いているのだ。実年齢以上に彼は老いている。

だが今、彼は自分が大きな幸福の入り口に立ち、夢が現実になるのを噛み締めているようだ。顔に刻まれた笑い皺がそれを物語っている。死神に苦しめられた時を経て、ついに人生が彼に微笑みかけている。これが死というものなのだ。死に触れる経験が、生きることに驚くほどの意味を与えるのである。

周りに座っている者たちは、悲しく心がかき乱されるような記憶に悩まされているとしても、美しい夢物語を思い浮かべているように見える。飢えていた時は、こんな風に楽観的にはなれなかった。けれども、今はみな朗らかだ。黙って食事をしたり、煙草を吸ったりしている者も、喜びを滲ませている。私たちの過酷な航海が終わろうとしている。英国の船長がそのことを伝えて以来、誰もがオーストラリアの海軍が到着するのを待ち望んでいる。

飢えはそれほどに力を持つ。あらゆることに影響する。一粒のピスタチオ、一粒のナツメヤシが一人の生死を決めるかもしれない。何日も海で飢えた時、私はそのことを悟った。下着の中から誰かに気づかれないようナツメヤシをそっと取り出し、食べ物の匂いに気づかれないよう、瞬く間にそれを飲み込んでしまう者たちをよく見かけた。みな、ほかの者たちのことが気になって仕方がない。誰かが食べ物を噛んでいないか、何か飲み込んでいないか、じろじろと見てしまうのだ。

けれども、今ではそのような疑惑はすべて消え去り、喜びと優しさが訪れた。私たちは人生の至福の時を堪能している。悪夢は終わったのだ。すべてあの貨物船のおかげだ。私は今度こそ死を免れたと確信した。周りからも喜びに溢れる人々の様子が伝わってくる。

ここで、ほんの数分前までは争いの原因だった煙草に火をつける。煙草の煙を吸い込むと、煙は胃の中で咀嚼したビスケットと混じり合う。

それでもまた、インドネシアとこの海で経験した悪夢が眼前に蘇る。

故郷を喪失し放浪する
飢餓
波との戦い

溺死寸前。

断片的に浮かび上がってくる記憶を静めるには、時間が必要だ。けれども、一つだけはっきりしていることがある。少なくとも、この悪夢は終わりに近づいており、私はついに旅の最終段階にたどり着いたのだ。

様々な思考は意識の外へと追いやられ、哀れな空っぽの胃のことしか考えられなくなる。食べ物があるのを感じる――想像できる――私の意識は、胃袋とその中で消化されていく食べ物へと注がれる。まるで体内に余分な臓器があるような感じ。飢餓と渇きが私を死の領域へと導く。飢餓と渇きで体中のあらゆる働きが腸へと収斂(しゅうれん)していく。

我らがゴルシフテのような人がいなければ、私は船の後方部のこの硬い床の上に座っていることはないだろう。深い海の底に沈んでいる**青い眼の少年**と同じ運命をたどることになるかもしれない。もちろん、今の海の状態は、あの時とは打って変わって、完全に穏やかなのだが。

野蛮な法律がオーストラリア行きのすべての船を統制している。もし、誰かが旅の途中で命を失っても、その遺体は決して陸地には届けられることはない。船長は情け容赦なく人々の遺体を波間に置き去りにするそうだ。もし、私がこの旅の途中で死んでいたら、私の死体も何も考えずに海に投げ捨てられたに違いない――サメや見たこともない魚の餌として。

最初の旅の船上では、食べ物のことなど誰も全く心配していなかった。しかしこの船では、人々は警戒し、用心深い。飢えているのだ。飢餓状態とでも言おうか。戦闘態勢は万全だった。乗船した時、私は何一つ食べ物を持っていなかったが、ほかの者たちは数日分の食料を蓄えていた。

この旅の三日目か四日目、インドネシア領海の最後の島を過ぎた頃には、私たちの感覚は麻痺していた。

私は空腹で意識が朦朧としていた。私はとにかく飢えていた。油まみれのエンジンの側の割れ目を手で探っていると、一粒の落花生を見つけた。真っ黒に汚れていたが、黒い油を爪で拭き取って、口に放り込み、飲み込んだ。あれからだいぶ時間が経った今、この貨物船に到着するまでの数日間、あの一粒の落花生のおかげで私は生き延びたと断言できる。たった一粒の落花生で命を維持したのだ。周囲の者たちはみな、バックパックやポケットに食べ物を入れていたにもかかわらず。

この旅の途中のある時、飢えで見境がつかなくなった私は、立ち上がり、ほかの乗客を手当たり次第脅し始めたことがあった。自分が口走った言葉が思い出される。「見ろ、俺は腹が減っている。だから、食べ物を持っている奴を襲うのは当然だ……いいか！」もっともな言い草だ。哲学的ですらある。飢餓と死に対する恐怖で、分別を失っていた時に口にした言葉だったとしても。振り返ってみると、この言動の本質は権力のパロディだ。私の行動、私の身振り、私がその言葉を発している姿を想像してほしい、体からあばら骨が突き出ているその姿を。あばら骨がくっきりと見え、数えることすらできる。想像してほしい、そんな姿で自己主張している私を想像してみてほしい。何て馬鹿げた光景なのだろう。

そして今、私はあの日々のことや、飢えと渇きの深刻さ、波に対する絶え間ない恐怖を、英国の貨物船に監視されているこの煉獄の上で考えている。

すりつぶした食べ物が腸の中で糖となる。そして糖は私の中を走る血液と一体になる。

食べ物が体内にあるのを感じる
はっきりと感じる
消化器が動くのを感じる
その一部始終を感じる

この体は崩壊寸前だ
骨の所在を感じる
私の体は骨だけ
私は日焼けした皮膚の層で覆われたただの骸骨。

しかし、まさにこの体、この衰弱した体は、生き延びようとしている。この食事の前に、私は七日間の飢えと渇きを耐え抜いた。それは一種の抵抗であり、甘美な勝利に感じられた。勝利がこの体を打ちひしがれた支離滅裂な存在にしてしまったのだ。

――＊――

何人かが舵のすぐそばに集まっている。みなに聞こえるように、彼らは大声で笑っている。彼らは**ペンギン**を嘲笑している。降伏する人のように両手を大きく広げ、アヒルのように曲がった脚を横に広げながら、**ペンギン**は船長の簡易ベッドの上に横たわっている。目は開いているが、どんよりしている。彼の感じる恐怖が映し出されている。まるで死体のようだ。

昨夜は嵐だった。空には轟音（ごうおん）が響き、どしゃ降りの雨に見舞われた。船長は全員に階下へ行くよう命じた。（転覆しないように船の重心を下げるためだ。船はまさに沈没寸前だった。）**ペンギン**だけが船長の命令に逆らって、まるで床に敷かれた金属の板のように、そのままじっとしていた。何人かが彼を抱き上げようとしたが、彼はまるで両隅の甲板に打ち込まれたかのように動かなかった。彼は昨日の夜からずっとここで横になっている。彼の心の目はまだ荒れ狂う嵐を見つめているのかもしれない。彼は周囲の状況に全く気づいていなければ、私たちを救ってくれた大型船にも気づいていないようだ。少しでも動けば、運命が閉ざされるとでも思っているかのように動かない。

青い眼の少年の友人は、**ペンギン**の口にビスケットを押し込んで水で流し入れる。それでも彼は糊のように甲板にくっついたままだ。船長室を覆っている天蓋の下にも移動していなかった。彼は疲れた船長の傍らで悲惨な夜を経験したに違いない。雨が重い石のように体を打ち、朝まで激しい風に吹き付けられていたのだろう。彼は、自分の体の中に閉じ込められ、死に捕らえられてしまった。皮肉なことだが、もし彼がほんの少しでも自分自身を解放していたら、嵐はそれほどにひどく彼に襲いかかりはしなかっただろう。

今や彼は蒼白い肉片のように見える。**ペンギン**を嘲笑していた男たちも、昨夜は、恐怖で青ざめていた。彼らは**ペンギン**がどれだけ勇敢なのかわかっていない。彼らが嘲笑している男は、一度溺れそうになったことがあるのだ。どんなに波が大きかろうが、もう一度海と戦うための勇気。それは不可解な包み隠された資質に違いない。

飢えと怯えで**ペンギン**に元気がないのを見ると、ほかの者はより大胆に、自信を持つようになる——全く意地が悪い。弱い者は他者が苦しんでいるのを見ると、いつも自分に力があると思ってしまう。そう、他者の窮地というものは、私たちの中にいる抑圧者を喜ばせる。人の不幸は蜜の味なのだ。

日焼けして顔の皮が剝け始めた**金髪の少年**が、はげ頭の友達と船の縁に座って**ペンギン**を指さして大笑いしている。ほかの者たちと同様に、彼は笑いの覆いの下に自分自身の恐れや弱さを隠し、それに目を向けないようにしている。

数日前、私たちがインドネシアの最後の島の近くに停泊した時、乗客の多くは嵐の海を恐れ、本土に戻るよう船長を説得しようとした。しかし、**金髪の少年**やほかの数人の若者たちは、本来の目的地に向かうよう船長と乗客を脅した。私たちは受け入れざるを得なかった。私はこのまま船を進めることに賛成だったが、彼らをなだめることくらいはできたはずだった。今、私は罪悪感に苛まれている。誰もこの若くて強情な男たちに歯向かうことなどできなかったからだ――私自身を含めて。

ある時、**金髪の少年**が船から転落したことがあった。それは彼自身が嘲りの対象となるような出来事だった。その時の彼ときたら、狂気の沙汰だった。パニックになり、溺れているネズミのように手足をばたつかせた。**歯抜けの愚者**は勇敢にも波に飛び込み、彼を船上に引きずり戻した。しょっぱい海水を吐き、弱々しく震えている彼はまさに溺れたネズミだった。

それなのに今、**金髪の少年**は、自分自身の弱さと心に染み付いた恐怖を覆い隠し、惨めな**ペンギン**を憐れんでいる。口を大きく開けて、その黄ばんだ歯を剝き出しにして。誰よりも弱々しく、誰よりも怯えている**ペンギン**とは対照的に、彼は今日ここにいる一番強い人間であるとでも言うかのように。

ペンギンのことなどおかまいなしの者もいる。周りの家族らを困らせていた背の高い少年は、二日前の夜、女たちを怒鳴りつけていたが、今は落ち着いている。彼はプラスチック製の包み紙の底に残っていたビスケットのかけらを食べている。口の周りにはその屑が少し付いており、上唇のかすかな毛も屑で覆われている。彼は牛乳に顔を浸した猫そっくりだ。小さなビスケットのかけらを食いつくし、包装紙の中に残っているものはすべて舌でなめる。彼がプラスチック製の包み紙に自分の頭を突っ込んでは出す様子を見ていると、飢饉に襲われた冬に、飼い葉桶に入ったおいしいアルファルファを食べるヤギを連想させられる。彼は鼻口部を前に押し出し、口をいっぱいにし、プラスチック製の袋から顎を上げて反芻する。満足そうだ。喋っている間も、食(は)む口は止まらない。噛んで、飲み込んで、言葉を吐き出す。私は彼の言うことに耳を傾ける。彼は特に誰かに向かって話しているわけではないようだが、それでも周りの者たちに話を聞くことを強いる。彼はこの数日間の自分の行いを正当化しようとしているようだ。

「ボートの方向を変えてはいけないと言っただろう……」
「いつかはオーストラリアに到着するとわかっていた……」
「怯えている女たちの言い分に屈してはいけないと思っていた……」
「オーストラリアへ、ようこそ……」
「ほんの少し勇気を奮い起こせばいいのだ！」

言葉を続けながら彼は、誇りに溢れ、傲慢にすら見える、彼特有の表情を浮かべたその顔をプラスチック製のビスケットの袋に突っ込む。

——＊——

船乗りたちは、空高く積まれたコンテナのそばにある甲板から、まだ私たちを見下ろしている。私たちの船と乗客を見下ろしている。混乱と騒乱に翻弄され、ようやく落ち着いたものの、疲れ果ててしまっている私たちを。船員の中には写真を撮っている者もいる。生存者の姿を記録したいのだろう。私たちと彼らは同じことを望んでいる……私たちはオーストラリア海軍が到着することを望み、彼らは私たちを引き渡し、この小さな船が自分たちの手を離れることを望んでいる。船上の船乗りたちは、船を元の航路に戻し、自分たちの旅を再開したいと思っているに違いない。

時間が過ぎる
焼けつくような日差しの中で座っている

あの無慈悲な太陽の下で待っている
待っている、甘い期待と共に
待っている、自由の香りを嗅ぎながら。

だが、心の奥底では懸念も生まれている。インドネシアの水上警察が今にも水平線に現れるのではないかと心配している。彼らが現れて、すべてを台無しにするかもしれないと心配している。勇気を奮い起こして、階下の隠れ家から出てくる女たちもいる。焼けつくような太陽の暑さと対峙するのも厭わない。汗が蒸発するのを期待しているのかもしれない。そのうちの一人は、**曲がった脚のマニ**(7)の妻だ。彼女は二歳の子どもを腕に抱いている。子どもは泣き叫んでいる。その声は、耳をつんざく一続きの長い歌のようだ。子どもの泣き声が耳に響き渡り、思考を中断させられる。騒音が脳に食い入るように感じる。

赤ん坊が泣き叫ぶたびに、**曲がった脚のマニ**は、とりあえず一歩前に出る。彼は子どもの顔にキスをしてまた元の位置に戻る。夫が前に出たり後ろに下がったりするたびに、妻は苛立ち、夫を批判の目で見る。妻は夫を見下すように話す。その話し方には、この状況は夫が招いたものであり、この船に乗せて航海に連れ出したことは非難されて然るべきだという妻の思いが表れている。けれども、彼女の横暴な目つきからは別の事実もうかがえる。二人の決断を裏で取り仕切っているのは妻なのだ。妻の意地悪い態度を見れば、この哀れで臆病な夫がそんなことを言い出すとは考えにくい。

妻は泣いている幼子をあやす。彼女は果てしなく広がる海の方を指さして赤ん坊の注意を逸らそうとする。大海がこの泣き声を止めてくれるとでも思ったのだろうか？　けれども、静かなだけの海は、小さな赤ん坊にとって何の魅力もない。赤ん坊の泣き声はさらに激しさが増す。

誰もがこの泣き声には頭を抱えていた。苦情が殺到したため夫婦は上階へと上がってきたのだろう。

生来短気な気質の**イラつくイラン人**は、傍らに座り、息を潜めて卑猥な言葉を呟いている。呟き声は、やがてゆっくりと大声へと変わる。彼は精一杯の大声を張り上げる。眉間に皺を寄せ、額を真っ赤にしながら、耐えきれずに彼は叫ぶ。「その子を黙らせないなら、お前たち全員、海に放り投げるぞ！」**イラつくイラン人**の表情と口調からは激しい怒りが伝わる。その家族は消え入るような声で独り言を言いながら階段を下りて下階に戻ることになった。

イラつくイラン人と面目を失った**曲がった脚のマニ**、この二人は対照的だ。**曲がった脚のマニ**は、妻と子どもを守れないことをよく知っていた。血管が浮き出た彼の真っ赤な顔には、恐怖と困惑が滲み出ていた。彼は妻の怒りを恐れていた。妻は下階に着くなり自分の不幸を彼のせいにするだろう。その十分な理由を彼女は手にしていた。

今日、**イラつくイラン人**は**曲がった脚のマニ**の家族に嫌がらせをしているが、昨夜の嵐の最中、彼が怯えて船の下階や端で縮こまり、隠れているのを私は目撃した。彼は茫然自失の状態で、大きな波が押し寄せると震えた。彼の呼吸は波の高低に影響された。彼は余程怖かったのか、この私の弱り果てた体と痩せた腕にすがってきた。もう一方の手はアラブの少年の手を握っている。男が泣くには勇気がいるものだが、昨晩の**イラつくイラン人**にそれは当てはまらなかった。彼は勇敢に振る舞おうとはしなかった。台風が襲ってきた時、彼は涙を流して泣いた。ひっそりと涙を流しながら、泣いていることを隠そうとしていた。

死体は、煙草を吸うと骸骨のように見える。周囲に無関心の痩せぎすの男。彼は無表情で冷淡な態度を取る。騒然とした船上で、**死体**は何も心配していないようだった。彼は足を組み、煙草を吸いながら座っている。時々、下着の中に隠したピスタチオやナツメヤシを取り出して、ネズミのようにかじる。それを繰り返しながら、変わったことは何も起きていないかのように、ぼんやりと周囲を見回す。彼はしばしばヒルさながらに、船長の手にへばりつき、ほとんど吸い終わった煙草を奪い取ると、フィルターに達するまで吸い殻を吸う。実際は、ほかの者より元気であっても、船酔いし、飢えているかのように振る舞う。ナツメヤシの種とピスタチオの殻を捨てるために下階に飛び降りることもある。

昨夜、船長が全員に階下へ行くように命令する前、**死体**は女たちの集団に入っていき、まるでその中の一人と結婚でもしているかのように、そこで気持ちよく眠りについた。誰も怒らないと彼は思っているようだった。抜け目のない奴だ。危機が迫ると女たちは、どんな困難な状況でもどうすれば物が得られるかをちゃんと知っている。そのことを彼は考慮に入れて行動しているのだから。朝が来て、ほとんどの男たちが夜の嵐に疲れ切っていた一方で、**死体**はすっきりした様子で生気に溢れていた。彼は乾いた服を着て船の最上段に上がって来た。そして、ビスケットと煙草まで手に入れていた。

数日前、私は**イラつくイラン人**が、**死体**が食べ物を持っていることに気づくのを見た。彼は何かを企んでいる時、途端に落ち着かなくなり、皺の寄った顔はうわの空だ。一日中**死体**を見つめながら、怒ったように彼と彼のバックパックに向かって顔をしかめた。**イラつくイラン人**は**死体**がバックパックをその場に置いて立ち去る瞬間を待っていた。彼は情け容赦のない極悪人だ――必要であれば、少しの食べ物を口にするために**死体**を船外に放り投げることも厭わないであろう。しかし、**死体**は明らかに用心深い男だから、彼はそんな向こう見ずな真似はできない。

ある緊急事態が起こった時、ついに**死体**はバックパックから離れ、下の甲板に移動した。彼は慌てており、甲板に倒れている人の手足を蹴ってしまうほどだった。この時とばかりに、**イラつくイラン人**はそのバックパックへと向かった。彼は衣服と私物を取り出し、中と外のすべてのポケットを調べ、黒い包みを見つけた。しかし、彼がそれを開こうとした時、**死体**は再び現れた。**イラつくイラン人**はすぐに包みを元の場所に戻した。**死体**は馬鹿ではなかった。彼は**イラつくイラン人**が何を考えているかを知っていた。幽霊のように姿を現すべき時を、フクロウのように暗闇に隠れるべき時を、彼は心得ていた。

――＊――

この船の甲板には男たちが座っているが、その各々には人知れぬ過去がある。誰もが危険な旅の生存者でもある。今ではそれぞれがこの集団の一員となっていて、たった一つの目標を掲げ、ここまで来たのだ。その目標とはオーストラリアという国にたどり着くことである。太陽がさらに暑く照りつける。太陽をとても近くに感じる。私たちの下に広がる巨大な水が今にも蒸気に変わってしまうのではないかとすら思えるほど近くに。

私は遠くの水平線を見つめている。船が姿を現すのを待ち続けている。しかし、剃刀のように鋭い太陽の光が水面を照らすため、どんなにピントを合わせようとしても、水平線のはるか遠くにある境界線は見えない。

水の結晶の平原が視界を覆う
目が眩むような白い炎が視界を席巻する
突然、静寂が船全体を包み
水面が漂白され
海はまばゆいばかり。

たとえ船がこちらに向かってきたとしても、この強烈な明るさではそれを確認することはできないだろう。ここがどこなのか正確にはわからない——例えば、クリスマス島からどのくらい離れているのか見当もつかない。わかりようがない。オーストラリアから何百キロも離れたインド洋の中心部に近いところにいるのかもしれない。あるいは、インドネシアの海岸に隣接したまま、何もせずに弧を描いて移動しただけかもしれない。昨夜、嵐が来る前、私の目は月に釘付けになっていた。そういえば、移動中もずっと、私は月が空の左右に昇るのを見ていた。

外洋では地理的な位置は気にしないものだ。ここではそれは意味を持たない。見渡す限り、水、水、水だけの世界。空だけが頼りだ。空や恒星や月の位置は頼りになる。

だから月を見ながら、私は弧を描いて旅をしているのだと気づくことがあった。時には私たちは長い間、月に向かって移動した。すると希望が芽生えた。しかし、逆方向に進むことがあると、そしてその期間が長いと、その希望も打ち砕かれてしまう。

私は月が大嫌いだ。月は、私たちが道に迷い、あてもなく移動していることを教えるから。

闇がどんどん迫って来る
月は夜の黒い肌の影に隠れる
絶望に囚われながらも喜びを感じる
ほら、月が隠れた。もう安心だ
時には真実を知らない方が平穏でいられる。

どんな状況でも真実に気づくと、普段は見ないようにしている心の秘められた奥深くにある恐怖や不安が呼び起こされる。月が語る真実、その魔法のような輝きを見ると、道に迷ってしまったのではないかという恐怖に駆られる。しかし、真実には別の顔がある。それは、ある種の慰めであり、表面上の恐怖の下にあるものだ。

真実は矛盾だ
真実はでっち上げだ
恐怖、平静、苦悩
月が隠れる
憂鬱、絶望、陰気さ
月が現れる
リズミカルな波、雄大な海
庇護
光球、天の中心
天空に輝く球体
放擲(ほうてき)
不透明な暗さ
海が這い寄ってくる、波が荒くなる。

私はいつも待つことが嫌いだった。待つということは、時間という牢獄で使われる拷問の仕組みである。私は高圧的な権力に囚われている。

私の生きる権利を奪う権力
私を脇に追いやり、本来の姿から遠ざけてしまう権力
私を苦しめる権力
私を悩ます権力。

期待して待つことは私をひどく苛立たせる。毎回のことだ。挫折感と無力感。自分の期待がほかの者の期待によって増してしまうと、さらにたちが悪い。この瞬間に、私たちはみな、一点をじっと見つめ、同じものを望んでいる。

物事は思うようにはならないものだ。遠くの水平線を注視すると、背後に大きな船が現れる。私たちは、振り向く。オーストラリアの国旗が、船の一番高いところで翻っている。荘厳な雰囲気を放ちながら、風に吹かれて自由に揺れている。

第四章

軍艦での瞑想録／**我らがゴルシフテ**は実に美しい

波がその鉤爪から私たちを解放してくれた
波が私たちの命を助けてくれた
波に笑いかける
勝ち誇って笑う
心の奥底から湧き上がる勝利の歓喜が笑い声になる。

疲れ果ててひしゃげたような姿の人間たちが、軍艦の甲板に列をなし、鎖のように連なって座っている。列の長さはまちまちだ。アザデーと**青い眼の少年の友人**は最前列で、ハンガーにかけられた服のように、前に立つ数人の兵士を無言で見つめている。**曲がった脚のマニ**は、妻と騒がしい幼子と共に人間の鎖の先頭で腰を下ろしている。彼らは人々に付き添っている海兵隊員を見る。

唯一聞こえるのは、艦艇に時折打ち寄せる波の音。私はこれほどまでに荒々しく制御不能な波を見たことがない。波はさらに荒々しくなり、さらに強く艦艇に押し寄せる。しかし、どういうわけか波はより美しく見える。賞賛したくなる美しさだ。

私たちは座ること以外に何もできない。波の音を聞き、そのリズムに合わせるのは、ちょっとした娯楽のようで楽しく、暇つぶしにはちょうど良い。前日までは、波は致命的なものに思えた。今、波は子どものおもちゃのようだ。たとえ高く強い波であっても、頭と顔に数滴の水が跳ねるだけである。

あの苦しかった日々が過ぎ、まるで夢のよう
夜が更け、前夜の闇とは対照的に明るい空
平穏
優雅
こよなく美しい月
月は空の抱擁に身を委ね
月は私たちを見守る
狂った月、残酷な月の痕跡はなく
濃い雲もまばらな雲の跡形もなし
すべてが平穏
すべてがあるべきところに落ち着き
空はたぶん
月はたぶん
星たちはたぶん、私たちを暴力に晒す必要などもはやないことを知っている
私たちの心に恐怖を染み込ませる必要などもはやないことを知っている

暴力と恐怖は美と慈悲へと変えられなければならないことを知っている
空や月や星は私たちの思考を映し出すだろう
夢と興奮に満ちている私たちの思考を
軍艦の甲板の一面に座る人々
まだ死の傷跡を身に纏っている人々
死が彼らの顔に爪を立てた時の傷跡
彼らは甲板に座らされているが
幸福なのだ。

厳しい軍の監視下にある間は、誰も自分の幸福を示そうとはしない。まるで誰もが、軍の管理下から解放されるまでは、喜びを隠すべきであるとあらかじめ取り決めていたかのようだ。喜びを表現しようなどと思うことは、心理的な恐怖を生み出すのかもしれない。軍はそうした喜びを嫌い、インドネシアに彼らを戻そうとするだろうから。艦艇の甲板がオーストラリアの領域であることを、おそらくは誰も知らない。本当に自由の国に到着したとは、誰も信じることができない。どんな感情や考えが彼らの心の中に浮かんだとしても、彼らはみな一晩中、沈黙して座したままである。怯える子どものごとく、泣き声を上げたりしない。

曲がった脚のマニの騒がしい子どもでさえ、このことを知っている。この場を支配する重々しい沈黙は、父親の膝の上で休んでいる子どもをも黙らせる。子どもは周囲を警戒してやまない父親を不安な眼差しで見つめる。子ども特有の好奇心を示しながら、幼子は父親の視線を追い、その顔色をうかがっている。

ペンギンは昨晩と同じように甲板の床に横たわっている。それは異常な光景だ。彼はいまだ死と格闘し、死の力に捕らえられている。彼の目は異様なまでに見開かれ、唇は恐怖に震えている。顔色が以前にもまして青ざめ、それは死の色を表しているようだ。彼は最初に難民船から軍艦に移された。国境警備の軍人が到着し、彼に付き添っている際も、彼はヘビのように身悶えて、うめき声を上げていた。漁船に乗り込んだ数名の係官が、彼を持ち上げ、どうにか艦艇に移した。まるで硬く乾燥したジャガイモが入った袋を運ぶかのように。**ペンギン**の体からは生気が感じられず弱々しく見えた。しかし誰かが触れたり動かしたりすると、彼は硬直した。抜歯された患者のように全身が硬直し、激しい痛みのために針金か金属棒にでもなったかのようにこわばっていた。

ペンギンが移されると、**曲がった脚のマニ**と彼の家族が続き、その後はほかの女性と子どもたちが移送された。最後に、男性と若者も船に移されると、私たちは四人一組のグループにされ、艦艇への移送が完了した。

ペンギンは力なく悩ましげな様子で、空を見つめるだけだ。今なお艦艇の甲板で、彼は唇を震わせ歯をガチガチと鳴らしながら空を眺め続けている。

我らがゴルシフテとその家族は、**ペンギン**の弱り果てた体の傍らに座っている。

その女(ひと)の顔はそれでも華麗で
その姿は今なお美しく
誇りに満ちている
衣服は破れ、体はそこにいる打ちひしがれた人々と同様の異臭を放つ
海のような臭い
ぴりっとする臭い

苦い臭いがする
だが**我らがゴルシフテ**はなお誇りを失わず
魅力的なままだ
我らがゴルシフテは苦痛を笑い飛ばし
惨めさもすべて笑い飛ばす
黒くて魅惑的な瞳で笑い飛ばす
その瞳は小さな太陽の如く燃えている。

この惨めな流浪の民の集団に**我らがゴルシフテ**がいることは信じがたい。彼女からは気高さが溢れ出ている。どんな衣服を身に着けていようと、どんな状況でも、どんなに最悪の状態になっても、何があっても彼女は、周囲の者たちを魅了し続ける。

二人の子どもを胸に抱いてここに静かに座しているこの女性が、力ずくで彼女を抑え込もうとする無情な男たちにたいして毅然と立ち向かったのと同じ女性であるとは到底思えない。

これが、あの女性と同じ人物とは。漂流船で恐怖におののく乗客が思考力を失うのを許さなかった、わずかな水とナツメヤシを一人ひとりに等しく分配することで正義を実現しようとしたあの女性と。彼女は、自分の子どもたちや自分自身と同じように**曲がった脚のマニ**の子どもを気遣う、あの女性なのだ。**我らがゴルシフテ**のような女性と出会ったことで、私は誇りと強さを取り戻し、絶望や自暴自棄な思いを意識の隅の方へと追いやることができた。

我らがゴルシフテの力は彼女だけのものだ。栄光と誰にも奪えない特権と共にある。彼女は無感情でうわべだけの兵士に対抗する力を持ったこの集団の代表なのである。

我らがゴルシフテは実に美しい。

対照的に、**死体**は魂を奪われ、すべてのことへの関心を失ってしまったように見える。彼の顔を調べ、外科の切開手術によってできたギザギザの傷跡があることを知ったとしても、彼のことを理解することはできない。彼の顔を見ても、その過去を想像することさえできない。彼がどのような人生を送り、どのような状況であったのか、私には想像もつかない。けれども、一つ明らかなことは、**死体**は残酷であるということだ。もしも彼がそのバックパックを開けることがあれば、中にはまだ大量のナツメヤシやピスタチオが入っているだろうと私は確信している。

イラつくイラン人は怒りを抑え、不平を言うのを控えている。彼の怒りは、自然な性質として備わっているもので、長年にわたって彼の顔に刻まれてきたものだ。今、彼はほかの者たちと同様に沈黙し続け、苦痛の表情を浮かべるのが有利だと認識しているようだ。

顔を見れば
不気味な沈黙が奥深くまで浸透していることがわかる
悲しみに打ちひしがれた心配そうな顔は
戦争捕虜として捕らえられ疲れ切った支隊の兵士たちを思い起こさせる
汚泥の悪臭に汚れた体
顔をしかめた女たち
だが、みな静まりかえっている
母なる自然でさえ慈悲深い

海はさらに魅惑に満ち
波は優しく我らを愛撫する
波は打ち付けようとはしない
もはや暴力的ではなく
もはや致命的でもなく
人々の哀れな顔には希望も見える。

打ちのめされた顔を見る時、私が一番に思い浮かべる美徳は勇気である。目に見える違いや優しさや残酷さの度合いとは別に、また、人格の背後にあるものに関係なく、彼らには一つの共通点がある。彼らは波を克服し、困難な旅を乗り越えてきた。彼らは丸一週間、苦悩に耐えてきた。最も恐ろしい恐怖に立ち向かい、数々の危険も経験した。彼らは死にも似た苦しみに耐えてきたのである。

けれども私には、彼らが勇気のある人間だと言い切ることは難しい。勇気という概念が何を意味するのかを理解するために思考する行為そのものにも勇気がいる。私は、実際に意識的に勇気の概念を掘り下げて考える機会を持ったことがない。というのも、このように包括的に、この概念について探求するように迫られたことがなかったからだ。勇気ある人間とはどのような者のことを言うのか本当の意味で知る機会はなかった。

勇気とは恐怖と対峙するものなのだろうか？　勇気は恐怖から生み出される美徳なのだろうか？　けれども、海と波、そのいずれもが、塔が粉々に崩れ落ちるかのような恐怖と苦痛を植え付けたように思われる。この経験は私の勇気を奮い立たせた。それは私に勇気とは何であるかを深く考えさせた。人生で初めて、海が私を試したのだ。海は親し気に私に近づいてきて、私の勇気を試した。私は死の迷宮で試されていたのだ。

海の試練に晒された
海に挑戦状を突きつけられた
海は長年私の意識が作り上げたあらゆる理論を呼び覚ました
海が私を戦闘に晒し
目隠しされた敵に仕立て上げた
死の宿敵へと。

朽ちた船での冒険が大きな出会いの空間を生み出した。そこでは、私という存在の本質が明かされる。私は自分の魂に問いかける。剝き出しの自分になるために。

この人間は自分が思うような者なのだろうか？
この人間は理想に適う者なのだろうか？
この人間は勇気を示すことができるのか？

これらは、絶えず私を悩ませてきた問いである。その問いを海は私に投げかけたのだ。何度も何度も繰り返し問いかけた。長年、この問いは私の頭を駆けめぐってきた。この問いが最終的に私を地球の反対側に押し出し、海へと駆り立てた。地理の教科書でしか見たことがなかった海へと。

―＊―

長年、山について考えてきた
長年、クルド人の故郷を占領した者たちの戦争に思いを巡らしてきた
クルディスタンを引き裂いた者たちとの戦争
先祖の文化を荒廃させた占領
クルド人にとって文化的価値のあるものを滅ぼした侵略
クルド人が愛しんだものを破壊した
クルド人のアイデンティティを守り抜くのに必要不可欠なものを。

若い頃、私は軍事組織であるペシュメルガに所属したかった。都市から離れたところで生活がしたかった。山中で恐怖心を制御した生活を送り、進行中の戦争に参加しようと思った。私たちは幾度も革命を起こそうとした。抵抗の意志は勢いを増していた。だがいつも私は、非暴力と平和の思想に覆われた恐怖のようなものによって妨げられた。何度となく、私はクルディスタンの巨大な山々が連なる山脈へと向かった。けれども、非暴力の抵抗をめぐる思想が、ペンと共にあった街へと私を引き戻した。

何年もの間、自らの身を守る場所を山中に見つけようとしてきた。その場所では銃を取らねばならず、ペンの価値についてなど何一つ理解できない集団の一人として、私はその集団の言語、すなわち武力による抵抗の言語を用いなければならなかったであろう。だが、ペンの栄光と力について思いを馳せるたびに足が怯んだ。

今でも私は、平和を愛する精神を持っていたのか、それともただ恐れていただけなのか、わからないままでいる。私は山中で戦うことを恐れていたのか、銃を取ることを恐れていたのか、銃身によるクルディスタンの解放を達成できないと私は本当に信じていたのかどうか、いまだにわからない。こうした思いに私は悩まされ続けてきた。たぶん私は臆病者で、その臆病さが平和を好むように仕向けたのだ。ペンの力に特権があるのだと私の考え方を変えたのである。私は抵抗としての文化的表現を追求することを余儀なくされた。

だが、理論というものは、実践されて初めてその奥義を表すのだと思う。できうる限り死を見つめて理論化する者だけが、正しく死を恐れなくなる。理論はそれらが内在化される時に、言葉の本当の意味において理論となり、具現化される時に、それ以上の何かに変わる。

もしも私たちが冷静でいることを選択するならば、生と死のようなとてつもなく大きな概念に関して熟考し、正しく理論化することはできない。

死や恐怖に向き合う時
死や恐怖と格闘する時
人はこれらの概念について深い洞察力を得て、豊かな理解へと至る
海がその機会を与えてくれた
海は死や恐怖と親密な関係を結ぶように誘った
角を激突させる二頭の野生の羊のように
鉄を粉砕する大槌のように。

軍艦の硬い甲板に座すほとんどの者にとって、海の旅は初めてであった。オーストラリアへ向けて帆を向ける多くの船の一つに乗船する勇気を持つ者にとっては、故郷へ戻る復路はない。これらの船のどれか一つに乗船することは、とてつもなく大きなリスクを孕んでいる。それは、まさに死に抗う戦いである。乗船前に、ほとんどの者は、この船旅で自分たちを待ち受けているとんでもなく恐ろしい危険についてなど想像すらしなかった。だが、私とほかの数名の者にとっては、状況は違っていた。私たちは以前溺れそうになったことがあった。それから二週間後に別の船に乗船して、海との戦いを再び開始したのだ。インドネシアの乾燥した大地に戻った二週間の間、私はもう一度危険な旅を始めることに不気味な憧れを抱いていた。それは恐怖が入り混ざった情熱とでも言おうか。二回目の乗船を果たした時は、足が震え、強い吐き気をもよおし、ひどい不安に襲われたことを白状しておかなければならないが。

私は再び海と波に身を投じ、現実と恐怖に向き合う旅に身を投じた。私たちは、燃料を使い果たし、海岸の近くで座礁して取り残されるまで、地獄のような海と押し寄せる波の上を何日も進んだ。私たちは引き返すことができない地点にいたが、前に進むべき方法もまたなかった。

翌日、ガソリン缶を運ぶ小型船がやってきた。それが究極の決断をする瞬間だった。軍用船の甲板に今、私と座っている者たちの多くが、その小さな船で戻りたがった。ガソリン缶が荷下ろしされ始めると、この小型船への乗船権をめぐって争いが起こった。小型船は私たちの船のそばで浮いている。数名の若者らが互いのシャツを摑み合い、取っ組み合いを始めた。ある女は夫の目の前で強打を食らった。だが、それを見た船員たちは彼女を優先的に乗船させた。殴り合いの乱闘の末、勝敗が決まった。最も強そうな若者の三、四人が、ほかの者らを押しのけ、小型船に飛び乗った。船が遠のいてゆく。七、八人の者は私たちの乗った船を離れ、幸運にも小型船で来た道を引き返すこととなった。こうして、インドネシアに戻る最後のチャンスは過ぎ去った。

インドネシアで暮らした数ヶ月と、海への二回目の旅を振り返る時、いまだに理論的に考える自信などないが、勇気とは何なのかその本質にたどり着いたように思われる。

勇気と愚行は分かちがたい
波との戦いを伴う危険な旅の継続は、愚かでなければ為しえない。

降伏しようと思わされることも何回かあった。それはこの危険な旅を終わらせたいと思わせるようなものだった。けれどもそのたびに私は、この血管を流れる無謀さと自らに宿る良識のなさの助けを借りて耐え抜いた。危険に気づけば、人はたいていの場合、危険を回避しようとするものだ。だから危険を感じられなくなるまで、自分の生まれつきの愚かさを無理やり育て上げた。自分を待ち構えている危険を察知し、合理的な考え方をしていたら、間違いなく私は海路を選ばなかったであろう。

私が知ったこと――それは、勇気は絶望と
さらに深いつながりがあるということ
絶望的になればなるほど、人間はますます危険な偉業を
成し遂げることに熱心になるということ。

インドネシアにいた間、また難民船に乗っていた時でさえ、私は決して以前の生活に戻りたいとは思わなかった。私は決して出発地まで戻りたいとは思わなかった。私は、自分が架けた橋を燃やしてしまったように感じていた。たとえそれが人生の終わりを意味しようとも、私は航海を続けたかった。旅を続け、

この危険な旅を終えて目的地へ到達するためなら、波との戦いも厭わなかった。祖国を後にした時、私は深い絶望感に苛まれていた。私の過去は地獄だった。私はその生き地獄から逃げた。過去については一瞬たりとも考えたくない。イランに戻ることや、インドネシアでのホームレス生活と飢餓について考えると、私は前へ進まなければと背中を押されるような思いになる。

私は地雷原を横断するか、戦争捕虜になるかの間で悩む、捕らえられた兵士のようだ。誰もが選ばなければならない。ここは引き返すことができない地点である。もう戻る道はない。

この艦艇に乗船する人々の多くは私に似ている
彼らは勇気を見出したのだろう
恐怖の谷の淵でそれを見出したのだろう
小さな懸念の中で
大きな恐怖の中で
波と戦う勇気を見出したのだろう
避けられない戦いなら前進するしかない。

もしも船が波に襲われて真っ二つに引き裂かれたなら、この世のあらゆる不条理な死と同様に、私たちは消え去るのみ。

私たちの死は、そのほかの幾多の死やこれまでに起きた誰かの死とは異なるなどと考えるのは間違いだ。そう、すべての死とは不条理で無意味なのだ。祖国を守るために死ぬこと、大義のために死ぬこと、アイスキャンディーのために死ぬこと、これらにはいかなる違いもない。

死は死以外の何物にもあらず
ありきたりで単純
不条理で突然なのは
まさに誕生と瓜二つ。

死の天使が私の肩にとまった嵐の夜は、私がこの世に誕生した夜であったことに後になって気づいた。それは私の誕生日と私の再生の瞬間の両方を意味する。そのことに私は乾燥した土地に足を踏み入れた時に初めて気がついた。もしもその時死んでいたら、それは魅力的ではあるが愚かな死であっただろう。誕生日に亡くなる者について考えてみる。無意味なことだとわかってはいても。事実に反する出来事の意味を考えてみたいのだ。つまり、過去に起こったかもしれないけれども、実際には起きなかったことについて思いを巡らしてみたいのだ。もし私が死んでいたら、誰かがやってきて、占いまたは天体や球体の動きを使って、私の死の理由を分析したかもしれない。私の誕生日に、彼らはその結果をほかの者にも見せて分析を深めようとしたかもしれない。私の誕生日に、母は息子の死を讃えるための神話を作ったかもしれない。この神聖で神秘的な幻想によって、母は深い悲しみにどうにか対処することができるだろう。彼女は、その状況を神聖で不思議なものとして受け止め、想像を膨らませるだろう。母は私の死を形而上学的な実態や出来事と結び付けるかもしれない。しかし、こうしたすべての神聖な哀悼の儀式は、何も変えることはできないのだ。

死とは死以外の何物にもあらず。

自分が生まれた日の夜に亡くなる人もいれば、別の日に亡くなる人もいる。死の本質は次のように言えるかもしれない。非存在であるということ。ある瞬間に消滅するということ。どこまでも広がる闇夜にきらめく一筋の光。

目覚ましい偉業と恐怖。

飢えと渇き。

そのすべてが、ただ終わる。

どんな経験をしたとしても、私たちは今、オーストラリアに到着した。人生はその愛を私たちに投げかけているのだ。

——＊——

私たちが乗った軍艦は一晩中、航海を続ける。その間、私たちはじっと座っていなければならない。少しの間でも、立ち上がったり、歩くことは許されない。立ち上がることができたのは、乗っていた船が沈められるほんのわずかの間だけだった。私は、備え付けの機関銃で船に二つばかりの穴が開けられるのを目撃した。船は波間に消えていった。海に比べればその船がいかに取るに足りないものかを知ったのはその時だった。海の壮大さに対してあまりにも小さな木片。

硬い甲板に座っていたため背中が痛くなり、私は夜通し眠れなかった。骨と甲板の木が対峙している。私は黙って、船体に打ち寄せる波を数えている。私は痩せ細っていたので、どれほど体位を変えても、容赦のない痛みが襲ってきた。

翌朝、艦艇はクリスマス島に到着した。島の斜面に沿って見える白い軒並。密集したジャングルを行進するように白い家々が建っている。難民たちの顔に幸福の色が戻る。彼らは互いに微笑み合う。海はきらめき、その光は島の海岸まで照らしている。波が立ち、砂浜から数メートルのところまで打ち寄せる。波の動きに穏やかさはない。海岸から始まり、海の真ん中へと移動するにつれて勢いを増し、力を蓄えているように思われる。不意に押し寄せ、ぶつかっては飛び散り、二度と元通りにはならない。

黒い煙を放つタグボートが船と並走する。疲れ果てた難民たちは、一〇人一組で島の桟橋まで輸送される。まず彼らは、いまだ死にがんじがらめにされているペンギンへと向かう。彼はへばりついていた甲板から力ずくで引き続き降ろされる。**曲がった脚のマニ**は、妻と泣き続ける子どもに同行する。**我らがゴルシフテ**とその子どもたちは**ペンギン**に続き、岸に向かって移動する。遠くから見ると、まるで群衆が桟橋の上で私たちを出迎えてくれるようだ。間もなく私の番だ。私は最後の集団で、**歯抜けの愚者**、**イラつくイラン人**、**死体**、数名の若者らと一緒に並んでいた。私たちはタグボートに乗船した。

私の唯一の所持品は**青い眼の少年の友人**が持っていたバックパックに入っていたものだ。最初の旅で、私のバックパックは波に呑まれてしまった。貴重品は何一つ入っていなかった。私の愛読書である詩集は**青い眼の少年の友人**が携えていた(8)。私はイランから何を持ち出せばよいかわからなかった。私は価値のあるものなど何一つ持っていなかった。

三〇年後の私の運命
あの独裁政権下で最善を尽くしてきた三〇年
イランという神政国家で格闘してきた三〇年
三〇年後、私の人生には何もなかった
詩の本以外に携えゆくべき物などあろうか?

私は何も持たずにテヘラン空港のゲートを出国したかった。しかし、私は官憲を恐れていた。官憲は、この痩せ細った男は海外に行くのに、なぜ何も持っていかないのかと訝しむに違いないからだ。そのため私はバックパックを購入し、それに古新聞の束と安い衣類を詰めた。私は旅行者のような格好で空港から出国した。正直なところ一セントの価値があるものすら持ち合わせていなかった。もしも官憲が怖くなかったら、手ぶらのままで放浪者のように国を後にしただろう。

私はたぶん、世界中の空港の歴史上で、最も身軽な旅行者であっただろう。自分自身と、バックパックに詰められた衣類、詩集、煙草の箱、そして勇気だけ。

今、私はこれまでの長い困難な旅をあと数メートルで終えようとしている。手にはびしょ濡れの詩集を持っている。靴は紛失し、服には無数の穴が空いている。

タグボートが桟橋に到着する。岸辺の波は穏やかだ。小さな金髪の少女が水に入り、水遊びをしている。少女は私たちを気にも留めない。彼女は疲れ切って弱り果てた人々や桟橋に立っている人々に気づいてさえいない。彼女の姿はいまだに私の記憶に新しい。彼女は微笑み、優しく手招きをしている。少女の世界には、苦しみが入り込む余地はない。その世界には、不正義から生まれる苦難が生じる余地などないのだ。

彼女は自由で
彼女は無邪気で
彼女はこの晴れた日の、涼やかで優しいそよ風のよう
これがオーストラリアの第一印象。

昇降作業車が難民集団を乗せたタグボートを持ち上げ、彼らを桟橋から突き出た横桟へと移動させた。

自由の地を象徴する乾燥した大地に立つ。次の瞬間、私はオーストラリアから最初の贈り物を受け取る。傷ついた足と疲れ切った体の前に置かれた一足のビーチサンダル。

薄い色の目をした骨のように痩せ細った男
びしょ濡れの詩集を持ち
窮屈そうなサンダルを履いている
これが私だ。

第五章

クリスマス（島）の物語／流浪の星へと追放された国なき**ロヒンギャの少年**

檻
高い壁
鉄条網
電動ドア
監視カメラ
檻ー高い壁ー鉄条網ー電動ドアー監視カメラ
二〇人を見つめる監視カメラ
ぶかぶかの服を着た男たち
だぶだぶの服を纏う男たち。

早朝六時、徴税人のような看守たちがやって来て、私たちをベッドから追い出した。あっという間に、狭苦しい檻の中に連れていかれ、二時間が過ぎようとしている。辛い時間だ。収監され……鍵のかかった檻の中に閉じ込められるのは耐えがたい。この一ヶ月もの間、クリスマス島の監獄にいる。囚人とは辛いものだ。

私たちは離れ離れにされ、新たな区分けで収容されたため、顔や話し方には馴染みがあるのだが、お互いのことをよく知らない。恐ろしい運命に直面したイラン人たち……呪われ、地獄へと墜とされた。最も不運な者たち。たった一人だけ、風貌が明らかにほかと違う者がいる。浅黒い顔、黒いアーモンド型の目、細い腕、いたいけな腕。まだあどけなさが残る若者だ。彼はミャンマーから来たロヒンギャだろう。友人と離れ離れになってしまったのだ。その憂いに満ちた静かな佇まいには、追放されたディアスポラの深い絶望感が滲み出ている。

故郷の喪失が鉄条網に囲まれた壁を見つめるその姿に映し出されている
故郷の喪失が理解できない異国の言葉を話す者を見つめるその視線に映し出されている。

不眠症の男と**過眠症の男**もそこにいる。二人のイラン人は、今朝、隣り合った檻から連れ出されてきた。半分寝ている状態で、この檻の中に連れて来られた。顔を洗う時間すら与えられずに。直行便で全員一緒にマヌス島へ追放されるのだ。

いい加減、さっさと飛行機に乗せてほしいものだ、どこに飛ばされてもいいから。なるようになる、どんな運命でも果敢に受け入れよう。マヌスは単なる次の滞在地、単なる通過点だ。現実を受け入れるしかない。まさにこの日、私はマヌス島に追放されることが決まった。どこか遠くの海の真ん中に体（てい）良く追放されるのだ。

―― * ――

オーストラリアの係官たちの言葉が私の心に刻まれている。彼らは時間をかけてマヌス島のイメージを私たちの心に刷り込んでいった。野蛮な人々、文化、歴史、風景。マヌスは熱帯の島で、見たこともないような昆虫がたくさんいるのだろう。マヌスの人々は、衣服を着る代わりに幅の広いバナナの葉で股間と胸を覆っているだろう。数日前、原始人についての情報をインターネットで見て、そんなイメージを掻き立てられた。こんな生活をする人々のことを想像するのは、わくわくする反面、恐ろしくもある。

入手した情報によると、マヌス人は人食い人種だということだ。恐れというよりは、何だか面白そうで好奇心が湧いてくる。無論、私たちが人食い人種の生贄になることはないだろう。でかい黒鍋で煮込まれてシチューになるなんてことがあるはずはない。祝賀の儀式が行われ、バナナの葉を腰巻に、全島上げて盛大に裸祭が行われるなんてこともないだろう。

でも、私の骨の突き出た痩せた腕はきっと彼らを喜ばせるんじゃないだろうか。きっと彼らはそれを求めて戦うだろう。世界の誰よりも強く凶暴な者がこの腕を野獣のようにもぎ取り、誰からも邪魔されることなく食い尽くすだろう。人食い人種は人間の腕を食べることで快楽を覚えるらしい。特に、薄毛の華奢（きゃしゃ）でひょろ長いこの腕ならば好まれるかもしれない。

こんな子どもっぽい考えに耽っているうちに、檻が開けられる。暫しのトイレ休憩が与えられる。トイレにも監視カメラが付いている。カメラが見下ろしている場所で、落ち着いて用を足すことはなかなか難しい。とりわけ、どこの馬の骨ともわからぬ者にモニターを通して監視されていることを考えるとなおさらだ。彼らはそこにいる者全員に聞こえる大声で私たちの性器について議論し、笑っているだろう。しかし、そんなたわいない想像は、もっとたわいない想像で打ち消される。きっと、私たちに恐怖感を与え、何もできなくするために、あの監視カメラはついているのだろう。

トイレ休憩が終わる。用を足している間は誰もモニターなど見ていない。たぶん、監視者たちにとって、イチモツの大きさなんてどうでもいい。あの監視カメラは、これまでにこのトイレを使用した数え切れないほど多くの者たちを映し出してきただろうから、彼らはそんなものはもう見慣れてしまっているだろう。

あの堅牢な檻の中には特に見るべきものはなく、馬鹿げた通り一遍の黙想をし続けることになる。すごい集中力であらゆる状況について考えを巡らすので、精神的な疲労感が高まってくる。こうやって考えたりイメージしたりすると精神的に滅入ってくる。

辛い時間はゆっくり長く続く。そしてついに変化が訪れる。隣接した檻に移される。**不眠症の男**を含む数名が、違う檻に連れていかれるのが見える。彼らは反対側の通路を抜けていく。

各自は番号を呼ばれると、初めに服を脱ぎ、探知機を用いた身体検査を受けなければならない。その仕上げに、頭髪を掻き上げられ、何も隠していないことを念入りに確認される。私も下着しか着ていないのに全裸にさせられる。脇の下の奥深くまで体中を細かく調べられる。下着を脱ぐくらい、何なんだ？　監視カメラですべてがお見通しである。だからこれくらいのことは何でもない。

無愛想な係官が、身体検査を一通り終えた者に衣類を支給するが、それは一人ひとりの体型にあったものとは限らない。有無を言わさず与えられた衣類を着用させられるのである。

私は隣の檻へと進む。衣類を持っている。それは私の服のサイズの二倍ほどの大きさだ。黄色いポリエステル製のTシャツで、それを着ると、何とも無様な姿になる。白い椅子に腰掛けると、またもや、鉄の壁を凝視し続けることとなる。気分屋の若者がけたたましい声を立てて笑っている。かさぶただらけの坊主頭のやかましくて嫌な感じのするこの若者は、煙草を取り出し、壁に仕込まれたライターで火をつける。一体どうやって見つからずに丸ごと持ち込めたのだろう。下着と下着の下のイチモツまで入念に調べられると言うのに。誰かが一体どうやったんだよと尋ねる。彼は豪快に笑いながら、俺はイランで刑務所の看守だったんだぜと答える。この一言で、彼はみなの注目の的となる。看守だった男がここにいるのだということが、何とも安心感を抱かせてくれる。もらった一、二服の煙草の煙が、私の乾いた肺に、腸に、そして疲れ切った血球に染み渡る。

ロヒンギャの少年は、依然として周辺の状況を怯えた表情で見ている。大声でよく喋る見知らぬ男どもを目の前にして、居心地が悪そうだ。彼の存在は疎外されており、憐れんでくれる者は誰もいない。みなが群がる一本の煙草の一服さえ回し飲みさせてもらえない。声をかけて少しでも気持ちをほぐし、寂しさを和らげてやろうとか、同胞と生き別れになってしまった悲惨な状況を少しでも癒してやろうなどと、私自身も考えない。私も同様に辛い境遇にある。でも、この瞬間の寂しさは私の方がましだろう。小一時間、この硬い椅子に座り、次に起こることを想像してみる……どうなるかわからないまま。

そのうちに係官たちが来て、一人ひとりの番号を読み上げる。廊下に出る時、私はまた服を脱がねばならない。彼らは探知機で身体検査をする。検査ばかりで、私の肉体は苦悩と疲労に苛まれる。これだけ検査されて、もはや機内に持ち込めるものなど何もない。私たちが常時監視の対象になる理由はわかりきっている。当局は、誰かが剃刀を機内に持ち込み、パイロットの喉元にそれを突きつけるような事態を恐れているのだ。そんなことが起これば、そのパイロットはオーストラリアに向けて旋回せざるを得なくなるだろうから。

マヌスに行くのは何と大事（おおごと）なのか？　一体どんな場所だと言うんだ？　何だって当局は私たちが危険な行為に及ぶと考えるのか？　徹底した身体検査や、監視カメラが至るところにある環境が私を不安にする。まさに自分がある監獄から別の監獄へと移送される犯罪者もしくは殺人犯にでもなった気がしてくる。映画の中でしかお目にかかからなかった光景だ。

三つ目の檻に到着した。単調さはもはやない。看護師が数人、パンフレット片手に、緑色の服を着た通訳に伴われて入ってくる。彼らはマヌス島における健康留意点について話す。脚の長い、マラリアを媒介する蚊のことを話す。そして、パンフレットに写真が載っている今まで全く見たことのないような得体の知れない蚊のことを話す。マヌスではその蚊が私を待っていて、到着してすぐに私の肉体を刺しに飛んでくるのではないか。この蚊にとって、私たちは未知の地から来た未知なる生物だ。私たちのような異邦人は、哀れにも捕食の対象になるのであり、格好の餌食になるのだ。

一団の中で最も美しい看護師が詳細な説明を行う。現地では自己管理をしっかりするようにと彼女は言う。「夕暮れ時には抗マラリア薬を服用し、現地で支給される特別なクリームを塗ってくださいね」彼女はマラリアの症状をはじめ、どうでも良さそうなことばかり話す。まるで、健康に気を使ってもらっているというよりも、脅されているようだ。「マヌスは危険な島です。多くの熱帯系の死に至らしめる蚊が生息しています。私たちが貴方がたと同じ立場にあるとしたら、すぐにでも帰還申請書を作成して故郷に帰ることでしょう」と言っているように聞こえる。

看護師の言葉にみな動揺する。**ロヒンギャの少年**のあどけない瞳には、明らかに心配と恐怖が浮かんでいる。アーモンド型の黒目で周りを見渡す。見知らぬ者の中に、心安らぐ場所を探し求める。しかし、安らぎや安全のようなものをここでは見つけられそうもない。彼は再び、目の前の壁をじっと見据える。

看護師たちが立ち去った後、元看守の男が手品を始め、また煙草をひょいと出す。ポリエステル製の短パンのポケットから、それをひねり出す。全くもって信じられない。どうなってるんだ！　この煙草一本で、看護師の警告と、熱帯の蚊の呪縛から逃れられる。誰もがみんな、そのかさぶた頭の元看守に魅了され、尊敬の眼差しで見つめる。そして彼も、幾年もの間イランで看守として働いてきたことが、これほどの尊敬を集めるということに至上の喜びを感じている。これ見よがしに、口は大きく広がり、顔全体へと彼の笑みは広がる。

全く予想もしない状況下での至福の一服、二服。こいつはなかなか大した奴だ。あの厳しい監視の網を掻い潜って、煙草を隠して持ち込めたなんてあっぱれだ。さすがは元看守、身体の穴や窪みにどう隠せば身体検査でバレないか、非情で獣みたいな看守の上手を行くやり方をよく心得ている。傲慢な野郎を事もなげに出し抜くことができるのだ。

急に何だかわからなくなってしまう。立ち上がって、閉ざされた檻の中でうろうろする。どうしてこんな朝早くに叩き起こされたんだろう。よくわからない。どうして殺風景な檻の中で何時間も過ごさねばならなかったのか、どうして何度も身体検査をされたのか。一つだけわかるのは、彼らは何としても私たちを苦しめたかったということだ。時折、また手品のように煙草一本取り出してくれないかと期待して、こっそりとかさぶた頭の元看守の方を盗み見る。彼はそんなこと気にも留めず、仲間とわいわい騒いでいる。その様子から彼は一服する気がないとわかる。

この身に起こっていることが信じられない
耐えがたい苦難
流浪の旅
襲いかかる飢餓
そのすべてを乗り越えてきた
豪州の地を踏むために
それなのになぜマヌスへ追放されるのか
大洋の小さな孤島へ。

檻の中をうろついていると目が回る。私が歩き回るのを、ほかの者たちはあまりよく思っていないようだ。そうなると、仕方なくあの硬い椅子に再び腰を下ろし、壁を凝視しているほかない。いつだって待つのは嫌いだ。周りをキョロキョロ眺めたり、一点をじっと見据えているのも苦手だ。人の顔をじろじろ見るのも好きではない。特に知らない顔となればなおさらだ。もううんざりだ。イライラする。今日にも、マヌス島に追放されてもおかしくはないのだ。いい加減早くあの得体の知れない島に連れていってくれないか。運命なら受け入れる。早くしてくれ。

こんなことばかり考えていると疲弊する。マヌス島への追放は、一ヶ月間、頭上で振り上げたまま、いつ振り降ろされるかわからない警棒のようなものだ。その警棒に怯えつつ日々を過ごすのは拷問そのもの。いい加減に早く飛行機に乗せろ。ほんの二、三時間でひとっ飛び。その島へ連れていってくれ、名前しか知らないその島へ。上陸すればそれがどんなところなのか、わかるだろう。その島に行って苦しめと言うのなら、それも受け入れる。現実に苦しむ方が、迫り来る試練に怯えているよりも楽かもしれない。逆境ならすでに経験済みだ。

数多の悪意に耐え
数多の苦闘を越えて
さあ、準備完了
あの孤島へいつでも島流しにされよう。

でも、時々考える。どうしてこれほどの苦悩に耐え忍ばねばならないのか？　どうしてこれほどの苦痛を味わわねばならないのか？　どうして私はこんなに不運なのか？　どうして私は、あの無慈悲な法律が発効してからちょうど四日後にオーストラリアに来なければならなかったのか？　こんな問いが脳裏を掠めるが、明確な答えなどありはしない。

この苦しい失意の日々も、次の檻が開けられることで、ようやく終わりを告げる。もう待たされることはない。一人ずつ降ろされて、係官からいくつか質問され、それに答える。その後、車に乗せられる。クルド語の通訳がいる。大きな瞳の、炭色の肌をした、眉毛の細長い女性である。その通訳に話しかけると、彼女は謎めいた密かな笑みを浮かべる。意味深な笑み。私たちがマヌスへと追放されることに喜びを感じているのだろうか。いや、私が激しい調子で話していたからかもしれない。おそらく、私が移民局の係官を怒らせようと躍起になって質問に答えたからだろう。彼女は謎めいた密かな笑みを浮かべたまま、私に応じる。

——＊——

私たちはバスに乗せられる。数日前、まさにここで、今まさに私たちが大人しい子羊のように立っているこの場所で、血みどろの戦いが起こった。レバノン系の難民たちが、バスに乗せようとしていた係官らに抵抗したのだ。しかしこの係官らは、彼らを打ちのめし、地面にねじ伏せた。彼らは手も顔も打ちのめされ完敗した。警備員らは、彼らの殴られて血みどろになった身体をコンクリートの上に引きずり出し、マヌス島へと追放した。難民たちがどれほど抵抗しようとも、最近、政権交代したばかりで大した権力も確立していない政府の政治的陰謀を覆すことはできなかった。

バスが走り出す。空港への道はジャングルに覆われている。バスの中では、ある筋書きについての会話が交わされている。それは、私たちがダーウィン空港で降ろされて、今までの話はほんのジョーク、ただの嘘だとわかって、マヌス行きの話はなかったことになるというものだ。しかし、この手の話の信憑性は低い。この時点で何か奇跡のようなことが起こるのを期待するのは馬鹿げている。現実を受け入れなければならない。数時間もすれば私たちはマヌスと呼ばれる孤島に降り立つだろう。

警察の車両が数台、私たちのバスの後ろと前に付けている。まるで大統領の警護でもしているかのように。ああもはやこれまでだ。どうにかしたくても、これではどうすることもできない。大きくてだぶだぶの服がとても惨めに映る。

空港はまさに修羅場だ。警官たちが整然と飛行機の周りを取り囲んでいる。記者が何人かカメラを構えて、私たちを待っている。通訳たちもいる。あのクルド系の女性は、両手を身体の後ろで組んでいる。彼女は指示どおりに完璧にそこに立っているだけ。なぜだ、なぜここまで警備を厳重にしなければならないのか？　記者たちの群れが怖い。彼らが構えるカメラが怖い。

記者の質問には遠慮がない。いつも悲惨な出来事を探し求めている。戦争、悪い出来事、人々の不幸は、彼らにとって絶好のネタだ。かつて新聞記者だった私も、クーデター、革命、テロ行為といったニュースを聞くたびに気持ちが高まったものだ。大いなる情熱を抱いて仕事に向かい、ハゲタカのごとくあちらこちらを飛び回って取材に励んだ。それが今や自分自身が人々の欲望を満たす対象なのだ。

記者たちは、惨めで哀れな者たちが飛行機から降りてくるのを今か今かと待ちわびながら、ハゲタカのごとく執念深く現場に張りついている。私たちが姿を現すのが待ちきれない様子で、そのみすぼらしく救いがたき者の姿を捉えるのを待ち構えている。

カシャ　カシャ

シャッターが切られるのを待つ

カシャ　カシャ。

——そして、全世界に向けてその姿が報道される。人々は政府の汚いやり口に釘付けになり、ひたすらその様子を見つめる。だが、オーストラリアに庇護を求める者たちへの教訓として私たちが警告となるならば、取引は成立だ。

——＊——

インドネシアで初めて記者の集団に出会った時、毛穴から惨めさが滲み出し、極度の恐怖と苦痛に苛まれた。一回目の航海で溺れそうになった挙句、疲労と空腹に襲われ、海が恐くてどうしようもなくなってしまった時のことだ。私たちは警察に陸地まで引き戻された。それから六時間後、監獄に到着した——と言っても、そこからはすぐに逃げ出したのだが。到着して、警察の車両から降りたその時、記者たちに前から後ろからどっと囲まれ、写真や映像をあらゆる角度から撮られた。あれは最悪だった。メディアに映る惨めな私の姿を見てかわいそうと泣く人々のことを想像して嫌な気分になった。何が楽しくて溺れかけて歩くこともままならない人の記事を読もうとするのだろうか？

それは六日の出来事だった。そう、ちょうど六日。不眠の六日間。その間、灼熱の太陽が顔面の皮をじわじわと剥ぎ去り、腕の皮をポロポロと剥ぎ取った。ボロボロの服。ヘドロのような臭いの身体。私のTシャツには、手のひら大の穴が空いていた。その穴から赤灼けの皮膚から透けて見えるあばら骨が剝き出しになっていた。私は倒れる寸前だった。インドネシアにいる間ずっとロクな物を食べていなかった。しかも、警察に逮捕されて勾留されるのではないか、そしてイランに強制送還されるのではないかという恐怖感に苛まれていた。ビタミン不足からか乾燥したくしゃくしゃのあごひげがチクチクした。戦いの残像が目の前にちらつく。三日前の死との格闘が目に焼き付いたように離れないのである。私は歩く幻影だった。

私は衰弱しているように見えただろう。心と身体がばらばらの状態で、虚ろに歩みを進めた。波にさらわれた小舟に座っているような感覚だった。出発の時、騒がしい記者たちに下劣なカメラのフラッシュをパシャパシャと浴びせられた。私は手で顔を隠すことができないほど弱っていた。言うまでもなく、溺死を免れて陸地に奇跡的に到達した一行の姿は、格好のニュースのネタだった。

こんな風に大きな脚光を浴びるのは、この短期間で二度目だ。クリスマス島の空港は、写真撮影のスタジオとなった。記者らは、どうしようもなく弱り果てた私の姿を見ようと、待ち伏せしていたようだ。私はこのニュースの主役に仕立て上げられる。ゾンビのような私の身体の動きを映し出すことで、彼らは人々の恐怖を喚起しようとしているのだ。

―＊―

クリスマス島からの追放
オーストラリアからの追放
空港は追放の拠点
そこには何もない
物音一つしない。

一台のプロペラ機が、我々をはるか彼方の島まで連れ去ろうと待ち構えている。直ちに飛び立てるように係官が速やかに搭乗して、私たちを中へと誘ってくれるのを私は今か今かと待つ。何とも重苦しい雰囲気になってきた。あのハゲタカどもが、飛行機の横でカメラをいじっている。気が滅入るのはそのせいだ。係官が最前線に配置される兵士の如く手荷物搬入に取り掛かる。何人かの係官は、記者に向かって手を振っている。奴らの間には何かあるに違いない。そうだ、奴らはみなグルに違いない。

最初の搭乗者は、**不眠症の男**だ。バスから飛行機まで、約五〇メートルの距離を横切らなければならない。わざわざ、距離を取って車を止めている。その目的は耐えがたい屈辱に追い込むこと。屈強な係官二人が**不眠症の男**の両側で腕を抱え、飛行機まで連行する。背の高い**不眠症の男**も、二人の係官に挟まれると、まるで動けなくなった子鹿のようだ。タラップに向けてゆっくりと引っ張られてゆく野生のライオンの獲物でしかない。記者たちはこの場面を捉えようと全神経を傾ける。人間の尊厳を踏みにじることに快感を覚えているのだろう。

不眠症の男は難儀そうに一歩一歩進むが、それは無駄な抵抗である。両側の二名の大男は気にも留めず、身柄を連行していく。タラップに近づくと、別の二名の係官が待ち構えていて、**不眠症の男**をタラップ上へと誘う。タラップの上で待っていた誰かが、その一部始終を撮影する。これがその日のシナリオで、二分おきに同様の場面が繰り返される。唯一の違いは、組み固められた身柄が別の者のそれに変わることである。

不眠症の男が、船先に座りながら船の行き先に目をやるたび、何度も時間を確認していたことを思い出す。「オーストラリアまであと何キロあるんだ?」と同じ質問を繰り返し聞いていた。あの夜、あの最後の夜、嵐が吹き荒れるあのおぞましい夜の暗闇の中で、あの男は私にしがみついて離れず、夜通し一言も話さなかった。ただ恐怖に震えていた。この光景を見ると、あの時の彼の苦しみが蘇る。体格の良い大男二人に組み固められ、極悪犯のように彼が手荒に連行されてゆく光景。こんなことが、オーストラリアの地で起こるなんて。**不眠症の男**が指折り数えて到達を待ちわび、やっとの思いでたどり着いたこの地で。

次は**ロヒンギャの少年**の番だ。小柄で、痩せている。彼はもっとぐったりしている。前に進もうとするが、足がついてゆかない。転倒しそうだ。係官がその体を持ち上げる。絞首台に連れられていく死刑囚さながらだ。イランでこれとよく似た光景を目撃したのを思い出した。これほど疲れてうろたえた姿を見せるなんてどうしたのだろう。彼は勇気を忘れ去った勇者である。大洋を越えて来たこの少年は、こんな茶番のような騒ぎにビクビクする理由などないはずだ。無情なカメラの前でも堂々としていればいいのだ。それでも彼は、体のどこかに秘められた残りの力を振り絞り、強くあろうとしているのかもしれない。

彼は少し進んだ後、振り返り、まるで後ろ髪を引かれるように私たちのバスを見やる。弱り果てて、私たちしか救いのあてがないのだろう。実際、彼はこの半日の間、私たちと一言も言葉を交わしていない。彼はその人種的文化的差異によって、周りからは無視され、孤立していたし、煙草の一服に誘われることもなかった。だが、よく知らない間柄と言っても私たちは、同じ時間を共に過ごした唯一の仲間だ。慰めくらいにはなるだろう。彼はこれから、重苦しく闇夜のような暗い未来に向かって、とある島に追放され、拘束される運命にある。その姿は猟師に引きずられている獲物のようだ。一歩たりとも自力で歩くことを許されない。しばらくして、彼も飛行機に乗り込んでゆく。

また何人か搭乗する。ＭＥＧ45と私を呼ぶ声がする。ゆっくりと、しかし確実に、私はこの番号で呼ばれることに慣れなければならない。彼らにとって私たちは、番号以上の何者でもない。私は自分の名前を忘れなければならない。自分の番号が呼ばれると耳鳴りがする。私は想像力を駆使して、この無意味な番号に何か新しい意味を付け加えたいと思う。例えば、ＭＥＧ氏。でも、これでは同名の者がたくさん出てしまう。この番号に何の意味があるというのか？　私は数字とか数学とかは大嫌いだった。でも今はどこへ行っても、この忌々しい番号から逃れられない。何らかの歴史的な出来事と関連付けることくらいはできるかもしれない。でも、頭を搾っても、一九四五年の第二次世界大戦の終結しか思い浮かばない。私が誰であろうが、何を考えていようが、私はこの番号で呼ばれるのだ。ＭＥＧ45は、これから**不眠症の男**らと行く末を共に過ごさねばならないのだ。

　認めよう。私は不安でたまらない。この場の雰囲気は、怒りとほんの少しの悲しみに満ちている。悲しみに耐える怒れる囚人たち。一体、何の罪があって、手錠を固くかけられ、飛行機に押し込められなければならないと言うのだ？　理由があるなら受け入れよう。喜んで飛行機へと急ぐだろう。だが、あの哀れな**ロヒンギャの少年**の姿が思い出され、公衆の面前で私自身はあんな風に弱々しく見えてはならないという思いが湧き起こる。

　これと似た経験はあるし、その時はもっとひどい状況だった。少なくとも今はきちんと食べられていて健康だ。少なくとも前みたいにヘドロのような臭いは漂わせてはいない。それにしてもこの服装はどうにかならないものか。私のサイズの二倍の大きさで膝まである黄色いＴシャツと、歩いているとペタペタと音がするサンダル。こんな服装の者にお目にかかったことはない。半袖シャツの袖が手首まである。しかも黄色。黄色いＴシャツ、黒い短パン、サンダルまで伸びている剝き出しの足の肌の色。何ともおかしな色の組み合わせである。いくら自分は自分だと言い聞かせても、こんな格好では、ほかの誰かになってしまったようだ。

　それはともかく、どうやってこのカメラマンの大群を通り抜けることができるだろう？　特に、異様な意気込みで至近距離からカメラを構えている、何人かの若いブロンドの女性カメラマンたちの前を？　弱みを見せるな。警戒心をかなぐり捨てて、さっさと車から離れた。巨漢が私を待ち構えており、私の二の腕を抱えると飛行機まで連行する。その間、私は背筋をピンと伸ばし、大股で進む。早くこんな痛ましい状況を終わらせたいがために。

まず、通訳たちの集団を通り過ぎる。彼らは緑色の服を着て、目的もなくそこに立っている。旅行者には見えないが、私たちとマヌス行きを共にしたいのかもしれない。私たちを見捨てないであろう、あのクルド語通訳の女性に目配せする。彼女は無表情だ。あの謎めいた控えめな微笑はもうない。何とも意味深長な様子で、彼女の本心はわからない。無関心なのか、それとも不安なのか、彼女の表情は暗く、その黒い目からは苦悩が感じられる。

それは、私と同じく、過去と故郷から引き離された者の苦悩である。言うまでもない、彼女も苦悩に満ちたクルド人だ。苦しんできた――自分に押された烙印のゆえに、クルド人であることで押された烙印のゆえに、恐れずに夢を抱こうとするがゆえに、中東にルーツを持つがゆえに、誰かにとっては邪魔者で、場違いの発言をするがゆえに、自由や民主主義について語るがゆえに。彼女と私の運命は同じだ。朽ちた船であろうが、飛行機であろうが、どんな手段でこの地にやってきたかは関係なく、何もかも捨ててオーストラリアにやってきた。彼女は、私の姿にあの辛かった経験を思い起こしているのだろう。好奇の視線を浴び続けた時を思い出しているのだろう。それゆえに彼女は、軽蔑と共感の入り交じった複雑な表情を浮かべているのだ。

記者たちに近づく。ブロンドの娘が一人少し後ろに下がり跪きながら、無様な私の顔の芸術写真を撮っている。この素晴らしい傑作を編集長のもとへ持っていけば、彼女はよくやったと褒められることだろう。ぶかぶかの服の下の痩せた身体は、被写体の腰より低い視点から撮った映像ばかり。それはそれは素晴らしい芸術作品になるだろう。私は威厳たっぷりに顔をすっくと上げ、その状態でタラップを上ろうとする。しかし、その足取りは、逃げようとする者のそれに近い。

飛行機に乗り込む。係官に座席を指示されそこに崩れ込む。自尊心のかけらさえも残っておらず、うなだれるのみ。押し潰された人間。堕落した人間。価値を失った人間。みなに陰でこっそり笑われる人間。中には泣いてくれる人もいるかもしれないが。

私は一つの見せしめだ。人々は危険な犯罪者のように扱われて二人の係官に連行されている私の姿を見つめる。オーストラリアをよく知っている人でも、こんな扱いを受けている私を見れば、さっとこの国のことが嫌いになるだろう。明け透けに辱められたのだ。陰鬱な気分になり、落ち込む。気持ちだけでも尊厳を取り戻そうと深呼吸をする。

少し間を空けて、かつて看守だった若者が機内に押し込まれる。あの笑顔は微塵もなく、快活さも見られない。以前の彼の姿はない。彼は私の隣に座る。係官の数は私たちの人数とぴったり同じだ。二人の係官が私たちの隣に座り、何か危険なことをしないよう監視している。

飛行機は離陸し、だんだんと高度を上げる。命からがらたどり着いたクリスマス島から次第に遠ざかる。昼食に一切れのコールドミートと一切れのチーズが配られる。一口も食べない。眠る方がいい。とにかくこの悪夢の一日を終わらせなくては。未知の離島マヌスでの生活に向けて準備を整えるのだ。

――＊――

しばらくして、もうこれ以上は高く飛べないだろうというくらいの雲の上にいる。私は群青色の広大な海に惹き付けられている。勝利した時のような不思議な感覚を覚える。私は大航海者、朽ち果てた船でどこまでも広がるこの海原を横断したのだ。空から海を見下ろし笑みを浮かべながら、勝ち誇ったような感覚に浸る。いつもそうなのだ。魂の奥深くから湧き上がってくる力は、人間の弱さや絶望の瞬間を取り除いてくれる。私は力が与えられるのを感じた。元気が湧いてくる。少し前に抱いていた、穴があったら入り込みたいような、何かの下に隠れたい気持ちはもうない。惨めで暗い気分は消え、明るい気分になる。俺はまだ大丈夫だ。飛行機の窓の外の自然の風景を見下ろしながら、その雄大さに魅了され、弱気、無気力、劣等感といった後ろ向きな気持ちが消えてゆく。希望と喜びが心に溢れる。満足感すら感じる。目を休め、この力に満ちた感覚に身を委ねる。甘美な感覚に……

目を開ける。まだ雲の上を飛んでいる。突然、聖なる恍惚感に包まれる。随分上空まで来た。天と地の境はもう見えない。眼下には大きな白いカリフラワーのような雲が見える。その雲の横では、柔らかな雲が何とも不思議な形で待ち構えている。機内から飛び出して、あの柔らかな白雲に飛び込みたい気分にさせられる。

ビロードの雲に飛び込んでみたい
雲をちぎって頭上にばら撒いてみたい　疲れ果てるまで
雲をかき分け泳いでみたい
その上に横たわって休みたい　そして
ビロードの上で安らぎたい
いつまでも。

熱帯の空高く雲に覆われた天空にいる。たとえ雨を降らせるつもりはなくても、雲たちはこの生態系の頂点に君臨している。

イランの看守の若者が、私の方に頭を預けて眠っている。バスや飛行機に乗っている時に誰かが自分の肩を枕代わりにしてくるのは不快なものだ。とりわけそれが見も知らぬ男だったりすれば。そんな経験を幾度となくしたことがある。そのたびに首をどけたり、眠っている者を起こして、首をゆっくり休める別の場所へと移動させたりした。しかし、今日は眠りこけている看守をそっとしておいてやる。やっと地獄のような一日を終えたということもあるが、それに加えて、一服の分け前に与（あずか）った時のあの味をまだ覚えている。苦しみを共にする誰かに何かしてやれることがあるとしたら、これくらいしかない。

飛行機が高度を下げ始め、白い雲の中に飛び込んでいく。マヌス島まであと少しだ。この湿った雲に触れてみたいと思う。この雲の向こう側はマヌス島だ。見渡す限りどこまでも広がる海の只中に、美しいまだ見ぬ地が横たわっている。海と岸がぶつかるところで水は白色に変わり、その向こう側の海には、緑と青の沼地のような影が広がる。色の乱舞、連続する色の狂乱。海が見えなくなり、私たちの眼前には手付かずのジャングルが広がっている。

飛行機がさらに高度を下げ、緑地帯へと下降してゆく。徐々に、ゆっくりと下降する。背が高くて細い椰子の木々がよく見える。空に向かって高く高く伸び、酸素を求めて競争するかのようにさらに上へ上へと向かい、懸命に息をしようとしている。マヌスは美しい。あれほど脅された地獄の島にはとても見えない。一面見渡す限りの木々、美しい眺望、魅惑的な自然——まさに汚れなき自然の創造物である。

少しして、私たちのプロペラ機は、空港には見えないような大地へと降り立つ。マヌス空港に到着したこの時点では、警備は厳重ではないように思われる。係官による点呼が済むと、私たちは自分で駐車中のバスに乗り込む。タラップを降りる時、口の中で何かガリッとしたものを感じる。偶然にも小石が口に入ってしまったのだろうか。丸く硬い物だ。舌を丸め、ペッと手に吐き出す。何だろう。舌で口の中を探る。下あごの歯は大丈夫のようだ。だが右上の歯が一本抜け落ちていた。その内側は虫歯で真っ黒だった。

頭に来る。なぜこんなにあっけなく歯が抜けたのだろう?! 痛みもなく歯が抜けてしまうなんてことがあるのか? 何の症状もなかったのに? 突然、歯が抜けた! 口の中での大事件。私の舌は無意識に、かつてはしっかりとして硬い歯があった場所にできた軟らかい隙間に触れ続ける。舌も口内の一大事件に衝撃を隠せない。口の中から歯が消えて、空洞ができている。信じられない。これまで何の痛みもなかったのに。

もし歯が抜けるなら、すり減って痛みのあった下の歯から先に抜けるものだと思っていた。特にそのうち一本はもう虫歯で黒ずんでいたのだ。それなのに、この前歯が前触れもなくポロリと抜け落ちてしまったことに動揺する。こんなに簡単に――何の予告も前触れもなく――抜け落ちるなんて、何と弱く使えない歯なんだ! 硬い石で粉々に潰してしまいたい。きっと何か理由があって抜け落ちたんだろう。歯根の一部がまだ残っていて、それは歯茎部の肉層のすぐ下にあるのだから。

この不気味な事件にどんな意味があるのだろう
なぜ、機外へ足を踏み出したその時に起こったのか
なぜ、マヌスと呼ばれる地と目が合った瞬間に起こったのか
マイクロバスの中でこの不吉な歯を手のひらに握りしめ
泣く泣くその歯を見つめる
マヌスは不吉な恐怖の島なのだろうか
この抜け落ちた歯とこれからのマヌス島での人生の間には何か因果関係があるのだろうか?

私はまだ、この縁起の悪い事件に驚きを隠せない。そんなことあってたまるかと思う。マイクロバスが走り始める。この不吉な歯を窓から放り投げる。

――＊――

外は地獄のようだ。うだるような暑さ。飛行機から降りてマイクロバスに乗り込むまでの間に、私は汗だくになる。我慢できないほどの蒸し暑さ。窒息しそうだ。あまりの暑さで自分の体が自分のものではないように思われる。道は鬱蒼としたジャングルに沿って続いている。この辺りの熱帯樹はどれも、大きな葉で覆われ、木々は互いに寄せ合うように伸びている。どのようにして、このジャングルを通り抜けるのだろうか。想像すらできない。

ジャングルに道は似合わない。場所によって道は海岸沿いに伸びており、木々の根は大きな黒い網のように海へ向かって伸びている。このジャングルが周辺のものすべてを手中に収めようとしているように見える。大海も負けじと陣地を広げようとしているようだ。道端に小さな家屋が数軒建っている。裸に近い服装の女と子どもたちが大勢こちらに向かって手を振っている。彼らは外国人たちがここに連れてこられるということを知っているのだろう。何時間もの間、私たちの到着を待っていて、歓迎してくれているのかもしれない。

車窓に広がるジャングルを見ながら、冷房の効いた車内にいるのはなかなか快適だ。例の看守が快活に話し始める。彼は騒々しくゲラゲラ笑っている。このジャングルでの生活について思いを巡らせながら、皮肉と嘲りに満ちた言葉を並べたてる。あの半裸の女の一人と結婚して、子どもを何人か作るんだ。個性豊かな子どもたちをね。そしてあのでかい緑の木の上に小さな家を建てる。そこに両親を招待してワニの肉をご馳走するんだ。するとみな大笑いしながら、彼のおかしな話に張り合わんとして、ああだこうだとまくし立てる。けれども、このユーモアは恐怖を覆い隠すものだ。言い知れぬ恐怖。喜劇という衣を纏った恐怖。彼らの顔つきや言葉遣いを見ればすぐにわかる。こういう時には、皮肉混じりのユーモアで恐怖を払い退け、少しの間でも疲れ切った気持ちを癒そうとする思いが働くのかもしれない。

ロヒンギャの少年は車窓をじっと見つめている。いつものように一言も発せず、静まりかえっている。彼の表情はいつも変わらない。今までに一度も笑ったことがないのではと思わせるほどだ。彼の思い悩んでいる様子は、あの看守とその取り巻きが醸し出す明るく取り繕った雰囲気を暗く重くする。彼のことが頭から離れなくなる。沈黙と憂いはいつも不思議な力で人を惹き付ける。この少年の思考の奥深くに潜り込んで、この世界、車窓に広がる世界をどんな風に見ているのか感じてみたい。こちらに向かって手を振ってきた女と子どもたちを見て彼が何を思ったのか、知りたい思いに駆られる。

——＊——

午後。マイクロバスは、マヌス監獄と思われる場所に到着した。中央に白くて大きなテントがいくつか設置されていて、全方位がフェンスで覆われ、広々としている。憂鬱になるような静寂。鳥一羽飛んでこないような場所。その収容所の中までは見えないが、おそらくそれほど多くの人はいないのではと思われる。

私たちは三番目か四番目にマヌスへ追放された難民グループである。車から降りると、看守がフェンスで覆われた屋外の囲いの扉を開ける。しばらくして、私たちはみな檻へと入れられるが、規則などについての説明は特にされず、ただその場に取り残される。扉が閉められ、頑丈な鍵が複数かけられただけだ。

そこには大きなテントと高速で回る鉄製の扇風機くらいしかない。日は暮れかかっているが、テントの中は暑くて立っていられないほどで、ブンブンと意味もなく激しく唸る扇風機の音も我慢ならない。

扇風機は錆び付いてはいるがびくともしない
扇風機はテントの両側に沿って並んでいる
扇風機は苛烈な熱風に抗う
扇風機は休みなく闘う
テントに充満する息苦しさと格闘する。

疲れた。苛立ちを覚える。体中、汗だくだ。大きな尻の老女が汗だくでいそいそと動き回っている。ひっきりなしに歩き回り、あちこちに詮索の目を向ける。彼女の顔は真っ赤に日焼けしている。女の顔や首に刻まれた深い皺という皺を汗が伝う。首回りの溝のような皺を縫うようにして汗が伝い、大きなしわくちゃの乳房の谷間へと流れ落ちてゆく。彼女の顔は水が集まる山頂のようだ——水は斜面の川を下って流れていく。彼女は私たちのために水を持ってきてくれる。水と言うか、お湯。ぬるくてとても喉の渇きを癒せるようなものではない。ボトルに入った水を一、二本、頭と体に浴びせると塩辛い汗のような味を感じる。マヌス島はこんなに暑いものなのか？　扇風機でさえ、暑さで焼けてしまいそうだ。

何枚かの書類が配られ、私は躊躇なく全部にサインする。マヌス人の女が二人で持ち物検査をしている。女たちは怯えている。二人同時に禿頭のオーストラリア人のボスに目をやる。しばらくして、揃いでない制服を着た黒人と白人の係官が、緑の服を来た通訳を伴ってテントに入ってくる。マヌス人の二人の女は、即座に持ち物検査を中断し、白いプラスチックの椅子を持ってくる。あの日焼けした老女が、係官たちの前に、ぬるま湯の入ったボトルを何本か置く。

　新しいクルド語通訳は、傲慢でプライドの高そうな女だ。女は私と隣り合わせに座る。そして水の入ったペットボトルを一本手に取り、怒ったように横に置く。だがすぐに考え直したようだ。女はそのボトルの水を全部、足首の辺りの滑らかな艶々とした肌に浴びせる。そして、両手をうちわ代わりにして煽る。女はめかしこんでおり、髪もきちんと整えられている。私たちはこんな変な色の組み合わせのダボダボの服を着させられ、情けない格好をさせられているのに、この若い女はどうして平気な顔でめかしこんでいるのだろうか？　孤立無援のみすぼらしい姿の人間たちを前にして、これほどまでにお洒落を気取るなんて何て馬鹿なんだろう。しかもみな酷暑で弱り切っているのに。女が顔から腕までたっぷりと塗りたくっている日焼け止めのせいで息ができない。汗と日焼け止めの匂いが混ざり合い、息が詰まる。

　向こう側には、だぶついた黄色の花柄のシャツに、機械工が着るようなズボンにボロボロの古いサンダルといういでたちのマヌス人の係官がいる。彼が私たちに話をし、それがクルド語をはじめとするそのほかの言語に通訳される。全くの茶番劇。不揃いの装いをした者が集う舞台で繰り広げられる異文化の祭典。

　マヌス人の係官は、マヌスとそこでの生活についての文章を読み上げる。この土地の法律を守るようにと締めくくる。そうでないと訴追され、収監されるという脅し文句付きだ。地獄のように暑いテントの中で言い放たれる厳しい警告。私たちは狼狽して互いに見つめ合う。これからのマヌス島での生活のことなど、一向に想像することができない。オーストラリアに来たはずが、なぜか離島にいるのだ。それも、名前すら聞いたことのない島に。そして今、この新たな地での暮らしについての教育を受けている。オーストラリアに庇護申請をしたはずなのに、この得体の知れない地に追放されるなんてことがあるのか？　しかも、ほかの選択肢はなしで、ここでの生活を強制されるのか？　船でインドネシアに送り帰されたって構わない。船に乗り込んだあの場所に。だが、こんなことを問うてみても、誰も答えてはくれない。

私たちが見せしめにされたことは明らかだ。私たちは、ほかの亡命希望者に恐怖を与え、彼らがオーストラリアに来ないようにするための見せしめなのだ。

ほかの誰かの計画がどうして私の人生に関係するんだ？　他人の行いで、なぜ私が罰せられなければならないのだろう？

けれども、こんな疑問、こんな考えはすべて、ただ気分を悪くするだけの、悲しみに満ちた囚人たちにのしかかる重荷に過ぎないのだ。そして何よりも、私の身体はこの気候で疲れ、弱り果てていた。

オーストラリア人の係官が数名、この茶番劇に加わる。通訳らが退場したのち、係官らは、大きな鉄製の扉を開ける。私たちはその中へ入るように合図を送られる。これがマヌスキャンプの一角、これから私たちが住まう場所である。ペルシャ語の通訳によれば、私たちの到着前は、およそ一〇〇の家族たちが、子どもも含めて、八ヶ月間も収容されていたそうだ。向かい側の監獄から何か騒ぎ声が聞こえる。あの囚人たちは私たちに気づいている。私たちが入っていくと、たくさんの人々が出てきて何か手伝おうとする。私たちを取り囲み、知り合いはいないか探そうとする。この騒ぎはただの芝居、茶番、時間潰し以外の何物でもない。

集団の中で、一人だけ飛び抜けて背の高い男が目に留まる。レザ・バラティーはクルド人の若者で、クリスマス島にいる間の数週間、私のベッドの下で眠っていた者である。彼は友人らと一緒にいたが、私に気づくとすぐ、嬉しそうにこちらへやって来る。みんなマヌスで再び合流できたことが嬉しくて興奮しているようだ。追放者の集団が増えるにつれ、大きな安心感は高まる。春の洪水で自分の家だけが流されるのと、全部の家が流されること。この二つの経験は大きく異なる。彼らの喜びは、自分だけに起こる不幸への恐れの気持ちから来るものだ。

ここはフォックス・キャンプって言うんだ……とレザはマヌスについて熱心に説明する。子どもが何かを語るように。レザはいつもこんな風なのだ。彼は話し続ける。夜になると腹が減ってたまらないこと、過酷な暑さのこと、マヌスの雨は故郷のイーラームの雨とは全然違うのだということを。

ロヒンギャの少年は向こう側に立っている。軍の駐屯地に設営された金属柵、兵士たちが攻撃する地点となる金属柵の横にいる。花柄模様の鞄が隣に置かれている。私と違って、彼は不運だ。彼を抱きしめてくれる者はいない。自分の部屋に招き入れてくれる者もいない。前よりも孤立しているようだ。オーストラリア人の係官が彼の横まで来ると、彼の鞄を持って深いジャングルに覆われた小道の横にある居室に向かって歩くように促す。

——＊——

この監獄はさながら廃墟だ。四列の小さな居室は、出来合いのコンテナのようである。先ほど監獄の外側で見たテントは、実は隣接する監獄に付属していたのだ。レザは海岸から遠く離れた部屋へ案内してくれた。彼は私の空っぽ同然のビニールの袋を持ち上げると、その部屋へと運ぶ。そう、ここが私の住まいとなるのだ。二段ベッドが二つあるとても小さな部屋だ。大きな扇風機が首を振りながら回っているが、中は耐えられないほど暑くて息が詰まりそうだ。

——＊——

空が突然曇ってきた。ようやく新鮮な空気を吸い込むことができる。熱帯の太陽が雲の裂け目を狙い、大地を焼き尽くそうとばかりに機会をうかがっている。雲は大地を守る母のようだ。雲たちは、無慈悲な熱帯の太陽が大地を侵さないように空を覆う。けれども、こんもりした雲はうっかりしてしまうことがあり、灼熱の太陽はその隙を狙って照りつける。大地を焼き、大地を焦がす。
私を異文化理解に目覚めさせたのは、まさにこの殺人的な暑さである。クルディスタンに降り注ぐ太陽は、最も慈悲深い自然の恵みだ。寒い季節には、太陽が人肌と自然界に嬉しい暖かさをもたらすからだ。

太陽は美しい山の斜面を照らす
美しい山の頂まで暖かさを届ける
太陽こそみなが待ちわびるもの
太陽こそみなが待ち望むもの
太陽はだからクルドの旗の真ん中で輝く
だが熱帯のマヌスでは世界で最も苛烈な太陽が燦然と輝く
すべてを焼き尽くそうと機会をうかがっている
雲なき空では太陽は独裁者
太陽が獲物を狙っている。

レザが下のベッドに座り、クリスマス島で共に過ごした時に共有した数少ない思い出を話し始める。彼は母や妹のことも話す。なぜ、いつも家族のことを話すのだろう。
彼が去った後、私はこの一風変わった監獄をぶらぶらと見て回る。大きな貯水タンクが浴室の列の向こう側に数台設置されている。そのタンクは、雨水を貯められるよう浴室の天井とプラスチックの管でつながれている。大きな貯水タンクの横には、ニワトリ小屋のようにも見える大きな鉄製のトンネルがある。

その鉄製のトンネルと貯水タンクの間には、清らかで居心地の良い場所がある。目の保養になる黄色と赤の花々で彩られた大きな庭園のような場所。椰子の木の枝が一本落ちていて、カモミールのような背の高い花が咲いている。私は花に囲まれて木の枝に腰掛ける。生気に満たされる。

人間の精神を破壊するようなこの監獄は、石灰と土で作られている。どこへ行こうが、細かな白い砂が足についてくる。ビニール製のビーチサンダルを履いているとなおさらである。台所や浴室からつながった排水管が収容所の端から端まで通っている。排泄物が堆積して排水口周辺に生える植物にとってはうってつけの肥料になる。だから、植物は普通の二倍の高さまで成長するのだ。汚物の嫌な臭いのする色が入り交じったヘドロから、大小の蚊が湧いて出て排水口の上の大気中を飛び回っている。

一体全体、何て場所なんだ？

何て監獄なんだ？

この監獄は鉄条網で隅から隅まで覆われている。浴室を囲う鉄条網には、鉄線に沿って、無数の小さな布の切れ端が結び付けられている。それはリボンのように見え、私たちより前に誰かが収容されていたことを伝えている。布のリボンは照りつける太陽の光で萎びてしまっているが、その一つ一つが誰かの記憶として、それが想起させる悲しい時間について語りかけてくる。

数え切れないほどの布切れが結び付けられている。瞬く間に人間の心を蝕み、魂をも破壊するほどの数。彼らはこの廃墟のような汚らしい監獄で、どうやって生き延びたのであろうか？　そんなことに思いを巡らせていると、満ち引きを繰り返す海の波の音が聞こえてくる。一〇メートルほど離れているものの収容所の周りには海があるのだ。毎日、海を近くに感じることで安らぎを得られる。手は届かなくても海とつながることは簡単だ。

隔てられた鉄条網と海の間を覆っているのは、背の高い椰子の木々、背の低い何種類もの広葉樹、それらを縫うようにして生える草である。この椰子の木々はキャンプの内側にも生えている。この監獄ができる前は、ここも手付かずの広大なジャングルだったということは想像に難くない。

ジャングルの奥深く潜む大きな檻のような監獄
小さな水辺の隣の壮大な檻のような監獄
海と混じり合う水辺
椰子の木が収容所を取り囲むように並んで茂っている
我らと違って自由だ
その背の高さゆえ木は収容所の中をいつもこっそり見ている
その中で何が起きているか知るために
その中で何が起きているか目撃するために
その中で苦悩に喘ぐ人々の証人となるために。

——＊——

自室に戻る。とても小さい部屋。息が詰まる。木製の薄い壁には、数多の小さな記憶が、数多の大切な記憶が、家族によって書かれた数多の記憶が描かれている。この小さな部屋には、イラン人の家族が住んでいたに違いない。天井と壁には、「ホスロー」「スサンヌ」「シャガイエッグ」「ニルー」という名前が、日付と共に書き込まれている。こうして並んだ名前から、四人家族が住んでいたのだろうと想像がつく。ホスローは父親。スサンヌは母親。シャガイエッグは長女。そして、ニルーは最も愛される末娘。父親からニルーまで、すなわち家長に始まり末娘がいる伝統的なイラン人家族の構成だ。ホスローは古代イランにおけるシャーの名前だ。そして、スサンヌ、シャガイエッグ、ニルファーは花の名前だ。どれも美しい名前だ。この家族は、末娘をニルーという親しみやすい可愛らしい名前で呼んでいた。

なぜかこの家族のことがとても気になる。今、どこにいるのだろう。今、何をしているのだろう。疑いようもなく、この荒涼とした島での生活は厳しいものであったはずだ。妻とその小さな娘らは、八ヶ月間ここに収容されていたのだろう。彼らもマヌスで生活するように言われたのだ。この長期にわたる勾留中に、マヌスに定住しなければならないかもしれないという考えが脳裏をよぎると、頭を棍棒で殴られるような気がしただろう。たぶん、彼らは今オーストラリアにいるだろう。それとも、イランに強制送還されたのだろうか。記された日付は収容されて四ヶ月目のものであり、彼らの行末はわからない。

ペルシャ語の詩も書かれている。運命について、将来について、人生について思いを巡らす詩である。おそらく、これらは母のスサンヌが書いたものだろう。イラン人の男性は、妻と子どもには弱みを簡単には見せようとしないものだ。だから、悲哀や夢などを、詩の断片にして壁に書こうとはしないはずだ。この詩は、スサンヌとシャガイエッグの心の奥底にある純粋な感情についての詩に違いない。絶望と恐怖に満ちたマヌスの闇夜の中で書かれたのであろう。

末っ子のニルーは、意味がわからなくて、たぶん、子どもっぽく母親にこう聞いたのではないか。「ママ、何書いてるの?」、「ママ、パパのお名前の隣に私の名前も書いてくれる?」と。

この詩を読んでいると、なぜその家族の存在を感じるのだろう
この詩を読んでいると、なぜその妻とその娘たちの存在を感じるのだろう

彼らの存在と美しさを感じる
健やかで快活な人たち
四人家族の生の営みがここにはあった。

きっとニルーは毎日、教会かモスクと思しき小さなテントと家族の部屋の間に咲き乱れる彩り豊かな花々に囲まれ、泥んこになって遊んでいただろう。この花々の中を飛び交う蝶たちに話しかけていただろう。彼女はこの蝶たちが大好きだったに違いない。あるいは、カニやカエルのために、花々の下に土でおうちを作ってあげていたかもしれない。そして泥んこになって、母親に叱られていたことだろう。母親は叱りながらも、あの汚らしいシャワー室で、娘の小さな腕や脚、顔を洗ってあげていただろう。

ベッドの下には、絵も描かれている。いくつかはニルーが描いたに違いない。一軒の小さな小屋、二つの窓、口髭の濃い父親、大きな黒い目の母親、そして二人の娘たち。娘の一人は小さく、もう一人は大きい。小屋の周りには、美しい木々が描かれている。どれもマヌスにありそうな木には見えない。どれもそびえ立つ椰子の木には見えない。イランのダマーヴァンド山頂にも似た高山の絵も描かれている。そして太陽が山の後ろから昇ってくる。何ともにこやかな太陽。二つの目、一つの鼻、そして麗しい微笑みが「ミス・サンシャイン」の顔（かんばせ）に気品を添える。この太陽はあの少女の心の中にある、愛情に満ちたものであることは間違いない。その熱は慰めを与える源。それはあの日のマヌスの太陽とは全く異なっている。あのすべてを焼き尽くし、灰燼にまでしてしまうような、灼熱のマヌスの太陽ではない。

父さんのお髭は、強さのしるし
家族を守る父親の強さ

小さく弱い娘をしっかと抱き
誰にも手を出させない強い父さん
そんな父さんもあの監獄では何の力もない
家族を守れない父さん
囚われの身の父さん
弱り果てた父さん
家族の目の前で恥晒しにされた父さん
小さな娘の目の前で辱められた父さん
自分のせいで家族全員が捕らえられてしまったと憔悴しきる父さん
小さな娘に辛い思いをさせてしまったと感じているだろう
子ども時代の夢を台無しにしてしまったと感じているだろう
苦悶し急激に老いてゆく父さん。

ベッドに横たわる。頭痛がする。太陽のせいか。もしくは、脱水症状か。ここの水は生ぬるく、喉の渇きを癒せない。ニルーとその家族は一体どうなったのだろう。今、何千キロもの彼方にあるナウルの島、広大な静寂の海の真っ只中にある島にいる子どもたちのことに思いを馳せる。小さなパーニャ、**赤い眼のフィルーズ**と呼んでいたフィルーズの娘のことを思い出す。航海を共にした家族のことを。七日間の飢えと喉の渇きを乗り越え、オーストラリアの地に到達したかと思いきや、すぐさまナウルに追放され、今もそこに収容されている。

パーニャは六、七歳くらいの小さな、おさげ髪のイラン人の少女だった。彼女の榛(はしばみ)色の日は、父親のそれに似ていた。少女はとても礼儀正しく、可愛らしかった。オーストラリアを目指した一回目と二回目の旅の間、次の航海に出るまで私たちはジャカルタ近郊の住居に閉じ込められたことがあった。母親のショクフェー、父親の**赤い眼のフィルーズ**、そして兄のプーリャーと彼女は一緒だった。そこにいる間、パーニャはグラス一杯の水を私のもとへ持って来ると、礼儀正しくこう尋ねた。「おじさん、いつオーストラリアに行けるようになるの?」あの声が聞こえてくる。彼女はとても純粋で、とても幼かった。

最後の夜は、嵐だった。激しい雨が降り、私たちのボートに叩きつけた。どこもかしこも暗闇だった。私はパーニャを見た。母親の腕の中で眠っていた。母親のショクフェーもぐっすり眠っていた。パーニャの顔をみすぼらしいランプの黄色い灯りの下で見た。ランプの光は弱く、天井から吊るされたランプは前後に揺れていた。私が立っていたところからは、彼女の顔は青白く見えた。母親に抱かれたまま、永遠の眠りについてしまったようだった。あの荒々しい波が私たちに襲いかかり、パーニャを海に叩き出そうとし、母親も、兄も、みな海に投げ出そうとした。この時、兄も、妹と共に母親の腕の中で眠っていた。三人全員を、深海の果てに吸い込もうとして、船は激しく揺れていた。**赤い眼のフィルーズ**は痩せた、頼りのない男で、恐れのあまり家族を励ますこともできなかった。家族の者たちを見渡しながら、「子どもたちが死んでしまう」と言って、彼はただ泣き叫ぶだけだった。

彼らは今、ナウルに収監されている。パーニャはその先に、こんな苦しみに満ちた人生が待ち受けているなんて思いもしなかっただろう。この人生が勇猛な男たちの志をもいとも簡単に打ち砕くほどに過酷なものだとは。彼女は監獄がどんな目的で建てられたものかを知らない。無害な子どもが、悪意すらないのに、なぜ拘束されなければいけないのかもわからない。彼女は自分がそこに拘束される理由など知る由もない。

最後の数日間の悲しい気分が蘇る
またあの悲しみに押し潰されている
またあの疑問が心の縁を激しく打つ
なぜオーストラリア政府は六、七歳の少女らを追放しなければならないのだろう
なぜオーストラリア政府は彼らを拘束しなければならないのだろう
世界のどこに子どもたちを捕らえ収容所に送り込むところがあるというのだろう
子どもに何の罪があるというのだろう
数多の問いの答えはない
数多の問いが頭を痛めつける
頭痛はひどくなるばかり。

あの忌々しい扇風機が無意味に回っている。体中、汗だくだ。服を脱ぎ捨てる。眠れるようにいろいろと体位を変えても、身体の半分は汗でびっしょりになる。扇風機に背を向けると、腹と胸が汗だくになる。仰向けになると、扇風機は汗でべっとりとした前半身を乾かさなければならない。身体の水分を相当失ったに違いない。渇き切るほどたくさん汗をかいた。毛穴がふさがり、息が詰まるようだ。長い髪の毛の根元もべっとりして、痒くなってきた。首の周りを掻きむしりすぎて、痛くなってくる。引っ掻いた皮膚に擦れて、寝具に血がついているに違いない。

いつも
こんな時

頭痛がする時
悲しみがこみ上げる
悲しい気分が広がり
容赦なく私にのしかかる
悪夢の匂いが漂う。

――＊――

大きな船の上に私はいる
英国籍のタンカーに似た船の上に
私たちを救助しここに連れて来たタンカーに似た船の上に
大海に浮かぶのは小さく鮮やかな緑に溢れる美しい島
危険な波に包囲され
揺れている
波が島を揺らしている
まるで嵐の夜の朽ちかけた船
けんか腰の波に捕らえられた船
あの島には子どもたちがいる
恐怖に震え
腕を精一杯に伸ばし

私に助けを求めている
大きな椰子の木々が島にそびえている
大きくてすべすべする木の幹に子どもたちがしがみついている
近寄ると
ニルーがいる
鮮やかな花柄の服を着ている
黄色に赤色、あの椰子の木の隣で咲く花のような花柄
パーニャもいる
おさげ髪で立っている
知らない子どもたちもたくさんいる
島はだんだんと小さくなっていく
波はだんだんと高くなっていく
波はニルーとほかの子どもたちを呑み込んでいく
声だけが聞こえる
何度も波の中に飛び込んでみようとしたが、動けない
打ち込まれた太い釘のように、全く動けない
あの島は渦巻く波に吸い込まれていく
子どもたちはまだそこにいる
あの島は深海の果てに沈む
椰子の木々は手をつなぎ合ったが、もろともに溺れてしまう。

パニックに陥って目覚める。頭がずきずきする。相変わらず扇風機は回っていて、体中を流れる汗を乾かしてゆく。電灯をつける。煙草に火をつける。頭の横の壁に書かれた文章の一部を読む。ニルーが書いたもの。子どもの字で、こう書かれている。

「神様お願いです。私たちを素敵な場所へ連れてってください。キス、キス」

第六章

さまよえるコリースたちのパフォーマンス／メンフクロウの監視

何の予定もない日々
途方に暮れ、気が狂いそうになる
心はまだ海の波に呑まれたまま
新たな平原に心の平安を求める
だが、監獄の平原はまるで格闘技のリングへ向かう通路のようだ
辺り一面に漂う生暖かい汗の臭いが正気を奪ってゆく。

マヌスに追放されてから一ヶ月が過ぎた。私は知らない土地の不潔で蒸し暑い監獄に放り込まれた肉塊に過ぎない。怒りが染み付き、敵意に怯えた形相の人間たちに囲まれて暮らしている。毎週、島の朽ち果てた空港に、一機ないしは二機の飛行機が着陸し、大勢の人々が降りてくる。数時間後、彼らは屠殺場へ向かう羊のごとく、難民集団の耳をつんざくような喧騒が渦巻く監獄の中へと放り込まれる。

新参者が到着すると、監獄の緊張状態は最高潮になる。入所者は、まるで侵入者を見るかのように彼ら

をじっと見つめる。彼らは主にフォックス監獄へ連れていかれる。フォックス監獄は大きく、新しく来た者のためのテントを設置できる一角があるからだ。西側には、デルタ監獄とオスカー監獄という二つの監獄が向かい合って建っている。しかし、フォックス監獄からはデルタ監獄しか見えない。檻のようでもあり、ミツバチの巣箱のようでもある。この隣接する二つの監獄内には、移動できるスペースがほとんどない。監獄の中では、しょっちゅう体がぶつかり、肉体が対決しているようである。呼吸もぶつかり合う。海のような匂いのする息、死の旅の匂いがする。

フォックス監獄には、サッカー場よりも狭い空間に四〇〇人近くの人間が収容されている。部屋と廊下の間では、人権を剥奪された男たちが所狭しと行き交う。監獄内には、挑発的でこの上なく騒々しい飢えた人間が溢れかえっている。誰が誰だかわからない。疫病が流行り人々が半狂乱に陥った都市のようだ。群衆は大急ぎで行き交う。じっとしていると、人の流れにさらわれてしまいそうだ。

――＊――

みな極度に緊張した表情で、絶えず相手の顔と目をじっと見つめている。その中には、遠き故郷のにぎやかな市場にいるかのように、人を品定めし、ほとんど価値のない物のように貶めようとする者もいる。囚人たちはあちこちに散らばり、居場所を見つけられずにいる。別々の故郷や文化に根差した男たちがおいそれとうまくやってゆけるはずがないのだ。

監獄は、種々雑多な色や匂いの動物で溢れ返る動物園のようだ。動物たち、つまり男たちは、かれこれ一ヶ月もの間、土の床の檻に並んで押し込められている。木の枝やトイレの屋根にも誰かが座って話をしていそうなほど、どこもかしこも人だらけだ。トイレの後ろの狭いぬかるみに至るまで人間がひしめき合っている。日が落ちて、涼しくなり、椰子の実が踊り始めると、監獄はそぞろ歩きにはもってこいの場所になる。ほとんどの囚人が自分の部屋を離れたがる。夕暮れ時になると必ず、周囲の音をかき消すほどの大声で話したり、怒鳴り声を上げたりして、信頼関係を築こうとする若者たちが現れる。ここは、奇妙なやり方で徒党を組む人間でごった返すジャングルだ。

居場所を獲得する一番簡単な方法は、集団と同一化することだ。つまり、自分とアイデンティティを共有していると思われる他者、すなわち自分と同じ状況に置かれている人間と結託するのだ。その理由は単純だ。虚しさや、自分を押し潰し打ちのめそうとする力への恐怖から逃れるためである。集団に属し、集合的アイデンティティを持つことで孤独感は紛らわされる。これは一種の逃げ道であり、手っ取り早い方法なのだ。この種の集団主義は、最初の難民船の旅の経験を通して作られる。困難な旅から来る恐怖と苦痛は、亡命者たちに大きな影響を与え、彼らは本能的に自分と仲間たちを集団のアイデンティティに結び付けるようになる。やがて、船旅の経験を通して形成されたこのアイデンティティは、言語や国を基盤とするものへと移り変わっていく。しばらくすると、集団は、ある一つの基準に基づいて形成されるようになる。それは、何人なのかということだ。アフガニスタン人なのか、スリランカ人なのか、スーダン人なのか、レバノン人なのか、イラン人なのか、ソマリア人なのか、パキスタン人なのか、ロヒンギャなのか、イラク人なのか、クルド人なのか。

数ヶ月後、部屋の入れ替えが始まる。囚人は同胞や共通の言語を持つ人々に引き寄せられる。ある種の国内人口移動がこの小さな監獄で起きる。ゆっくりと、少しずつ、共有していた難民船での経験が重要でなくなり、共通の言語が重要になっていく。だが同時に、一緒に船で旅をした者たちは自分たちの絆を常に確かめ合う。彼らは、いつ何時も経験から生み出された兄弟愛を忘れないようにと互いに誓い合う。「俺たちはＧＤＤあるいはＭＥＧやＫＮＳだということを覚えておこう」と。旅の集団的なトラウマは、私たちの血管に流れている――船旅は、新たな想像上の国を建国したのだ。

時には、こうした共同体の形成が悪質な争いにつながることもあるが、通常は理性が優勢となり、緊張が緩和され、正常な状態に戻る――熱情的になりすぎたり、危機的状況に陥ったりすることはない。危険な航海の記憶がもたらす妄想や怒りに囚人たちは今もなお悩まされており、互いに関わりを持つと、激しい闘争心が湧き起こるのを感じることもある。争いは主にイラン人とアフガニスタン人の間で起こっている。彼らの確執は、はるか昔に始まり、様々な歴史が深く関わっている。イラン人が国家的な優越を主張すると、アフガニスタン人は見下されることに腹を立てる。この数ヶ月間を通して、徐々にではあるが確実に、囚人たちを互いに敵対させ、人々の間にさらに深い憎悪を植え付けているものが、監獄を統治する「キリアーカル・システム」(9) の原則であることがわかってきた。監獄が長期にわたって権力を維持するための権力。人々を整列させる権力。フェンスで囲い込めば、どんな荒くれ者でも支配できるだろう――だが、マヌスに投獄された者たちは、彼ら自身が監獄の暴力の犠牲者なのだ。私たちは、保護を求めて閉じ込められた普通の人間の集まりだ。そう考えるならば、監獄の最大の成果は、互いの憎しみの感情を操作することなのかもしれない。

時間の経過と共に、マヌス監獄で起きる出来事を通して、囚人にとっての慰めは、自分の痛みを打ち明けられる仲間からしか得られないことが明らかになってくる。監獄で過ごす時間が長くなればなるほど、この感覚は強くなる――この感覚が監獄のシステムを支えている。こうして人々はより厳しい監視の対象になってゆく。囚人は、嗅覚しかない盲目のネズミのように些細な変化に敏感に気づくようになる。

四〇〇人
閉ざされた空間で四〇〇人の魂が失われた

四〇〇人の囚人
夜が待ち遠しい
……眠りが私たちを解放してくれるから
……そして眠りは悪夢へと変わる。

私たちはわずかな振動にも反応する暗い洞窟の中のコウモリだ。毎日、疲労感に打ちひしがれながら、一〇〇メートルほどの距離を目的もなく歩き回る。腐敗臭を放つプールを、ばたつくだけの非現実な泳法で端から端まで泳がされるようなものだ。モンスーンの風より強烈で絶望的な幻想が、夜な夜な私たちの夢を吹き飛ばし、苦い悪夢ですべてを汚してしまう。

フェンスで抑圧的に囲い込まれているという拷問に加えて、囚人はみなそれぞれの中に自ら小さな感情の監獄を作り出す――絶望と人権の剥奪が頂点に達すると起きることだ。ほとんどの囚人が、定期的な身体検査を通して自分の健康状態と体力を評価し、引き裂かれたアイデンティティと歪んだ自己意識を育むと同時に、他者に対して皮肉になる。これが監獄の「キリアーカル・システム」の目的である。監獄の「キリアーカルの論理」[10]は囚人を崩壊させ消滅させて勝利者となるまで、彼らが極度の不信感を抱くように仕向け、孤立させ孤独にさせる。

――＊――

監獄にいる間、することは何もない。私たちはただ檻に放り込まれ、笑えるほどぶかぶかの服を着させられている。トランプも禁止だ。廊下Lでは、油性のマジックを手に入れた数人が、白いプラスチック製のテーブルにバックギャモン(11)のボードを描いた。彼らは水のペットボトルの蓋を駒代わりにして遊び始めた。その途端、係官と私服の看守の一団が廊下Lへ入って来て、ゲーム盤に線を引いて使えなくしてしまった。彼らはゲームボードに太字で「ゲーム禁止」と書いた。囚人たちの生き甲斐を台無しにすること、それが彼らにとって、その日の唯一の業務のようだった。囚人たちは、困り果てた顔で互いに顔を見合わせるだけだった。

うだるような暑さの中、汚い檻の中に放置され、耳から離れない恐ろしい波の音や朽ち果てた船の残像にいまだに心を病んでいる四〇〇人の集団を想像してほしい。話すしかすることがない状況にどれくらい耐えられるだろうか？　一〇〇メートルの同じ通路をひたすら行ったり来たりする状況には？　規則として明文化されていないが、収監される者は、所持品をすべて没収される。ノートとペンが手に入る見込みもない。これまで監獄を経験したことのない者にとって、それはとんでもない苦痛で、次第に狂気の淵へと追い詰められていく。

暑さで体が弱る。太陽の光が監獄の屋外通路に入り込んでくると、正午までに私たちの体にはその日差しの影響が表れ始める。太陽は囚人たちをより惨めにしてやろうと監獄と共謀しているかのようだ……矢のような光線を放って私たちを攻撃する。あまりにも暑くなりすぎて、監獄のフェンスを見るだけでも恐ろしい時すらある。フェンスの金属がどれほど熱くなったのかを感じる。けれども心の中で、監獄を出たフェンスの向こう側にある木陰の涼しさを思い浮かべてみる。涼しくて気持ちいいとすら感じる。そんな想像に耽っている間も、体中の節目や割れ目を伝って流れるべっとりとした汗を感じる。

小さな川を描く汗が
自らの意思を持った汗が

自然にあてもなく流れる汗が
背中や関節の節目や割れ目に侵入する汗が
流れ続ける汗が
　頭から尻まで体中を伝う。

　孤独と沈黙は私が求める最大の贈り物だ。友人と戯れたり、大声でわめいたり、叫んだり、笑ったりする囚人たちを見ながら、私は自分自身を孤立させ、詩的で幻想的なものを作りたいと願う。この共同体、つまり、我慢を強いられるこの調和できない共同体において、私は異分子であることを随分と早い段階で悟った。こうした気持ちが、この共同体と距離を置こうと思わせる。この共同体から抜けるという意識的な決断。彼らと一緒にいることは耐えがたいのだ。
　何年かして振り返った時、私は自分のことを地中深くに根を張る椰子の木のように感じながら、風で髪の毛がなびいている自分の姿を想像するだろう。

私は独りぼっちだ
四方八方を人の往来に囲まれて
やって来ては……去ってゆく……その繰り返し
不条理と困惑の循環
喪失感
私は狼であることを忘れてしまった狼
だが、思考力だけは手放さない

その柔らかな感覚、その静かな直感
私という存在の内なるその炎
誰かがもし私の孤独を邪魔するなら、私の血潮に憎しみが流れる。

私はこの状況がよく理解できるようになっていた。監獄の苦しみを乗り越えて、生き延びることができるのは、創造力を発揮する者だけだ。つまり、監獄のフェンスや私たちが住んでいるミツバチの巣箱を飛び越えて、メロディーに富んだハミングを口ずさみ、ヴィジョンを抱いて希望の輪郭をたどることができる者だけである。

囚人が望むことと言えば、静かで孤独な時間、そして青々としたジャングルのど真ん中で素っ裸になって立っているような感覚以外に何があるだろうか？

結われた毛髪から成る何千もの網を通り抜ける涼しい風以外に何があるだろうか？

これが近ごろの私の最大の夢だ。

しばらく一人になりたい時に行くのはトイレだ。だが、そこにも嫌な奴がおぞましい歌声を響かせながら隣に現れる。列を作ってトイレのドアの向こう側で順番待ちする奴もいる。用を足し、静かで平和な時間を楽しんでいる時にも、それを台無しにするかのように邪魔する者が必ずいるのだ。誰かがペニスを押さえながら、トイレのドアを叩いたり、蹴ったりしている。「おい、出ろ。漏れてしまうよ！」こうなると逃げ場はない。一瞬たりとも他人の存在を感じずにいられる瞬間はない。しかし、監獄内にある椰子の木のように、時間をかけて孤独に生きる方法、つまり距離をおいて存在する方法はあるはずだ。

初めの頃はいつもアブのように耳障りな連中に悩まされていた。その声は耳に入ると、静寂な頭の中を駆けめぐり、もう片方の耳から出て、外でもう一周して再び私の耳に入って、再び私の頭の中を一周する。

たくさんのアブがいつもぐるぐる飛び回っている——そんな類の拷問が常にあった。監獄のフェンスの上に足を置いて休もうとすると、アブはすぐさま飛び込んで来て、私の静かな時間を邪魔した。鋭い刺のように、私の夢を引き裂こうとした。もしかしたら彼らは、椅子に腰掛けている者を見て、怖気付いていたのかもしれない。だから、彼らは椅子にどさりと腰掛けて悲観的な言葉を吐きながら、孤独で美しい瞬間をぶち壊してやろうと考えたのかもしれない。だが時間が経つにつれ、ほかの者たちも私の考え方や性格、つまり私には孤独が必要だということを理解するようになった。

夕暮れ時の最後の数時間、監獄はジャングルの暗闇と海の静けさの中へと消えていく。東からやって来た恐ろしくも畏敬の念を生じさせる女が、その髪で監獄の敷地を覆う。

私たちはみな、光の破片を漁る暗い影へと変身させられる。煙草の燃えさしに自由を見出す。夜の闇が訪れると、私は監獄のフェンスまで一〇〇メートルの距離を歩く。フェンスの上に足を置き、監獄の裏で煙草の煙に巻かれながら自由という夢を見る。煙草の煙の中で夢見る自由は、時としてアーモンドの実のような形の目をした女が、この軍事化された監獄の暴力に抗う幻想をもたらす。この種の幻想が目的もなくどこからともなくやって来て心を占領する時、椅子に腰掛けたままぞっとする感覚に襲われ、気がつくと体は冷や汗でべっとり濡れている。私は肉体的な満足感という愚かな考えに恥ずかしさを覚え、脇に追いやってみる。そして、再び自分自身の内省の世界に飛び込み、神秘と喜びに満ちた世界に驚くのだ。

私は二つの異なる世界の間に存在し、均衡を保とうとしている。監獄の暴力は奇怪で斬新だ。私たちは離島に放り出された。今でも、死の匂いを漂わせたトラウマに満ちた船旅の記憶に悩まされている。取り乱したまま、回復することができない。複数の人格に支配されているような感覚だ。青色の思考が頭をよぎることもあれば、灰色の思考が頭をよぎることもある。思考が無色のこともある。

唯一頼れるものがあるとしたら、それはクルディスタンのひんやりとした山々に連れ戻してくれる、ゆったりとしたメロディーの歌声、民謡の静かな歌声だけだと思う。マヌスの夜に感じる驚きと恐怖には、人を遠い過去に押し戻す力がある。夜は、私たちの心の奥深くに何年も蓄積された涙を呼び起こし、古傷を開く。夜は私たちの存在のあらゆる次元に入り込み、苦い真実を引き出し、自らを責めるように仕向ける。囚人らは苦い悲しみの涙にむせぶ。

毎日の日課が身悶えを繰り返すような無意味な循環なので、囚人は子どもの頃を思い出すしかない。この探求と格闘は埃まみれの過去の残骸に永遠の命を与える。こんな孤独を強いられる状況では、内面的彷徨に耐えなければならず、それは人間を破滅させかねない。困難な旅路は、無意識に追いやられた黒い天使と秘密を呼び起こす。まるで魔法の呪いのように、囚人の目の前に魂の中で絡みついたままずっと続いている問題とわだかまりを置くのだ。飲みにくい錠剤を、胸やけして苦しい胃の中へ入れるかのように。

何よりも、監獄は孤独を恐れさせる
囚人の人生で最も衝撃的なパラドックスだ
目の前で消えていく時間
連なる幾千もの顔が永遠と結び合うのかもしれない
笑ったり、すすり泣いたり、涙を流したり
そして、苦い夢がやって来る。

囚人は、最も暗く、最も退屈で、最も生気のない光景の中をうごめく心を持った肉塊である。時折、ある特定のイメージが心の奥深くにある迷宮から突然浮かび上がってくる。この時、囚人はこの奇妙かつ馴染み深い光景と対峙し、それが何なのか自身に対して説明しなければならない。征服されて殺されるという幻覚に苛まれ、まさにこの時点から囚人の戦いが始まるのだが、その戦いは何ヶ月も続くことがある。時に、彼らの心には矛盾するイメージが混じり合っている。自らの哲学と歴史で構成された光景。囚人は自分がたどってきた経歴に囚われ、ばらばらだった出来事はすべて、孤独と沈黙の間に無意識のうちに形を成すようになる。だがそのことで、囚人は自意識を破壊してしまうことになるのだ。

おそらく、最も生きる価値のある人生とは孤独な人生だろう
平穏な人生、生き生きとした人生、輝かしい人生
しかしそれは、何とつらい人生なのだろう
人生はとても素晴らしいものだ
人生はとても恐ろしいものだ
異国の土を踏み、荒涼とした監獄のフェンスに孤独感が映し出されるのを目にすると
囚人は自分自身を見ることになる……孤独な自分の姿を
美しさと驚異に満ちた世界が、頭上へと崩れ落ちてくる
その時、世界は静止しているかもしれない
だから囚人は自らの運命を決めなければならない
人生と目の前にある何千もの顔や光景と折り合いをつけるのだ
孤独感が彼の皮膚の下へと忍び込む
それが自分を包んでいることに突如として気づくまで
彼は最後の人間を代表しているようだ
裸になり、寝そべっている

人生の難題に答えなければならない
自分が誰であるか、何者であるかを明らかにしなければならない
なぜ道に迷ったのか、なぜ当惑したのか
なぜ黙っているのか、なぜ答えないのか、答えなければならない
この心そのものが監獄である
彼の存在は乾いた木片のようにばらばらで
荒涼とした広大な砂漠の地面に打ち付けられる
彼は小さく朽ちかけた舟
怯える舟――パドルがなく、人もいない
彼は静かな海に浮かぶ舟
海はミルク色
何百万もの星が宇宙の果てへと散らばってゆく
空一面に
かすかに光っている
星々は彼に挑む
地平線は血の色
驚異に満ちた風景
渦巻く謎、問い、挑戦
知らず知らずのうちに囚人は歩みを進める
苦しみの経験を分かち合ってきた者たちと聖域を見出すまで。

郵便はがき

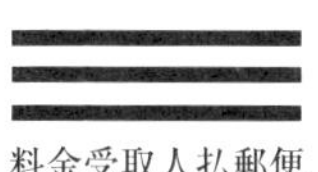

料金受取人払郵便

神田局
承認

2420

差出有効期間
2025年10月
31日まで

切手を貼らずに
お出し下さい。

101-8796

5 3 7

【受 取 人】

東京都千代田区外神田6-9-5

株式会社 **明石書店** 読者通信係 行

お買い上げ、ありがとうございました。
今後の出版物の参考といたしたく、ご記入、ご投函いただければ幸いに存じます。

ふりがな お 名 前	年齢	性別

ご 住 所 〒 -

TEL ( ) FAX ( )

メールアドレス	ご職業（または学校名）

＊図書目録のご希望 □ある □ない	＊ジャンル別などのご案内（不定期）のご希望 □ある：ジャンル（ ） □ない

書籍のタイトル

◆本書を何でお知りになりましたか？

□新聞・雑誌の広告…掲載紙誌名[ ]
□書評・紹介記事……掲載紙誌名[ ]
□店頭で　□知人のすすめ　□弊社からの案内　□弊社ホームページ
□ネット書店［ ］　□その他[ ]

◆本書についてのご意見・ご感想

■定　価	□安い（満足）	□ほどほど	□高い（不満）
■カバーデザイン	□良い	□ふつう	□悪い・ふさわしくない
■内　容	□良い	□ふつう	□期待はずれ

■その他お気づきの点、ご質問、ご感想など、ご自由にお書き下さい。

◆本書をお買い上げの書店

[　市・区・町・村　書店　店]

◆今後どのような書籍をお望みですか？

今関心をお持ちのテーマ・人・ジャンル、また翻訳希望の本など、何でもお書き下さい。

◆ご購読紙　(1)朝日　(2)読売　(3)毎日　(4)日経　(5)その他[　新聞]

◆定期ご購読の雑誌［ ］

ご協力ありがとうございました。

ご意見などを弊社ホームページなどでご紹介させていただくことがあります。　□諾　□否

◆ご 注 文 書◆　このハガキで弊社刊行物をご注文いただけます。

□ご指定の書店でお受取り……下欄に書店名と所在地域、わかれば電話番号をご記入下さい。
□代金引換郵便にてお受取り…送料+手数料として500円かかります(表記ご住所宛のみ)。

書名	冊
書名	冊

ご指定の書店・支店名	書店の所在地域 都・道 府・県　市・区 町・村
	書店の電話番号　(　　)

孤独から逃れるために、そして何よりも、それを受け入れ、対処する強さを持つ者がほとんどいない恐怖から逃れるために、大勢で意味のないことを、耳をつんざくような大声で叫ぶと、人は安心できるのだろう。恐怖は、喧騒の中に隠れるように人を追い込む。みな、それがまやかしであることはよくわかっている。だが、それが監獄であり、そのパラドックスを受け入れるには孤独が必要である。怒鳴ったり、叫んだり、気を紛らわせたりすることに慰めはない。私たちが切望しているのは、子ども時代の喜び、神秘的な動き、型に囚われないリズム、踊りを通した解放である。

こんな日の夜にはいつも、廊下Lの突き当たりに踊りのためのステージが設置される。夕食を食べ終えた後、二十代のイラン人男性――**男娼**として知られているメイサム[12]――は、友人を集めて何時間も踊る。木製のトンバックの太鼓を鳴らし、陽気な歌を歌う。彼は道化師であり、その身体を見せびらかすように乱舞することから**男娼**というあだ名が付いた。いつしか誰とはなしに与えた彼のメダルのようなものだ。

男娼のメイサムには、周りに人を集める特異な才能がある。彼の精神は、イランのコリース、つまり街から街を渡り歩き、道端でストリートパフォーマンスやダンスをする人々の魂から受け継いだものかもしれない。彼の友人は、大きな白いプラスチック製のテーブルを監獄の隅から廊下Lの彼の部屋の前まで引っ張ってくる。それが踊りとエンターテイメントのステージが今夜も整ったことを、あちらこちらで退屈して監獄の中をさまよっている者たちに知らせる合図となる。プロのサーカスのパフォーマーやストリート劇団の余興のように、手拍子や奇抜ではあるが時に滑稽な芸で客を呼び寄せる。廊下Lの突き当たりでの催しは、誰でも歓迎される。みながプラスチックのテーブルを囲む。パフォーマンスの技術は申し分ない。パフォーマーは、どんな音を出すべきか、テーブルのどの部分を使うべきか、手のどの部分を使うべきか、最も大きい音を出すのにドラムのどの部分を叩くべきかを正確に知っている。

こういう者たちは他者を苦しめるためにこの世に生まれた。彼らは、近所の家の窓を理由もなく石で壊したり、夏の暑い盛りに、通りの家々のドアベルを鳴らして逃げたりするような子どもたちに似ている。だが監獄では、このユニークで陽気な精神のおかげで、彼らは親しみやすく、ほかの者たちにインスピレーションを与えている。耳をつんざく様々な音が、荒廃し孤立した監獄全体に響き渡って初めて、彼らの創造性は高まる。彼らに課せられた任務はたった一つである。それは監獄内の囚人らを廊下Lへと引っ張り出すことだ。この騒ぎの目的が、**男娼のメイサム**が入場するオープニングシーンに備えるためだということは誰もが知っている。

彼らが用いる主なスタイルは独特だ。手拍子をし、テーブルをリズミカルに叩いて、大声で叫ぶのである。三、四人でコラボレーションし、観衆を熱狂の渦に巻き込んでいく。それから彼らは一斉にテーブルを叩く速度を上げ、最終的にはメンバーの一人か二人が大道芸人風に告知する。「集まれ、みんな、監獄の仲間たち、……急げ、急ぐんだ……」と異口同音に何度も繰り返す。

数分くらいで大勢の囚人が廊下Lに集まる。彼らの目は、三、四人の演者を熱心に見つめる。観客が集うと、誰が一番実力を発揮できるか競争が始まり、だんだんグループの調和が乱れてくる。メンバー全員が自分のスタイルを表現しようと躍起になり、ショーの主役になろうとする。音が混じり合い、一人ひとりの声は聞き分けられなくなる。

時には、その情熱に魅了され、演者に飛びつき、テーブルを叩き始めたり、おかしなダンスで注目を集めようとしたりする者もいる。この場限りの楽しみに溺れ、人々ははめを外す。彼らは自分をコントロールできなくなり、パーティーで飲み過ぎた者のようになる。まるで本物の祭りだと思い込んでいるかのようだ。パフォーマンスが始まる前、廊下Lに集っていたのはイラン人のみだったが、いつの間にかほかの者たちもやって来る。大勢の者がパーティーやダンスに加わろうとし、この経験を通して何かに気づき始めている——そう、このショーは自分を映す鏡だということに。

スリランカやスーダン人の中には、このイベントを楽しみ、強い関心を示す者もいる。彼らは遠くから立って見ているのだが、聞こえてくる音に合わせて体を動かしている。まるで、どこかの家族のお祝いがその家から漏れ聞こえてくるのを、道端に立って聞いている人たちのように。近寄って直に参加するほどには、親密で個人的な絆を感じないと言ったところだろうか。

一方で、オーストラリア人の係官たちは、盛り上がっている集団を軽蔑の目で見ている。これが監獄で働くオーストラリア人と、収容されている難民の間にある社会的力学である。オーストラリア人の視線には嫌悪、嫉妬、野蛮への眼差しが混ざり合っている――群衆はそのことに気づいている。だからこそ、観客はもっと大きな歓声を上げることがある。彼らにとってこの偽りのお祭り騒ぎは、係官たちの神経を逆撫でし、自分たちを捕虜にした者たちを弄ぶ絶好の機会なのだ。復讐心を体現してみせる一種の幼稚な意地悪でもある。これは囚人たちが駆使できる唯一の権力形態なのだ。

監獄の「キリアーカル・システム」は苦痛を生み出すためにある。こうした祝賀は、「我々は何の咎もなく投獄され、マヌスへ追放されたのは事実だが、見てろよ、このろくでなしどもめ……我々がどんなに幸せで陽気か見るがいい」とでも言いたげな抵抗の形だ。しかし、こんなことは昔からある単純な慣習的なごまかしである――自分自身に嘘をつくことで恐怖から逃れるのだ。だが、このパフォーマンスはとても自然に演じられるので、囚人たちは祝うべき全うな理由がないことを忘れてしまっている。

人は集うための理由をいつも見つけようとしている。祝賀は、結婚、誕生日、卒業と関連付けられ、人々の集合的意識の中で結晶化されてきた。それはほとんど義務にも等しい。

囚人は心の中で、なぜ自分たちが幸せなのか、なぜ祝いたいのかなんて説明する必要はない。その理由について、誰かに答える必要もない。もし、誰かが近づいてきて、「馬鹿野郎、なぜお前たちはそんなに陽気なんだ？　なぜ踊る？　なぜ大声で歌っているんだ？」と声を荒立てるとしたら、「俺たちはほかの奴らが祝うのと全く同じ理由で祝ってるんだ」と答えるだろう。

囚人たちは踊る。自分たちをこの監獄へと追放した奴らを弄ぶために。それは、オーストラリア人たちを激怒させる。収容され屈辱を受けた難民たちがなぜ集まって踊っているのかわからずに困惑し、係官たちが通信機器を使って相談していることもある。彼らにとって余計腹立たしいのは、自分たちにはこの祭りを中断する口実がないことだ――バックギャモンのテーブルのように「ゲーム禁止」と書いて台無しにするような方法もないのだ。

すべてがつながっている――喜び、恐怖、憎しみ、妬み、復讐、悪意、そして優しささえも。これらすべての感情が**男娼のメイサム**の身体の周りを巡り、彼はそのすべてに抗う。彼の人気の裏には、何と言ってもそのリズミカルな動きが照らし出す、囚人たちの誰もが耐えてきた苦しみの蓄積があるのだ。鏡のように、囚人たちは彼を通して自分たちを見る。勇気ある創造的な人物。彼は自らの筋肉を使ってそうした属性を自在に表現し、監獄の「キリアーカル・システム」に挑む。彼は囚人たちを魅了する美しい反抗の形を用いる。少年のような顔立ちをした男は、彼らを動員して詩を広め、あの絶望的な監獄の深刻さを嘲笑するのだ。**男娼のメイサム**の精神は、恐怖の砂漠や監獄の孤独と対比される。これは囚人への報酬のようなものだ。集団的応答という贈り物、追放された男たちの共同の努力によって手に入れた贈り物、彼らが手を伸ばし、決して逃さないであろう贈り物。

観客が熱狂と期待のクライマックスに達すると、**男娼のメイサム**はまるで勇壮なヒーローのように姿を現す。驚く観客を前に、スタジアムで対戦相手を打ち負かし、血まみれにしてきたかのように筋力を誇示する。彼は見る者を魅了する人気の綱渡り師か手品師だ。彼は廊下Lの奥の部屋から出てくるやいなや、大混乱の渦中に入ることで人々の視線を自分だけに釘付けにし、踊って最後には彼らの心を鷲摑みにする。彼はいつ、どのように登場すべきかを正確に知っている――真の達人だ。彼の踊りは、一歩踏み出せばどんどん歓声が大きくなるほど芸術的な腕前だ。彼はこの共同体の魂であり、心が沸き立つような魅力的な謎である。

彼は毎晩違うスタイルの衣装を纏う。衣装のデザインを含め、パフォーマンスの制作面すべてがよく考え抜かれている。もちろん、パーティーの盛り上げ役を担う数名が、芸術のアシスタントとして彼を手助けする。彼らの表情は喜びと興奮を放っている。**男娼のメイサム**は身振りや表情を交えて登場すると、このアシスタント集団の打てば響くような友愛の中へと溶け込んでいく。彼らは**男娼のメイサム**が開放的に、もっと自由なやり方で踊れるように促す。

ある晩、彼は宗教的な被り物を着けて宗教の指導者の役を演じた。彼は、長いアバー(13)を被って登場する。アシスタントたちは青いベッドシートの縁に美しい切り口を入れてこのアバーを作った。そして彼は同じ素材の白いアマーマー(14)を頭に巻いている。完全にアホンド(15)の真似だ。だが、長いあごひげを生やし、地獄に対する恐怖を醸し出す宗教指導者と違って、**男娼のメイサム**の顔は天使と見紛(まが)うほどすべすべしていて髭はない。

歓声が沸き起こる。その場の混沌たるやすさまじい。観客は、人混みの真ん中にあるテーブルと部屋の間で、彼の体がどう動いたり踊ったりしているのかほとんどわからない。馬鹿馬鹿しくも驚くほど美しい衣装に身を包んでいるのだが、観客には**男娼のメイサム**の体の一部が見えるだけだ。彼は、テーブルに沿って驚くべきスピードで踊るという芸術的手法を駆使する。腰と背中を巧みに揺さぶるのだ。**男娼のメイサム**がテンポの速い曲で踊る理由は明白だ。観客を自分のもとへ招き、彼らが苦しんできた無数の痛みを忘れさせるためである。三、四人のアシスタントのダンサーは、観客の一歩手前まで来ると、その手で、声で持てるすべての才能を発揮しようとする。**男娼のメイサム**の動きに近づき、傍で踊る。彼らは即興で曲に合わせる。その場を掌握しようとすることさえある。彼らがパフォーマンスにうまく調和し、脚光を浴びようとどれほど努力しても、このショーのスターは**男娼のメイサム**だ。彼らはテーブルを叩いたり、歌ったりして彼についていく。観客を完全に手中に収めると、**男娼**は突然テーブルの上へ一気に跳び上がる。熱狂的な観客に囲まれて壇上で踊る宗教指導者の姿は、微妙な陰影と矛盾に満ちている。

数分踊った後、**男娼のメイサム**は説教師のような役を演じ、会衆に沈黙を求める。「我々は投獄された男であり、この監獄には女はいない。そこでだ、今この瞬間から、ゲイのセックスを完全に認める」[16]と彼は宣言する。彼の言葉は台風のように響き渡り、笑いと歓声が沸き起こる。喜びは頂点に達し、再び**男娼のメイサム**は速いペースで踊る。観客は拍手し、歓声を上げて後に続く。

パフォーマンスはまだ終わらない。**男娼のメイサム**は頭から華麗にゆっくりとアマーマーを取り、群衆の中へ投げ込む。そして、隅の方へアバーを投げる。彼の裸に近い姿を人々は驚きをもって見つめる。今夜の彼の下着姿は格別目を引く。彼は側面が裁断された、男性用の赤い下着を履いている。女性の下着のように、尻の谷間に挟むようにして着用している。彼の姿はその場の観客をどっと笑わせ、沸き立たせる。このようにして彼は**男娼**として知られるようになった。監獄生活を通して、彼はそのあだ名で呼ばれ続けることになる。彼はすべてを笑いに変えることができる男であり、その存在が、歌が、踊りが、私たちに少しの間だけ監獄の暴力を忘れさせる。彼は監獄のスーパースターなのだ。

夜のショーだけではない。長い食事の列でも、彼がとても美しくアホンドの役割を演じているのがわかる。笑いを誘う小道具を用意し、囚人たちを爆笑させている。聖職者の服を着て長い列に並んでいる髭のない宗教指導者の姿を想像してみてほしい。彼は一言も発する必要がない。そこにいるだけで、ほかの者たちを惹き付ける。何よりもあの忌々しい看守の目を彼の方へと向けさせる。彼は屠(ほふ)るために子羊を太らせようとする制度に真っ向から対抗する。彼が発する一言で、私たちは人生の本質を経験するのである。

フェンスと入り口の間をうろつく囚人がいれば、監獄内をうろつく囚人もいる。監獄の大部分は、監獄の安全を守る責任がある警備会社である、G4S[17]という名で知られているグループによって監視されている。その会社から来る係官が大勢の囚人を厳重に監視している。G4Sは「ろくでなし警備会社」という本名で呼んだ方がいい。番犬とか攻撃犬とか、呼び名はいろいろ考えられるが、これが最適だろう。みな腰にトランシーバーをつけている。詮索好きな係官たちは、ノートをいつもポケットに入れて持ち歩いており、時々それに何か書き付けている。彼らは人や出来事について、何もかも記録する。この仕事をするには、ろくでなしであることが求められる。誰もが嫌がるような職場で働くには、完全にろくでなしでなければならない。

初日から彼らの任務はすでに設定されている。「お前たちは国を守るためにここにいる軍隊であり、投獄された難民たちはお前たちの敵なのだ。あいつらが何者なのか、どこから来たのかなど関係あるもんか？　あいつらはボートで国に侵入したんだぞ」とでも言うかのように。彼らにとって、この状況はとてもわかりやすいものだ——彼らの目の前には世界中から集まってきた敵がいる、それだけ。ほら、彼らの目を見るがいい。冷酷で、野蛮で、憎しみに満ちている。

彼らは、廊下の突き当たりや海の向こうのフェンス沿いに集団で座って、ただ時間潰しに考えごとをしているだけだ。きっと監獄の中の一人ひとりについて話し合っているに違いない。多くは**男娼のメイサム**の祭りを目撃している。しかし、彼らは干渉しはしない。存在感を醸し出しながらも、囚人たちから離れたところのある椅子に座っている。彼らが担当するエリアはあらかじめ決められており、それぞれがプラスチック製の椅子に座り、何時間も周囲を監視している。監獄は隅々まで見張られている——監視の目が

——＊——

どこまでも追いかけてくるのだ。

日が暮れると、監獄内の施設はゆっくりと原始の状態に戻る。最初の数ヶ月間は、周辺に光が散らばるように監獄の両側に一つずつ、大きなランプが二つしかなかった。ランプはその場所を照らすためにあるが、光は弱くフォックス監獄まで届かない。夜の監獄内はホラー映画のワンシーンのようだ。その暗さと言ったら戦時下のようで、囚人らはトイレへ行くのに直感に頼るしかない。

暗闇の中の係官の存在は、囚人たちの拘束されているのだという感覚をいつもより強くする。暗闇の中から強そうでがっしりした男が現れると、その影は実際より大きく見える。監獄のあらゆるところで、彼らは敵対する動物のように見張っている。彼らの監視の目は行き渡っており、それから逃れる方法はない。

G4Sの監獄の看守（監獄では、省略して「G4S」と呼んでいる）は、大方働き過ぎで、人生の大半を多種多様な犯罪者が収容されたオーストラリアの監獄の警備という専門職に費やしている。当然のことながら、犯罪、刑事裁判、拘置所、監獄内暴力、身体的暴力、ナイフによる攻撃などは、彼らの日常生活や考え方の一部となっている。看守の多くがアフガニスタンやイラクで何年も勤務した退役軍人である。世界の反対側で戦争に従事してきたのだ。彼らは人間を殺してきたのである。

人殺しは人殺しだ……至って単純なことだ。どこかで読んだのか人から聞いたのかは忘れてしまったが、殺人を犯した者は若くなるらしい。あるいは、年を取るのが遅くなる。他人なんか気にしないからだろう。人殺しは人殺しなのだ。ぼやけて光のない瞳から暴力が滲み出ている。人殺しの魂が彼らの目に映し出されている。

G4Sの看守をたくさん見てきて、わかってきたことがある。一例を挙げると、G4Sの一人が流血の現場に遭遇した事件がある。若い男がトイレで手首を切ったのだ。看守は私の方を向いて言った。「すまない——君のことも、こんな恐ろしいことをしでかす若者のことも俺には理解できない。俺はこれまでずっと監獄の看守をしてきたんだ……すまない」と。彼の思いやりとはこんなものだ。監獄の暴力に一生かけて染まってきた男に何を期待できるだろう。この男の腹は出過ぎていて、体のほかの部位と不釣り合いだ。彼の痩せた脚はぶかっこうに体にくっついていて、巨大な腸からぶら下がっているだけのように見える。これが普通の人間を理解できないことを認めた男の姿だ。

彼がこのことを自分なりに考えようとし、自分の心から何かを絞り出そうとしたことは確かだ。おそらく、彼とその同僚の違いは、彼は自分が冷酷な機械になったことを認識しているということだろう。彼は看守として生きてきたことで思いやりがなくなったと考えているのかもしれない。もしくは、自分はこのシステムに属する退役軍人であり、そのため普通の人たちとは違うのだということ以外、彼には説明がつかないのかもしれない。

ローテーションごとに各監獄を担当するG4Sの看守は五〇人にのぼる。午後七時になると、数分間、上司と話すために、何十人ものG4Sの看守がデルタ監獄とフォックス監獄の間に集まる。この距離からは、何について活発に議論を交わしているのかはわからない。フェンスの向こうには同じ制服を着た男だけ。見えるのはそれだけだ。まるで駐屯地のような場所で、受動的な看守たちは一斉に黙らせられ、椅子の上に立っている男の話を熱心に聞いている。上司が話を終えると、彼らは任務を開始した兵隊のようになる。彼らは監獄に近づき、その隅々まで広がっていく。各自が自分の割り当てられた部署へと直行するのだ。

命令に従うロボットのように、彼らはすべての監獄の規則を施行する――それは、ミクロな支配からマクロな支配、ごく些細な事柄から重要な事柄にまで及ぶ。マヌス島の住民やポートモレスビー出身のG4Sの看守も多い。この監獄が開設された時、この仕事のためにかき集められたのだ。それまで槍で魚を捕ったり、ジャングルで木を切ったり、熱帯の果物を収穫して島の市場で販売したりすることを生業としてきた男たちだ。パプアニューギニア政府とオーストラリア移民局の協定では、現地住民の大半を雇用することが定められている。そのため監獄は、これまで私が出会った中で最も自由な者たちを雇わざるを得なくなったのだ。だが今では、彼らは「キリアーカル・システム」に、監獄の構造に、組織的暴力という文化の中に取り込まれてしまっている。オーストラリア人たちは彼らをG４Sの企業文化に取り込もうとしてきたが、オーストラリア人の同僚と違って彼らは自由気ままだ。彼らは不屈で、監獄の規則や軍国主義的な論理に従って秩序を守ることなどほとんど気にかけない。彼らは「キリアーカル・システム」とは正反対だ。しかし移民局はそんな彼らを許容するしかない。彼らが規則や組織構造で規制されることはない。ジャングルの匂いを漂わせ、海を泳ぐ魚を思わせる。素晴らしいふくらはぎをした果物の摘み手たちは、一番高い野生の熱帯林を登り、多くの人間が決して近づかないようなところへとたどり着いた者たちだ。

現地の看守とオーストラリアやニュージーランドの看守の違いは実にはっきりしている。私には、G４Sと入国管理局はこの特徴に基づいて業務を割り当てているように思える。例外なく、現地の人々やパプアニューギニアのほかの地域の住民は、序列の最下位にいる。監獄で働くパプアニューギニア人の係官はみな、考えることも疑問を持つこともなくオーストラリア人の命令に従うことになっている。過酷な労働を強いられた月末、彼らに支給される月給は、太り過ぎのオーストラリア人の係官の五日分の労働にしか相当しない。だから、彼らは監獄の規則を可能な限り無視するようになる。

現地採用の係官とオーストラリア人看守の違いは、制服の色でもわかる。現地採用の看守は、紫色の制服を着ており、数人一組で監獄内をくまなく回るのが任務だ。「キリアーカルの論理」ではこう決められている。「この監獄では、地元民なんか何者でもないことを覚えておくように。奴らは、指示を受けて従うだけだ」と。これにより、監獄内の三つの基本要素、すなわち囚人、現地住民、オーストラリア人の関係ができる。そして、現地住民は私たちと同盟を結ぶことになる。この関係には優しさや共感も含まれる。時々、現地住民は、囚人から受け取った煙草をこっそり吸う。彼らは廊下の突き当たりの監獄の暗く閉ざされた隅で、オーストラリア人に見つからないように、恐怖におののきながら煙草を吸う。ビンロウの実を噛んでハイになることもある。そして、しゃがれ声で何だかわけのわからないことを話している。

ビンロウの実はこの地で栽培されている。実だけでなく木もビンロウという名前だ。小さなトマトほどの大きさで、現地住民が天然の刺激物として噛んでいる。実を地面で砕いて中の種を噛むのだ。数分間種を噛んだ後、口いっぱいの唾と一緒に吐き出す。芝生、ゴミ箱の中、オフィスのコンクリートの床など場所を気にせず、唾や細かくなった物を吐き出すという習慣がある。

看守がビンロウの実を食べてハイになると唇が赤く染まる。ビンロウの実を定期的に摂取している者の歯は常に赤い。実際に現地住民のほとんどは、歯が赤い。マヌス文化の慣習の一つである。血のように赤い歯。ついさっきまで獲物を貪り食っていた捕食動物が頭を上げた瞬間に見せるような歯だ。初めて現地住民たちと一緒に座った時、本当の人食い人種に囲まれているかのように感じた。顔には皺、髪は縮れて、笑った口元は血だらけの人たちに。オーストラリア人は私たちが彼らに怯えることを望んでいただろう。

だが、こんなに親切な者たちが人食い人種だなんてことがあるだろうか？　現地採用の係官は特に親切で感じがいい。心は自由で、法律に縛られることなく行動する特性を表しているように思われる。監獄に彼らがいるとうまく均衡が保たれるのだが、人数が増える分、物理的な空間は狭くなり息苦しくなる。

監獄では畏れと支配の意識が強く、こうした悩ましい感情が何もかもに浸透している。真夜中、真っ暗闇になると、かつてないほどフェンスの力を思い知る。囚人は、生々しい恐怖と深い絶望を噴出する。彼らは悪夢にしがみついている——まるで廊下を包み込もうとする強風を抑え込もうとしているかのように、悪夢を腕の奥深くに抱えている。重苦しく、すべてを包み込んでしまうような静けさが監獄の隅には広がっている。ここは衰弱した囚人にとって唯一の避難所だ。

私はそこで黙って煙草を吸っている。この時間帯は、年老いたコオロギさえ眠っている。監獄を覆うようにそびえ立つ椰子の木が空を飛んでいるように見える、涼しい風に吹かれている囚人の髪のようにも見える。カニだけが食物を求めて長いフェンスを伝っている。

鉤鼻の**男娼のメイサム**は、夕暮れ時にショーを行い、風変わりな友人たちに付き合って疲れ果ててしまったようだ。今、汗びっしょりになって寝ている。男たちは自分自身という洞穴から湧き上がる悪夢に取り憑かれている。

海からやって来たヒキガエルがフェンスの下に温かく湿った場所を見つけた。ヒキガエルは目を閉じ、瞑想しているように気高く穏やかに佇んでいる。

監獄の暗い隅、ブロックPの竪樋の下で、赤ら顔で白髪頭の看守が、監獄を監視している年老いたメンフクロウのようにまっすぐ前を見て立っている。夜、この時間になると、パプア人たち⑱は仕事を終え、プラスチック製の椅子に座ったり、たむろしたりしている。目は充血しており、くたびれた様子だ。夜明けに会社のバスが迎えに来るのを待っているのだ。このバスがジャングルのあちこちにある彼らの住まいへと送り届ける。

向こう数ヶ月間で、見せかけの祝賀やパーティーは、監獄の抑圧や孤独や絶望には敵わないことが明らかとなる。日が経つにつれマヌス監獄では、あの**男娼のメイサム**でさえ引きこもるようになり、状況が悪くなり始める。私たちはこの追放に耐えるための別の方法を見つけなければならなくなる。

——＊——

監獄内では、弁護団が来週マナス島を訪れる予定だという噂が広まっている。ここにいるすべての者にとっての唯一の目的は自由を手に入れることである。監獄全体に希望が根付き始める。

強力なのこぎりを持った男たちの集団がフォックス監獄の西側で、木を切り倒し、土地をならしている。彼らが建設しようとしているのは何だろう？　プールだろうか。

第七章

爺さん発電機／**首相**とその娘たち

フォックス監獄には主に六つの廊下があり、それぞれの廊下は次のような作りになっている。

出入り口は二つ
一二の小さな部屋はそれぞれ約一・五メートル四方
網戸付きの窓
四人一部屋、二段ベッド二台
個人のスペースなんてないから、他人の汗の臭いにも慣れるしかない
同じ方向を向いている一二台の錆び付いた扇風機
四八人の男と
四八の寝床
四八の悪臭のする口と
四八の汗ばんだ半裸の肉体が

怯え
言い争っている。

部屋の中はかなり蒸し暑く窮屈だが、清潔に保たれている。部屋の真ん中には大きな扇風機が置かれていて、木張りの床はほとんど見えない。通路に面した部屋に収容された者たち以外にも、過酷な状況を耐えなければならない者たちがいる。彼らは施設の片隅に追いやられ、煩わしく単調な扇風機の音の中で、犬のような暮らしを余儀なくされている。

六つの廊下と食堂になっている正面ゲート近くのテントとの間では、何か工事でも行われていたようで、錆だらけの金属の建物が建っている。この風変わりな建物は「P」と呼ばれ、一方の端は監獄の中の方に、もう一方は海側のフェンスの近くまで伸びている。長さ六〇メートル、幅三メートル、高さ二メートルの暗く細いトンネルになっていて、じめじめとした家畜小屋のように湿気が多い。事実、ひどい口臭と汗臭い半裸の男たちが押し込められた建物は、ラバ小屋よりも息苦しい。

強制的に詰め込まれた一三〇人の男たちに限らず、誰であろうとこんな場所で生活できるとは思えない。

暗い
二六〇の見開かれた瞳孔
一三〇の肉体から放たれる腐敗臭
全部合わさると、一気に朽ちてゆく死体のような臭い
六〇台の扇風機と
空気を絶えず汚し続ける古いトラクターの音。

見渡す限り、金属だらけ。そして人間の肉と皮だらけ。トンネルＰの天井はドーム状で、本物のトンネルか巨大なチューブのように見える。

何よりも耐えがたいのは、悪臭となって部屋の中を漂っている囚人たちの息の臭いだ。ベッド二台につき扇風機が一台据え付けられており、ひっきりなしに回っているが、悪意があるかのような熱風を送るだけで、何の役にも立たない。疲労感が取れない体を目がけて空気を吹き付けてくる。

扇風機は戦争を仕掛けるようにけたたましく回転し、風を送り続けている。だが最後には、斜面の空き地を耕す古いトラクターの音の方がそれを上回る。そして極めつきは、この弱まることを知らない悪臭。

設計者がなぜこの不細工でおかしな建物を設計したのかはわからない。何をどう考えればこんな見苦しい建物を作ることができるのだろうか？　トンネルの中には、ベッドが二列向かい合って並んでいる。その間には、人が一人通るのがやっとの狭い通路がある。トンネルの端から端へ行こうとすれば、何度も誰かとかち合ってしまう。例えば、遠くの端にあるベッドまで行こうとすれば、反対方向から誰か来ないかどうかをまず確認しなければならない。また誰かがベッドから降りてきて、出口の方へ来ないかどうかを見極める必要もある。通路で体をぶつけないように動くのは一苦労だ。その空間はとても狭く、いつも行き来する人で溢れているので、肩がぶつかり合うのは致し方ないのだが、汗まみれで裸に近い体と接触すると気分が悪くなる。

トンネルの床はコンクリート製で、すり減って大小の穴がいくつも空いている。中の空気は湿っていて暖かく、虫にとっては巣を作り、繁殖するのに理想的な環境だ。並んで眠る毛深い男たちの息と汗から生じる悪臭——それはトンネルの外に集められた下水中の汚物よりもおぞましい。死んだ犬のようなこの悪臭が時々、排泄物の臭いと混じり合う。

――＊――

雲がいつもより薄い日や、小さな雲がまばらに浮かんでいるような日には、トンネルの中は人体を料理できそうなほどに暑くなる。囚人たちは圧力鍋に入れられた肉塊と変わらない。日中にトンネルの中のベッドで横になって眠る者はいない。眼球を焦がすような暑さなので、普通に座っていることさえお断りだ。

救いはある。施設の最も高いところにある用途のわからない小さな部屋と食堂との間に立っている広い葉をつけた古い木の下が、囚人にとっては聖域のようになっている。その太い木は辺り一帯に優しく枝を広げ、傘の涼しい陰のように、暑さに喘ぐトンネルの男たちを癒している。日陰になっている場所にはプラスチック製の椅子が溢れ、囚人たちがそれに背をもたせかけている。

暇つぶしの秘訣は至って簡単だ
手を伸ばして次の夕暮れを抱きしめること
千の色を見せるマヌス島の夕暮れ
そしてまた手を伸ばして次の夜を抱きしめる
暗い島の次の夜
虚しい循環……
夜と昼が巡り来る
老木の陰で。

ほんの少しの雨雲も空に見当たらない昼間、気温は最も高くなる。

二つの太陽がせめぎあっている
一つは空から降り注ぎ
一つは大地から照り返す
焼けつくようだ
目が眩むほど明るい
全面的支配を企んでいる。

太陽が地球と一つになったように日陰がほとんどなくなると、囚人たちはあたかも親鳥の羽に隠れる雛鳥のように老木の陰へと集まってくる。パプア人とオーストラリア人の係官が、監獄中をひっきりなしに動き回って目を光らせている。オーストラリア人の顔は明るい赤色、血のような赤色だ。大きな尻のオーストラリア人……尻の谷間には汗が滝のように流れているに違いない。この日差しだとサングラスも役に立たないだろう。そして蚊。何て賢い生き物なんだ！　奴らはどこかに消えた。太陽の光を避けて、暗闇では素早く獲物に襲いかかる生物。

蚊の戦術を理解できる者がいるだろうか？　太陽が隠れるやいなや、奴らは堂々と戻ってくる。奇妙な生き物だ。人間の体を見つけると、すぐさま驚くような行動を開始する。脳みそなんてないはずなのに、奴らは間違いなく論理的に考える力や戦術を実行する力を持っている。どうやって規律正しく強靱な軍隊のように高度な連携で人間に襲いかかることができるのだろうか？　就寝前のまさに眠りに落ちようという時に限って、奴らはやって来る。手で防ぐのが難しい場所を狙うという、恐るべき巧みな技術を持っている。背中の手の届きにくい箇所や太ももの裏側、耳の後ろといった、体の中でも手の届きにくい場所はどこも戦場だ。熱帯の蚊に刺されると、数週間は痒みに苦しむことになる。

知らないうちに引っ掻いている
爪は皮膚を深く抉る
刺されたところ全部
ガリガリ、ガリガリと
時には猛烈に
時には皮膚がなくなるまで
削り取られ
深い傷が残される。

引っ掻き傷は刺された痒みよりも質（たち）が悪い。ひどい湿気と暑さで小さな傷も血と膿の塊になってしまう。傷が治ってからも傷跡は黒くなって残り、傷が深ければ深いほど、傷跡もひどくなる。

耐えがたい苦痛
記憶に残された小さな黒い印。

私の足首と背中の下方の窪みに数ヶ所、この美しい黒い記念は一生残り続けることだろう。
蚊の脅威は常に至る所に潜んでいる。奴らのおかげで、囚人はベッドの上に数週間縛り付けにされてしまうかもしれない。毎日夕暮れ時に、オレンジ色の服を着た大勢の看護師が黄色い錠剤の入った箱を持って監獄にやって来る。すると瞬く間に、正面ゲート近くの小さい部屋の反対側に長い列ができる。マラリアを運ぶ蚊との無駄な戦い。長くてもろい足を持ち、恐ろしく、信じられないほど狡猾で残忍な生き物との。私がそれを無駄だと言う理由は、単なるゲームでしかないからだ。ここで述べたようなマラリアの恐ろしさは、看護師たちの口から出て監獄に広まった話でしかない。

監獄の「キリアーカル・システム」が、マラリアを運ぶ蚊の恐怖を増幅させる。施設のあちこちから集まった、わけもわからず怯えている囚人たちが薬をもらうには、長い列に並ぶほかないのだ。だが、これらの薬は食べ過ぎで鼓腸症にかかった牛のために村々に配られる薬と同じ類のものだ。恐怖は人々を動かすすさまじい力となり、人々を急かしたり進む方向を決めたりもする。恐怖はその大部分が海面下の氷山のようなもので、あらゆる苦しみの母なのだ。

忌々しい看護師たちはおかしな服を着て、そばかす顔を引っさげ、お決まりの傲慢さと共に監獄にやって来る。こちらには目もくれないで、無礼な看護師たちはすぐに小さな部屋に入っていく。そしてテーブルの後ろに陣取り、さっさと仕事を始める。

一人のパプア人がオーストラリア人の命令で作業に従事している。彼は囚人たちがその場で確実に薬を飲むよう、看護師たちの隣でボトルに入った水を箱から出しては囚人たちに渡す。愚かな囚人らはあたかも自分たちだけがやり方を心得ているかのようにざわめき立つ。そして、看護師たちが席に着くと、囚人たちは何か重要なことでも始まるかのように良い場所取りをしなければと感じる。看護師たちが来る前は地面に座っていた者たちも、今は立ち上がって大人しく列に並んでいる。集まっておしゃべりに興じていた者たちも、突然顔を上げて列に加わる。だが、黄色い錠剤をもらうために列に並ぶ者たちのそうした熱心さは、恐れと愚かさが合わさったものなのだ。一つには人の血を好む蚊への恐怖と、それに続くより大きな恐怖、すなわち人を生にしがみつかせる恐怖。そしてもう一つには不誠実な看護師と監獄の「キリアーカル・システム」を信頼している囚人たちの愚かさがある。

おそらく生き延びようという本能が最も強い時ほど、囚人たちはその薬と看護師たちを素直に、愚直に信頼する以外は何も考えられなくなるのだろう。特に列の先頭にいる者たちの間に、そうした熱意と信頼、そして勘違いのプライドがある。彼らは素早い動きでパプア人の手から水のボトルを奪い取り薬を飲み込むと、すぐさま偉そうな態度でほかの者たちを振り返り、自分たちはお前たちとは違うのだと誇示しようとする。きっとこう思っているのだろう。「俺は今夜死ぬことはない。今夜マラリアで死なないと保証されている。今この瞬間から明日の夕暮れまで、また明日ひどい臭いに耐えてこの陰気な行列に並ぶ時まで、死ぬことはない。だがお前たちの命は、俺が今立っているこの場所にたどり着くまで保証されちゃいない。俺が今味わっている気分を知るまで、お前たちは罰ゲームのようにそこに立ち続けなければならない。言うまでもないが、俺は死なない……運がいい……俺は勝者だ。今夜、俺が死ぬことはない。明日またここでお前たちと顔を合わせるだろう。まさにこの場所で、看護師たちと、パプア人と、黄色い錠剤と、ぬるいペットボトルの水と一緒に。ああ、俺は何て運がいいんだ。今夜は死ぬことはないんだ。俺はあの不気味な黄色い薬を腹に流し込むことができた。利口だから、誰よりも早く薬にありつけたのさ」と。ほかの囚人たちも列の後ろに並んで、やがて次々と薬を手に入れ、列を離れていく。

この列に並んでいると、死がすぐそこまで来ていると感じさせられる。あの差し迫った死の感覚……マラリアを運ぶ蚊の集団がすぐそこまで押し寄せている。椰子の木の上まで迫ってきている。フェンスの向こうの茂みからこの共同体をうかがい、夜更けに狙う獲物を選んでいる、あの緊迫感。騙されているのは明らかで、この列に並ぶことは無意味だ。ここにいる理由などない。全くの無駄だ。

時が流れ、何ヶ月もかけた経験から、ようやくわかったことがある。嘘だったのだ。蚊がマラリアを媒介するという話に何の根拠もないことを今では誰もが知っている。ただマラリアが存在しないと言うわけではないし、それが危険でないと言うわけでもない。そうではなく、あのような列を作らなければならないほど十分なマラリアの事例は報告されていないのだ。長い脚を持ち、小さく、可愛い蚊に刺されてマラリアで死んだ者は、マヌス監獄には一人もいないことが明らかになったのである。

――＊――

トンネルPから離れた、東側の、海に面したフェンスの近くに、いくつかまた別の建物が続いている。その中の一つはボロボロで、壁にはいくつもの穴や亀裂がある。穴は、崩れかけの壁を鉄製の槌で何度も叩いて開けたように見える。まるでたくさんの穴でできた格子のようだ。その建物は切妻屋根と四つの部屋から成る。

部屋の中と外壁には何かのキャラクターが描かれている。小さい子どもたちの目を引くためのものなのだろう。黒いぶちの牛。崩れかけの壁いっぱいに広がる長い鼻をした楽しそうな象。大きなライオンの尻尾は壁に空いた穴で消えてしまっている。だが、ちょっと目を凝らしてその線をたどれば、穴を突き抜けて尾っぽが先に伸びていることがわかる。曲がりくねった木の枝は折れているが、たくさんの赤い果実がなり、リンゴの花が満開だ。そしていくつもの顔、母親と父親と通学鞄を持った子どもたちの笑顔。母親は眼鏡をかけていて、父親は不釣り合いな口髭を蓄えている。そこに様々な色のアルファベットが書かれており、屋根近くのほかの絵の上の方には飛び交う鳥が描かれている。背が高い白のコウノトリは、汚れてくすんだ色をしている。その建物は過去に収容されていた子どもたちのための教室だったようだが、今はスリランカ人の囚人たちがそこで生活している。

この場所はオーストラリアの遺産の一部であり、その歴史の中心部でもある。ここはオーストラリアだ。まさにここがオーストラリアなのだ。人は打ち捨てられた遺跡に驚くほどの郷愁を抱くものだ。その感覚がどこから来るのかはわからないが、それは忘れられた墓地、そう、老いたカラスが群がり雑草が生い茂る墓地を目にした時に感じる感覚と似ている。この広くて暗い場所で長い時間を過ごさなくても、天井や薄暗い部屋の隅にほんのちょっと目をやるだけで、この建物がどんな代物なのかはよくわかるだろう。幼稚園を彷彿とさせる壁の絵は朽ちており、感傷的な印象を与える。過去の生活の気配を感じる。建物の存在に比べれば弱いが、それにもかかわらず無視することのできない気配。死の強烈な気配とは対照的な生のはかない気配。

この監獄の建物は大人数が生活するように設計されたものではない。せいぜい、戦場の駐屯地にある小さな見張り小屋ほどの大きさしかない。トンネルPと同じく、急拵えの粗末な倉庫と言うのがちょうど良い。一九五〇年代、当時はまだ深いジャングルだった大きな土地を、オーストラリア海軍が占領した。彼らはジャングルを切り開き、広い駐屯地を作った。この場所がオスカー監獄となるずっと前は、海軍の士官たちが野球などを楽しむ運動場として使われていた。ここにあるいくつもの部屋は、五〇年代に数十人の兵士が、一日か二日で急いで建てたものなのだ。

これらの部屋は蟻の巣のようだ。主だった四部屋のほかに、いくつかの部屋が別の区画に手当たり次第に造られている。小さい木のドア、中背の者が一人寝るのでやっとのスペースしかない部屋には窓はなく、天井は低い。壁に垂直に埋め込まれた棺桶のようだ。そのうちのいくつかの部屋にはしっかりと鍵がかけられている。何か秘密でも隠されているのだろうか。何か苦々しい記憶がここに永遠に封印されていて、最後に残った者が鍵をかけ、その鍵をフェンスの向こうの海に放り投げたのだろうか。フェンスの向こうに広がる海の中、絶えることのない波音の中に。

死者たちの部屋
暗闇の部屋
数え切れない棺桶
腐敗した臭い
死んだ犬の臭い。

これらの部屋には続きがある。部屋のフェンスは海に面していて、青いベッドシーツで仕切られた狭いスペースがある。数人のスーダン人の男たちが、建物から伸びた仮設の屋根を支える二本の柱に何枚ものベッドシーツを巻きつけて、羊かヤギを入れる囲いのような部屋を作り出したのだ。セメントの床は穴だらけで土は湿っているので、その中はヘドロのような臭いがする。腐敗した土の臭いと囚人のひどい口臭が混じっている。おぞましい二つの臭いが化学作用のように混じり合い、そこに部屋沿いの溝を流れる汚水の悪臭が追加される。

この空気には息が詰まりそうになる。そんな臭いのする場所で生活するより、ゴミに囲まれている方がまだましだ。少なくともゴミの山の上ならまだ新鮮な風が吹いてくることだってあるだろう。新しいゴミがまた違った臭いを運んでくるかもしれない。だが豚小屋の中は腐った臭いしかしない。腐っていく。毒に体が蝕まれるような気がする。目眩と狂気が心に棲みつく。

染み付いて消えない臭いのせいで、蚊が群れを成して集まってくる。蚊の大群は、この監獄ではお馴染みの人間の群れの周りを飛び回る。小さいくせに凶暴な蚊の大群や、汚物以外の何物でもない臭いに晒されるくらいなら、私は自分の部屋という聖域に閉じこもっていたい。夜、部屋の中で護られながら、私は枕を強く抱きしめる。

数メートル先には切妻屋根のトイレ小屋がある。厳密には、それは何年も前に放棄された簡素な木製の小部屋だ。一〇ほどの小部屋から成る建物だが、ドアがない部屋も多い。ほとんどのドアは時を経て朽ちてしまったのだ。その一画は湿気がひどく、藻の繁殖地のようになり、辺り一面に緑が広がっている。トイレの床はいつも同じ状態で、足首の辺りまで小便が溜まっている。そこはあまりに汚く、排泄物がトイレの外の数メートル先まで広がり、汚染された水が辺りにも染み込んでいる。その場所には様々な植物が育っていて、トイレに行くのに腰の辺りにまで伸びた雑草をかき分けて行かなければならない。

その近くの部屋の囚人が、夜更けに草むらで小便をしているのをよく見かけることがある。どうやらトイレに行くよりも草むらの方が快適なようだ。真夜中に手慣れた動きでさっさと用を足す。あの小部屋へと続く道の途中、ちょっとしたスペースがあれば、立ち止まり、場所を定めて素早く周りを確認する。近くに誰もいないとわかれば、草花の間へと小便を放つ。出し始めてからズボンを上げるまで、誰かに見つからないよう注意深く周りを確認することが肝要だ。そのためには頭を三六〇度回転させることになり、首にとっては重労働だ。いろいろな方向で数秒ずつ停止し、首の筋肉を酷使することになる。

こうした排尿のし方、つまり汚いトイレしかない混みあった監獄で、闇夜に紛れて大自然の中で放尿するのは至福の時だ。自由とストレスが同時に与えてくれる喜び。放尿と溶け合う解放感。このささやかな解放感は、放尿時に感じる、あの満足感からやってくるものである。だが他方では、監獄内の決まり事を無視して、困難や障害から解放されることから得られるものだ。草むらでの排尿は、首の筋肉を使って、素早く行動し、放尿する時には集中して、ズボンにかからないよう狙いを定めれば万事うまくいく。

この素晴らしい解放感は男たちの魂を元気づけ、彼らは心に平穏を得てベッドに戻っていく。小部屋の裏側から誰もやって来ないとわかっていれば、草むらまで行って帰ってくるのは容易いことだ。だが、もし係官の目があるとしたら話は違ってくる。油断した隙に見つかれば、平穏は崩れさる。そんな場合でも、物怖じしない者なら、周りにほとんど注意を向けずに小便を続けるかもしれない。だが、それを恥じる者は、初めからそんなことはしないだろう。そのような者にとって、こういった行為を最後までやり通そうと決心することは難しく、それを瞬時に行うのも至難の業だ。

ある晩、私がフェンスのそばで煙草を吸っていると、口髭を蓄えた痩せたスリランカ人の若者がいることに気づいた。その髭は二つの方向に向かって奇妙に生えた猫の髭のようで、そのせいで彼は何となく滑稽に見える。食事のために列に並んでいる時でも、彼の髭にいつも目が行ってしまう。だからその晩、彼が部屋から出てきた時も、すぐに彼だとわかった。彼は早足でどんどん進む。まるで数分で近所の家の庭からリンゴを盗んで、逃げようとする少年のようだ。その動きからして何か良からぬことをしようとしているのは明らかで、壁の後ろから警戒するような目で周囲を見ている。実際、彼は最初に三六〇度見渡し、安心して用を足せる場所を見つけようとしている。

誰も周りにいないことを確認すると、彼は草むらに入ってズボンを膝辺りまで下ろし、臀部をズボンから解放する。調理場に背を向けて立っている。だが、このやり方は成人男性の間では一般的ではない。ズボンを脚の半ばまで下ろして放尿をするのは子どもくらいだ。大人の男は男性器を引っ張り出すだけだ。彼はフェンスの下に腰掛けている私に向かって放尿しようとしている。私は彼の目の前にいるのに。何て馬鹿なんだ！　もう少し注意深く周りを確認していたなら、暗がりに座っている私に気づいただろう。煙草の火も灯っているのに。私の目の前でズボンを下ろして男性器をさらけ出すまで気づかないのには驚かされた。

もしあと少しでも注意力が欠けていたなら、彼は気づかないまま私に小便を引っ掛けていたかもしれない。そして手を止めることもなく、用を足していただろう。彼にもう少し注意深さがあったなら、もしくはなかったなら、私たちの間にトラブルや問題として互いが意識するようなことは何も起きなかっただろう。彼の動きはあまりによくできていて、意図的に計画された場面のようだ。私の目の前に立ち、こちらに向けて放尿しようとする。そしてまさにその寸前になって、すぐ前に座って煙草を吸っている私に気づく。私を見た途端、つまり自分が見られていると気づくやいなや、彼はうろたえて男性器をズボンにしまいこみ、腹を空かせた野良犬が肉片を見つけて駆け寄るか、近所の家から物を掠め取るかのように、信じられないような速さで自分の寝床へと逃げていった。

その次の日の朝、食事の列に彼を見つける。彼はほかの男たちの後ろに隠れている。あの髭顔で隠れている。怯えている。私と向き合うことができない。明らかに前日の夜の出来事を恥ずかしく思っているようだ。彼が恥ずかしさを感じている理由の一つが、私の前から逃げ去ったことにあるのは間違いない。草むらで小便をしていたから恥ずかしいのではない。常識に照らして何か良くないことをしたからでもない。そうではなく、あのように逃げるべきではなかったとよくわかっているからだ。そのまま用を足すべきだったとは思わない。ただ、もっと堂々とその場から去ればよかったのだ。

それから何日も何ヶ月も、この出来事は私たち二人の心にとどまり続ける。互いの目が合うたびに、どちらも当惑してしまう。この監獄の中では、この類の出来事が私たちをひどく悩ませ、煩わせる。他者に対する反感を長い間抱き続けることなどできないという監獄特有の原則があるからだ。この原則は友情にも当てはまる。監獄では、惨めな気持ちに長い間耐えることはできない。それは楽しい気持ちでも同様なのだが。起きている間は始終、目を合わせることになる。そんな中でこの恥ずかしさに長期間耐えるのは拷問のようだ。互いの姿を目にするたびに、この惨めな気持ちが顔を出す。

何度かこのスリランカ人の若者に話しかけようとした。目を合わせて、「なあ兄弟、君が草むらで小便をしようとしてたことは、俺には何の問題もないんだよ。トイレは汚すぎるから、外ですっきりするしかないのもわかってる」と伝えようとする。もしくは大げさに嘘をついて、「俺も汚いトイレは嫌だから、時々、外でするんだ」と。だが、そうした弁解はどれもあからさますぎて、ぎこちなさを生み、むしろ余計に恥ずかしくなるだろう。私たちの間に起きた出来事を認めるか、再確認するようなものだ。結局、彼と話をすることを諦め、惨めな気持ちに耐えることを選ぶことにした。

鉢合わせした時、彼は本当に恥ずかしそうだった。でもそれは、私にはどうすることもできない。目の前の彼はすっかり弱って、申し訳なさそうにしている。私に会うたびに彼の心で何が起きているのか、どのような混乱が生じているのかは、神様だけが知っている。おそらく心の中では私に話しかけて、あの夜の出来事を説明するために、いくつもの言い訳を考えているのだろう。だが、彼から話しかけてくることはない。私たちにはこの惨めな気持ちを消し去ったり、別の感情で置き換えるだけの勇気がない。

監獄では「やぁ」[19]と声をかけることにも頭を痛める。用を足すためや食事を得るため、廊下や囲いの中など、どこにでも人の列ができており、実際、監獄のどこにいても人の目から逃れることはできない。常に誰かがこちらを見ている。目を合わせた時に「やぁ」と声をかけることは、強制的に互いの人生の一部にさせられている者たちから距離を取るための、手軽な方法なのだ。おそらく最初の数回はストレスにはならないだろう。だが監獄で過ごす時間が長くなるにつれて、ゆっくりと、しかし確実に、以前なら思いやりの表現だった「やぁ」という挨拶自体が苦痛の種に変わる。それは家族の間で、いつもお互いに声をかけなければならなかったり、作り笑いを強いられるようなものだ。

「やぁ」という挨拶が生み出す苦痛に耐えられず、囚人同士はすれ違う時、相手が見えていないふりをすることもある。ただすれ違うだけの影のように、前しか見えないほど窓の曇った車のように。人々が互いを見る必要が全くないのであれば、「やぁ」と言わないことは比較的簡単なことだろう。だが、もしそれぞれの間に惨めな気持ちが生まれているなら、状況はさらに面倒になる。スリランカ人の若者と私の間には奇妙な空気が生じている。遠くから互いを見つけた時にはそれぞれ別の方向に歩いていくし、私がスリランカ人たちの部屋の向かいにあるフェンスに近づくことも、以前よりは少なくなった。

―― * ――

監獄内の雰囲気は、囚人たちの間で対抗心を煽るよう設けられた大小様々な管理手段によって作られている。どの囚人も憎しみを抱いている。監獄ではそうした憎しみは人をさらに狭量にする。その憎しみの感情は心にあまりに重くのしかかり、暗い夜、囚人たちが不意にその重さに押し潰され、抵抗を諦めることもある。憎しみを植え付け増幅させるシステムに降伏し、送還を受け入れてしまう。「難民を元の場所へと送り返す」、それが「キリアーカル・システム」の第一の目的なのだ。その内側にいる囚人たち自身がフェンスの持つ権力に加担する時にこそ、彼らはその力の前に跪くことになる。監獄は対抗心や憎しみを煽るようにできている。もしトイレが、小便混じりの水が足首に届かないように作られていれば、私たちはあの夜の出来事を経験せずに済んだだろうし、どちらもその後に惨めな気持ちになることもなかっただろう。

監獄の「キリアーカル・システム」は囚人たちの間に、屈折した習慣と下品で野蛮な振る舞いを植え付ける。まさにあの汚いトイレのせいで、スリランカ人の若者やほかの者たちが所かまわず用を足すようになったように。一面に黄や赤の花が咲いた草むら目がけて、みなが放尿しているというのは、とても不快な気持ちになる。だが、これは一例でしかない。

監獄で最もよく使われているトイレは、時間によっては列を作って待たなければならないほど混雑する。悲惨な状況だ。囚人たちは決まった時間に集まって食事をするので、自然と同じような時間に用を足すことになる。トイレの床はボロボロのコンクリートで、至る所に小さな亀裂がある。その亀裂は小さいが深く、垢と精液がこびりついている。囚人たちはここで自慰行為をし、床の割れ目に向けて射精する。亀裂から漂ってくる腐ったような臭いには、息が詰まりそうになる。シャワーの蛇口のような物はなく、水は壁の穴から出てくる。そしてトイレとシャワーが小さい空間に併設されているのだ。床の排水口は垢だらけの溝のようなもので、隣でシャワーを浴びている者の汚れが水と一緒に流れてくる。

時々、この汚い溝にはその日に剃られた大量の髭が溜まり、冷たいシャワーの水がせき止められる。囚人たちが長い列を作って青い持ち手の剃刀を手に入れた日には、排水口は彼らの髭ですぐに詰まってしまう。剃刀は月に一度しか手に入らない。というのも、いつでも手に入れられると囚人たちが自殺や自傷行為をするようになるのではないかと考えられているからだ。そのため囚人たちの髭は伸び放題になることもあり、長いあご髭を生やした何十人もの囚人たちが、食事やトイレのために列を作っている。

剃刀が壊れた時は友人のものを借りるか、数週間待たなければならない。剃刀の配布は予告もなく突然始まり、一時間も経たずになくなってしまうので、手に入れ損ねることも珍しくない。剃刀を求める列は監獄の中でも最も争いが多く、無秩序になりやすい。囚人たちが興奮して攻撃的になり、足や手が出ることもある。そんな中で、兄弟のような関係を作って互いに助けあう囚人もおり、何人もの男が伸びた髭を剃るのにたった一つの剃刀を共有している。物資が十分に供給されないことも、囚人たちを条件づけ、見苦しい振る舞いをするように仕向ける監獄の「キリアーカル・システム」の策略なのだ。

――＊――

毎晩夜更けになると、黄色いユニフォームを着たパプア人の一団が清掃道具と大きなバケツを持って監獄にやって来る。脚と腰に黒いベルトを巻いた縮れ毛の若者たちである。彼らの逞しい体にユニフォームは窮屈そうだ。彼らは正面ゲートから入ってきて、任務を遂行する従順な兵士のようにグループに分かれて監獄に散っていく。手際が良く仕事も速いグループは浴室に向かい、囚人と一言も交わすことなく、一、二時間で浴室の汚れをきれいに落としてしまう。汚れた水はプラスチック製の大きなバケツで運ばれ、フェンスの向こうの海に捨てられる。

このパプア人の若者たちは、囚人に出くわすといつも怯えた表情になる。彼らは囚人と口を利くことさえ恐れているが、その恐れはオーストラリア人たちによる嘘が原因となっている。君たちが浴室を掃除する監獄は、凶悪な犯罪者やテロリストのためのもので、いつ何時危険なことや暴力沙汰を起こすかわからない連中なのだと、オーストラリア人たちが吹き込んだのだ。この連中は国外追放された囚人たちなので関わらない方が良いと。この程度の噂でも、特に別の半球から来た者とは会ったことのない者たちにとって、囚人を恐れる空気を作り出すには十分である。こうして捏造された印象を覆すには、おそらくかなり時間がかかるだろう。清掃員たちの意識に植え付けられたイメージは、マヌス島に連行する前にオーストラリア人が囚人たちに吹き込んだ、原始的で、野蛮で、人肉食をするという現地住民についての間違ったイメージとも共通する。

現地の共同体と難民たちの接触は、恐怖を仲立ちにしている。収容された難民たちは悪夢の中にいるように感じている。彼らの現地人に対する感情は悪夢に変わる。

現実化した悪夢
監獄の悪夢
悪夢の中でマヌス島民の声が聞こえる
悪夢の中で彼らが足音を鳴らしてやってくる

キリアーキーは恐怖を生む
恐怖が引き起こす抑圧
恐怖が生まれる土台
恐怖の中で生きる二つの集団。

パプア人たちは仕事中も、この恐怖に従って振る舞う。例えば、彼らの一人がトイレの床の洗剤を苦労してモップで泡立てて、それを水で流そうとしていたとしよう。そこに囚人がトイレを使おうとやってきても、現地人はその囚人に少しの間待つように言うことができない。そんな時、パプア人はただ黙っている。そして囚人が気づいてパプア人が泡を流すのを待とうとするまで、ただじっとしている。時には囚人がトイレに入ってドアを閉めてしまい、パプア人は頭をかきながら待っていることもある。

トイレ掃除している時は全く口を開かない縮れ毛のパプア人たちは、フェンスの向こう側で掃除している時は驚くほど元気で幸せそうだ。フォックス監獄とデルタ監獄の間の一角で、昼の休憩時に彼らが大声で笑いながら、ほうきの柄を持って追いかけ合っているのを何度も見かけたことがある。彼らはふざけている時、身体行為を伴う傾向があるようだ。暇さえあれば追いかけ合ったり、水筒で叩き合ったり、尻を蹴り合ったりしている。友人同士で蹴り合っているのだが、お互いへの思いやりに溢れている。蹴ったり叩いたりするという行為の一つひとつは、おそらく抱きしめることや会話を楽しむといった行為と同じようなものなのだろう。時にはおふざけの追いかけっこに夢中になりすぎて、監獄の規則を忘れてしまっていることもある。彼らのじゃれ合いを直ちに止めさせるのは、いつもオーストラリア人の係官たちだ。オーストラリア人たちが不満げな視線を向けると、パプア人たちはすぐに自分たちが複雑な規則や構造を持った企業のために働いているのだと気づく。戯れを控えなければならないのだと気づくのだ。

清掃作業が全くの無駄だと判明するのに、一時間もかからない。亀裂だらけのセメントの床にはまた垢がへばりつき、汚れは深くまで染み込み、いつもと同じ状態になる。清掃作業は、浴室の管理を怠っていないことを私たちに確認させるだけの、単なる茶番に過ぎない。とはいえ、ありとあらゆる汚れが溜まっていたとしても、浴室は監獄の中で囚人たちがほんの数分でも解放感を得ることのできる、おそらく唯一の場所だろう。その中では監獄の厳しい規則は緩くなる。囚人はそこで監獄の外にいる自分、係官たちの監視の届かないところにいる自分を想像することができる。それがたとえ数分だけであっても。だからこそ、オーストラリア人の係官たちが数人いつも浴室の近くを巡回して、トイレの方向を時折ライトで照らしている。自分たちの権力を誇示し、その存在を知らしめたいのだ。そして囚人たちにこう告げる。「俺たちはトイレの中まで入りはしないが、フェンスの近くからでも、その個室の中で何が起きているのか全部わかっているんだぞ」と。

いつ誰があの青い持ち手の剃刀で手首を切ってもおかしくない。自傷行為は日常的に起こっている。それがトイレを監視する言い訳にされている。真夜中、その個室は恋人たちが欲望を満たす場所にもなる。また、若い男たちがそこで搾取の標的にされることもある。しかし係官たちにとって、それはどうでも良いことだ。彼らは自分たちがこの監獄を統治し、囚人たちに規則を守らせ、監視の目をしっかりと光らせているのだと、私たちに知らしめるためにそこにいる。誰であろうとトイレに入る時には、その外に座っている係官たちの存在を意識せずにはいられない。彼らの威圧的な存在のせいで、トイレに座っている少しの時間でさえ不安を感じて過ごすことになる。まるで係官たちの視線が木製のドアを突き抜けて、内部の空間に浸透し、囚人たちが個室で感じている解放感を邪魔する力を持っているかのようだ。

来る日も来る日も、何かが起きるたびに、その時々に……トイレの中にこれらの出来事の記憶が刻まれてゆく。そこは歴史の格納庫。監獄の中での苦痛がその隔絶された空間に、そのトイレの中に、積み重なっているようだ。そこは監獄の別の場所で産み落とされたすべての苦しみの隠し場所。トイレで起きる出来事に苦しみは極まる。長年抱えてきた癒えない傷が再びここで口を開くのだ。

恐怖に怯え蒼白になった若者
いつも絶えず自分を守ろうとしている
監獄の至る所で追い詰められて戦っている
希望もなく戦っている
理性を失うまで戦っている
我を忘れるまで戦っている
しかし戦いはついに終わる
すべてが終わる
ついにこの場所で終わる
とうとう終わる
この誰もいない小さな個室で。

その場所は、人々が監獄の至る所で毎日経験する精神的な戦いと混乱を忘れることができる避難所になる。だが最後には、夕暮れや真夜中の暗闇と共に、誰かがあの青い持ち手の剃刀を握りしめ、適当な個室を選び、そこに入る。次の瞬間、セメントの床の上を温かい血が流れていく。その個室は叫ぶための場所。あるいは救いのない絶望の中で純粋さを失った若者たちの破滅が刻まれた部屋。恐怖と絶望と噴出する深い苦悩がぶつかり合う場所。それゆえにそこは、超自然的な畏怖と不気味な霊魂を具現化する場所なのだ。

目を突き刺すような太陽の日差しが容赦なく照りつけ、囚人たちの苛立ちが頂点に達する最悪の時間帯に、電気を送り出していた発電機が停止する。その途端、監獄は狂乱に包まれ秩序を失う。まるで熱い鉄のハンマーが監獄の真ん中へと叩きつけられたように、数分のうちに監獄はこの世の地獄となる。

囚人も異様な変化を見せ、正気の沙汰ではなくなる。不意打ちと高まる怒りに翻弄されて、彼らの最も本能的な部分は衝撃を受ける。大勢の半裸の男たちが部屋や建物の中から突進するように飛び出て、通路の日陰に集まってくる。聞いたことがないような怒鳴り声が反響する。まるで嵐の気配に気づいて混乱するカモメの群れのようだ。このような状況では、無意味だとわかってはいても、自分たちが閉じ込められている場所を罵る以外に、囚人たちがその苛立ちを表す方法はない。

囚人たちが罵りの言葉を口にする時はいつも、その意識の一部はほかの囚人たちの集団に向けられている。口から言葉を発するたびに、ほかの者たちの反応を予想し、どのような反応が返ってくるかうかがっている。罵声を上げている者は、賞賛と同意の反応が得られることを期待している。囚人たちは最も下品な罵りの言葉を叫び、口汚さを互いに競い合い、すべてを捨て去ったかのように悪態をついている。その論理的根拠はこうだ。一番大声で罵声を上げた者が最も勇敢なのだ。つまりは、実際よりもずっと勇敢であるかのような印象を与えた者が勝ちというわけだ。

囚人の中には次のような特徴を示す者たちもいる。何か問題が起きてみなが一ヶ所に集まっている時に、特に理由もなく怒鳴り声を上げて自らの男らしさと勇敢さを見せつけようとする者たちだ。だが状況が深刻な対立に発展すると、責任を取らずにすむよう端の方に身を潜めて、そもそもその場にいないかのように振る舞う。ほかにも、ただ部屋の入り口でじっとしているだけの者もいる。彼らは頭と体を掻きながら、

――＊――

混乱してその場に座り込み、何度も頭を振って不満を露わにしている。
彼らの態度には様々な感情が混じり合っている。弱さ、絶望、惨めさ、苛立ち。そのすべての感情が顔に表れる。囚人であってもなくても、人間とはそういうものだ。人間がどのような振る舞いをするのかは、いつも置かれている環境や周りにいる人間と連関している。人間は自らの行動を状況に合わせて工夫し調整するのだ。この場所は様々な感情が出会う場所、様々な感情が交渉し合う場所だ。ここには同じ囚人である同胞の顔以外に、慰めとなるものは何もない。絶望の最果てにいる仲間の顔が慰めを与えてくれるのである。
このような状況では、あらゆる悲惨で耐えがたい感情の真っ只中にいても、喜びにも似た感情が目に見えないところでうごめいている。苦痛が日常となるにつれて、人々はこの奇妙な喜びの感情を経験する。混沌と破壊の中にある倒錯した充足感。

——＊——

向こうの方で、オーストラリア人の係官たちがメモ帳を片手に、汗を垂らしながら、時折何かを書き留めている。管理者たちは無線で上司と話をしており、定期的に通路の片方から反対側を確認して、部下たちに命令をしている。それに対して囚人たちは拳を握り、一緒になって耳をつんざくような騒音を出しては騒ぎを煽り立てる。それから少し経って一人の係官が姿を現す。群れの前に現れたこの侵入者は、ほかの係官たちが合流するやいなや集団に近づき中に入っていく。彼は礼儀正しく、そして真摯に謝罪をし、それが自分たちのせいではなく、「発電機が壊れたからだ」と説明をする。別の方向からは、浴室の水が出なくなったという知らせが突然聞こえてくる。

数分もしないうちに、通路の後ろに細く伸びた陰に裸の男たちがジグザグの形状に集まってくる。監獄の中は戦争の前線のようだ。どこもかしこも男だらけで、みなせかせかと動き回っている。係官たちは全く役に立たず、何の助けにもならない。ただうろつき回っているだけだ。この状況を解決するために何かしようともせず、そのくせ数だけは増えている。そして戦闘のための装備もしっかり調えている。マネージャーが数人の係官を伴って囚人たちの前に現れる。別の係官たちの集団が監獄の端に集まっているが、特に何もしていない。ただ別の場所にいる係官たちに、無線で連絡をしているだけだ。

監獄は凶暴な蜂の巣のようだ。誰かがその巣を棒で叩いて平穏を壊してしまったかのようだ。囚人たちは狼狽して走り回り、混乱してうろつき、当惑して辺りを見回す。まるでじっとしていたなら、権利を放棄したことになると感じているかのように多くの者が浴室に殺到する。ストレスのせいで腸のコントロールが難しくなったようだ。すぐにトイレは水が流れなくなり、監獄の端から端まで、糞と小便の臭いが満ちていく。時が経つにつれて、排泄物の悪臭は辺り一帯を強烈に汚染する。

異様な緊張感が囚人たちに広がり、それは互いへの態度にも影響する。彼らは他者に対して狼のように振る舞う。これから血みどろの戦いを始めるかのように互いを探りあい、また、冷静さを装っている係官たちのことも探っている。力で戦うのは不利だとわかっている者は、特に警戒しなければならない。排泄を我慢している粗暴な囚人たちは、孤立している者を探し、罵りと侮辱の雨を降らせる口実を探している。そして、だいたいいつも力の弱い同胞が標的となる。こんな時、気が短く、寛容性の乏しい者ほど手に負えなくなる。何でもないことが、小柄で力の弱い者、無防備な存在への攻撃を引き起こすことがある。時間が経つごとに、精神的なエネルギーは暑さからトイレに向けられるようになる。どうしてもトイレに行きたくなった者は、精神で肉体をコントロールするのはほとんど不可能で、すべての神経が腸の方へと集中させられてしまう。

何という光景だろうか。人々が心の平静をすっかり失っている。それを見ていると、人間は弱く救いがたい存在だということに気づかされる。囚人たちを支配することがどれほど簡単かを、発電機の担当者たちははっきりとわかっていることだろう。ただボタンを押せばいいのだ。すべてを発電機のせいにできる。機械とワイヤーでできた心。それが監獄のどこにあるのか、この島のどこにあるのか、知る者はない。それがどこに設置されているのか、誰一人知らないのだ。

一体何がこの状況を引き起こしているのか？　監獄の「キリアーカル・システム」か？　それとも素晴らしく有能な「高い地位にある」係官が発電機を管理し、そして囚人たちの心を管理しているのだろうか？　まるで一日のうちのいつスイッチを押せば良いのか、正確にわかっているかのようだ。それは、囚人たちの忍耐力が底を突きそうな時か、囚人同士、または囚人と係官の間で深刻な衝突が起きそうな時か、そしてまさにこの時のように、電気と水の問題が解決する時なのか。

監獄は握りしめた拳の中にある
緩めたり、強めたり
爆発する寸前に
突然、均衡が取り戻される。

この出来事の最中、数人の係官たちは定期的に無線で上司らと、ここにはいない人間と、最終的な決断――いつ電気と水を復旧させるのか――を受け取った人間と連絡を取り合う。

真夜中が近づくと、囚人たちはスポンジ製のマットレスへと退去する。動乱の一日が終わり、眠りにつくためだ。その時、また急に発電機が停止する。監獄に再びハンマーが振り下ろされたのだ。囚人らの希望や夢は、耐えがたいほどの暑さの中へと追いやられ……悪夢のタペストリーに染み込んでいく。

ハッとして彼らは目を覚ます。汗だくで、かまどに頭を突っ込んだように髪はボサボサだ。もちろん蚊の存在も忘れてはいけない。扇風機が動きを止めたこの時を逃さず、奴らは容赦なく部屋に飛び込んでくる。数分のうちに囚人たちは部屋から逃げ出し、嵐のように罵声を上げながら夜の闇に身を投じる。彼らが罵る声が、監獄を支配する夜の暗闇の淵にこだまする。

監獄は暗闇に消えてゆく。恐怖の中に消えてゆく。暗闇の中では椰子の木の影でさえ恐ろしく見える。人間の体は月明かりの下で暗い影に姿を変え、行手を阻む正体不明の襲撃者のように見える。怒鳴り声に叫び声。見えない場所から聞こえてくる声が、監獄中に響き渡っている。

フェンスのすぐ外をうろついている野良犬たちが、その騒音に反応する。野良犬たちが吠える……暗いジャングルの神秘的な深みにこだまするように吠える。パプア人たちも取り乱している。身を寄せ合い、壁に向かってうずくまり、最悪の事態に備えている。

けれども暗闇に包まれる前に、オーストラリア人たちは監獄を逃げ出している。それがいつものやり口だ。日が暮れる前に波状に一塊になって監獄から出て行く。奴らは本当に狡猾で、それを誰にも気づかれないようにやってのける。本能で危険を嗅ぎとり、確実に訪れる恐怖を閉じ込めようとしている。どことも知れぬところから誰かが、暗闇に紛れて首の後ろに飛び掛かってきたり、日頃の復讐を果たそうと殴りかかってくる事態を極度に警戒しているのだ。監獄の日常的風景はひどく暴力的で、数百人に一人くらい、怒りに我を忘れて暴力に走ろうとする囚人がいても不思議ではない。それは夜に起こるだろう――暗闇の中で、あるいは浴室の裏側で、薄暗い陰を広げ、人間をすっぽり覆い隠してしまうほど太い椰子の木の傍で。それは実際に起きてもおかしくないことなので、係官たちが恐れているのは間違いない。そしてそれは、こうした状況を作り出している「キリアーカル・システム」それ自体をも揺るがすものである。ここでは、すべての人間が安全を脅かす脅威となる。

係官たちの恐怖心のためか、今回はいつもよりずっと早く発電機が回復する。灯りが消えると監獄は恐るべき獣に変わる。いつ手に負えない状況になってもおかしくはない。発電機に顔があったならこんな風だろうと想像してみる。

年を重ねた男に似た装置
劣化したワイヤーでできた複雑なシステムを持つ
錆びた金属の棒と管
おそらく薄汚れた部屋で
監獄よりもひどい場所で
古びた布に覆われている
ぼろきれに守られている
使い古されたぼろきれに
使い古された発電機。

そんな想像をしながら、発電機が魂を持った生き物であると、そうしたい時に監獄を混乱の中へ放り込むことに喜びを感じる有機体であると、私はいつも信じたくなる。

監獄はまともに機能しなくなり、数分後にはさらに手が付けられない状態となり、恐怖以外のすべてが失われる。最後には怒鳴り声と叫び声が止まる。犬の唸り声だけが、ジャングルの奥から時折聞こえてくる。その声は最も暗い場所へと深く入り込み、終わりのないリズム、永遠のリズムに合わせてずっと遠くへと移動しているようだ。深い静寂が監獄を丸ごとがんじがらめにするために忍び寄るまで、その声は響き続ける。そして何が起きているのか知っている鳥たちの声だけが残照のように響いている。

真夜中になると、暗闇の中で無数の囚人たちの瞳孔は大きさを増す。体の痒みに悩まされ、眠りを奪われた目をこすっている。絶望の風景に恐怖が根を張り、そして突然、この局面の只中で部屋に光が戻ってくる。監獄に灯りがともると、囚人たちは一目散に部屋に戻って、嬉しそうに唸る扇風機の前に立つ。彼らは急いで戻ってゆく。その素早さと言ったらない。時間を無駄にしたことで、睡眠時間が減ってしまうと感じているからだ。

囚人たちは枕に頭を預けている束の間も、気が狂いそうなほどのストレスと戦わなければならない。あの「爺さん発電機」に対するストレスだ。それはいつまた動きを止めるかわからないし、寝ている間に止まることもある。電気と水道がいつ使えなくなるのか予想することは不可能だ。

発電機はより高次の理屈で動いている。囚人たちよりも明確な主体性を持っており、間違っても止まるべきではない時間であっても、構わずに止まってしまう。時には早朝に、時には午後に、時には太陽が完全に監獄を支配する時間……太陽が囚人たちの皮膚を狩りに来る時に。それは予想不可能なタイミングで現実に起こる。日中や夜中に繰り返し電源が切れることも少なくない。その一方で、何の問題もなく一週間動き続けることもある。そして発電機が修理されたか、新しいものと入れ替わったと囚人たちが思い始めたまさにその日に、発電機はまた停止する。

人間的な意思を持ち、主体性を持つ存在であるかのように、発電機は私たちの心を弄ぶ。囚人の中には、人間の性格に対して用いる言葉を発電機に対して用いる者もいる。例えば「馬鹿な発電機」「あの発電機は嫌な奴だ」「この発電機野郎め!」「くそったれの発電機」といった具合に。そして一週間何のトラブルも起きなかった時には、「ミスター発電機」といった少しましな呼称が与えられる。だが「ミスター発電機」はいつ止まってもおかしくない。すべてを滅茶苦茶にしてみなの頭をかき乱すこともできる。そしてすぐまた「発電機野郎」か、それに似たようなものに成り下がる。確かに、「ミスター発電機」は囚人たちよりもよっぽどずる賢く、知性を有している。

水と電気の問題がいつもよりも長引いた日は、浴室は使い物にならなくなる。最初の一時間のうちに、すべてのトイレは空のボトルで一杯になり、便器は排泄物で溢れてしまう。そこはひどく汚い場所となり、近づくことすらできない。つまり誰一人としてトイレに座り、目を閉じて、用を足せなくなる。トイレがこういう状態になると、囚人たちは別の場所を探さなければならない。貯水タンクやトンネルPの後ろ、汚水を流す溝にまで代わりの場所を求める。そのため、こういった場所には、悪臭を放つ排泄物が積み重なり、辺りにはその臭いが充満している。それはあまりにひどく、自分が人類の一員であることを恥ずかしく感じてしまう。

――＊――

熟練したエンジニアがいる。ちょうど中年を過ぎたくらいの年齢の男で、背は低く、頭部が丸く禿げており、血色の良い平たい赤ら顔のこめかみから白髪交じりの髪が生えそろっている。おそらくこの男こそがフォックス監獄で一番立派な男だろう。この熟練のエンジニアは、高潔な人物、真のリーダー、ビジネスマン、破産した商人として監獄中で知られている。つまるところは彼は、自分の振る舞いをきちんと把握することに長けた人物なのである。そんな彼を私たちは**首相**と呼んでいる。

彼は尊敬するほど家族思いの男で、彼の家族と親族にとってその存在はまさに神様の恵みであろう。彼は娘たちに対して無条件の愛情を抱いており、その愛は私が知る限り最も深い。彼の笑顔は思いやりに溢れ、監獄の中であっても父親としての本能を示し続けている。それは主に若い囚人たちへ向けられる。彼の優しさは無条件で惜しみない。まさに徳の高い男なのだ。

彼は特別な種類の人間である。例えば、チェスやバックギャモンで彼に勝った者は、そのことを申し訳なく感じてしまう。彼のような特別な人間が囚人たちが集まる場所に現れると、ほとんどの者はいつものように横になることも、彼の前に足を投げ出すこともしない。たいていの場合、このような人間がいる場では品のないことを言わないよう、みな気をつける。彼はとても高潔だが、彼のような人間が監獄に囚われていると面倒な側面もある。**首相**のいる前で行儀良く振る舞うのは、簡単ではないからだ。

彼のような人間が収容されていること自体、ある種の矛盾なのだ。混沌と衝突に満ちた監獄、いかなる集合的な責任や礼節、ほんの少しの道徳的秩序も存在しえないこの監獄にあっても、彼は日々の習慣と規則正しい行動を心がけている。**首相**のようにきっちりとして、自分に課した規律を守ろうとする者の存在が疎ましがられるのは時間の問題だ。人々は尊敬を集める聡明な彼に耐えられなくなる。教育を受けた規律正しい**首相**にうんざりした囚人たちは、若い囚人と連(つる)むようになっていく。

首相の顔には深い皺が刻まれている。これまでの人生で経験した数知れぬ苦労が表れているのだろう。その肌と体格を見れば、彼が恵まれた暮らしを送ってきたことは明らかだ。だからこそ、その皺が不釣り合いに見える。顔の皺は、本人がどうすることもできない出来事をいくつも経験してきたことを物語っている。皺は意図せずに、気づかぬうちに刻まれたのだ。彼は人生で築き上げたもののすべてを失った。自力ではどうすることもできなかったのだ。その転落が、彼のような地位の者にとっては想像もできないような危険な旅路へと彼を追いやった。彼という人物と、苦難に満ちた海を越える冒険を耐え抜くのに必要な性質とは、あまりにもかけ離れている。

過酷な監獄の中の人格者。**首相**とマヌス監獄は対極にある存在だ。

彼は今、食べ物を手にするために何時間も列に並ばなければならない。ただトイレに行くためだけに、相当な苦労に耐えなければならない。これまで**首相**と共に働いてきた者たちはみな、彼のように尊敬される人物がだぶだぶの服を着てトイレの列に並んでいることを、簡単には理解できないに違いない。過去には自らの従業員たちの尊敬を集めた人物とこの光景を結び付けるのは、容易ではない。しかしこれが彼の娘たちが向き合わなければならない現実なのだ。自分たちの父親がマヌス監獄にいるという現実。娘たちの父親への愛はいつも、彼がいた名誉ある地位に結び付いていたものだったのに。

彼は自分が周囲の者たちと相容れないと感じているのかもしれない。彼の部屋のすぐ反対側には**男娼のメイサム**がいる。この二人の性格は全く正反対だ。それでも**首相**は、実際は失敗した経営者であるにもかかわらず、今でも上に立つ者の風格や威厳を失っていない。そうしたイメージを保っているからこそ、**男娼のメイサム**でさえ彼を尊敬している。

首相は高名な人物で、難民となるようなタイプには見えない。まるで何かの間違いでマヌス監獄に現れたかのようだ。この誉れ高き**首相**は恥ずかしがり屋で、腸が弱く、いつも決まった時間に排便しなければならない。時には彼は、これまでしてきたように綿密に計算して計画を立て、二日分を一度に出すこともある。彼の排泄習慣は巧みに計算されていて、周りの物事の細かいところにまで注意を向けている。だがそのような規律正しく訓練された人であっても、計算ミスをして、最後には八方ふさがりになって身動きできなくなることもある。あたかもロッククライマーが岩壁に取り残され、ほんの少し身じろぎするだけでも落下してしまうかのように。囚人たちでトイレが混雑し、おまけに暑くて、緊張感が最高潮にあるような日に限って、そんな窮地が訪れるかもしれない。そして実際そういうことは起きるものだ。我らの高潔なリーダーである**首相**が、そのジレンマと対峙することになるのだ。それは誰よりも尊敬を集めてきた者にとって、最悪の事態だ。

個室の中に空の水のボトルと排泄物が山のように積み上がっているまさにその時に、彼はトイレに行かねばならなくなった。水道の復旧を願いながら、何人もの囚人たちが壁沿いに立っている。我らの**首相**の前にはいくつもの問題が待ち構えていた。トイレを見つめる何十もの目がある中で、個室の一つに入ることは難しい。仮にそれでもトイレに入ったとして、腹の中のものを出す場所はもうどこにも残されていない。腸の状態がかなり追い詰められていた彼は、傷ついた獣のように取り乱していた。おそらくあの時、彼は自分の計算し尽くされた計画を呪っていたに違いない。あの個室に行く回数を減らすため、二日間は我慢していたのだろう。ところが、もうこれ以上我慢できなくなったまさにその時に、水道が止まってしまった。その前に食べ過ぎていたのかもしれないし、傷んだ水を飲んで腹を下していたのかもしれない。だがそんなことは、今はどうだっていい。理由がどうであれ、彼の状況が変わるわけではないのだから。大事なのは、我らの尊ぶべき賢者である**首相**が用を足し、そして誰にも見つからずにズボンを上げることだ。監獄は人が多く、あまりにも混雑していて、場所によっては目も当てられないほどで、全く礼儀作法も何もあったものではない。我らが**首相**は、その機会を逃すわけにはいかなかった。そして、監獄の中で誰も来ない場所を探し回った挙げ句の果てに、彼はその機会を逃してしまう。

　この出来事のすべてを、**男娼のメイサム**が後になって大げさに誇張して、ほかの囚人たちに話していた。尊ぶべき**首相**が首を切られたニワトリのように慌てふためき、あちこちを駆けずりまわっている間ずっと、**男娼のメイサム**は彼の後をつけまわしていたのだ。**男娼のメイサム**のような人間は、こういう時にはいつも異常なほどの直感を発揮する。監獄が混乱に陥っている時、**男娼のメイサム**は最も劇的で、できるだけユニークな話題を探そうとする。この時の彼が見つけたネタは、みなの尊敬を集める**首相**が人目につかない場所で排便することだった。**男娼のメイサム**がこの追跡ゲームを心ゆくまで楽しんだことは間違いない。持ち得る才能を駆使してほかの囚人たちにその光景を説明している彼を見れば明らかだ。興奮して涙を流して笑っている。

男娼のメイサムの話では、我らの名高い賢者は貯水タンクの裏側にようやく場所を見つけ、いかなる道徳も気にせず、いかなる社会的な慣習も一時的に忘れ去り、今までの自分自身をかなぐり捨てると、ズボンを下ろして黒く悪臭を放つ糞を二つ出した。**男娼のメイサム**はその光景を細部にいたるまで熱心に語り、大便の色までも言葉にする。それを座って聞いていた囚人たちは不快感を抱いている。その場の雰囲気には、恥ずかしさや嘲笑、それに屈辱感が混じっている。人を笑い者にする話に我慢できず、腹を立ててその場から出て行く者もいる。しかしそれ以外の者たちは特に腹も立てず、**男娼のメイサム**を止めることもしない。敬意は憐れみに取って代わるが、話を聞いた囚人たちはその光景を想像せずにはいられない。その話が面白いので、良くないことはわかっていても、そのことには目をつむっている。

首相の名声は粉々に砕かれてしまった。まるで地面に横たえられた彼の死体をみなが踏みつけ、蹴り飛ばすかのようだ。だが実際には、深い屈辱感に打ちのめされ、自尊心を傷つける不名誉を被るのは、教育を受けた模範的な人間に限られない。再び、**男娼のメイサム**は、監獄の苦痛を映す鏡となる。皮肉と笑いの仮面に隠れて、耐えがたく屈辱的な現実から、囚人たちは目を背けようとしている。**男娼のメイサム**の人を貶める馬鹿げた話にすがりつくしか、彼らには逃げ場がないのだ。それがおそらく屈辱感に抗うための、最も簡単な方法なのだ。

程度の違いこそあれ、囚人たちは自分たちが哀れで蔑まれるべき存在であることを受け入れなければならない。それが囚人のために作られたシステムの一面なのだ。「キリアーカル・システム」の目的は、人間としての思いやりを示す権利を誰にも認めないことである。それは我らの尊い友人である**首相**のような人間の性格とは対照的である。このシステムの下では囚人たちはある種のマゾヒズムを覚え、屈辱感の中に喜びを感じるようになる。**男娼のメイサム**と一緒になって高潔な思想家である**首相**を馬鹿にしているが、実際は「キリアーカル・システム」の望むとおりに振る舞うことで、同時に自分たちさえも貶めているのだ。囚人たちは、あの気高い**首相**の砕け散ったイメージと無意識のうちに同一化している。他者の中に自身の姿を想像してみるのだ。つまり、嘲りと冗談は屈辱と恥辱と表裏一体なのである。一方で彼らは、みなに尊敬される者の名誉を傷つけることに解放感を感じている。だが**男娼のメイサム**のふざけた行為と言葉は、大切な何かを破壊する。自分たちが今感じていることを十分に理解しないまま、囚人たちは彼が台無しにしたものの中に、さらに多くの楽しみを見つけようとする。彼らは、あの栄誉ある**首相**を見かけるたびに彼に敬意を払うことや、彼がいるところでは発言に気をつけなければならないことに疲れてしまったのだ。

男娼のメイサムに背中を押され、囚人たちは死体を蹴りつける。長い間従順な者を演じさせられてきたことへの、そして彼らの社会関係に表面的な礼儀正しさを持ち込んだことへの仕返しとばかりに。我らの重要な知識人である**首相**と彼の振る舞いは、正しさを具現化したものであり、だからこそ彼らはそれを破壊しなければならなかったのだ。囚人たちは一つの法体系しか受け入れられない。それは「キリアーカル・システム」であり、ほかのものはすべて排除される。監獄の魂は、その外側にある社会の倫理規範など許容できない。規範は端に追いやられる。それを奪い去ったのは**男娼のメイサム**だ。

男娼のメイサムは、社会的約束事を統制していた障壁をすべて引き裂いてしまった。疲れ切った囚人たちにとって、それは新鮮な空気であった。数ヶ月過ぎると、監獄では一つの原則が出来上がる。それは、囚人がどこから来たのか、何をして暮らしてきたのか、社会的地位、年齢などはここでは全く関係ないというものだ。この環境での生活においては誰であれ等しいというのが、マヌス監獄の社会的集団力学だった。最後には、すべての者が一つの社会的地位に還元されることになるのだ。

監獄は反復と均質さを常とする場所であり、日々繰り返されるものからほんの少し逸脱することも、施設内の噂話のネタになる。あっという間に言葉は監獄中を駆けめぐり、隣の監獄の者さえそれを耳にする。ニュースに耳を傾けることは、時間を潰す最適の方法だ。特に我らの誠実な首相のように規律正しく高潔な者が関わっている場合、ニュースは獄中を光のような速さで広がっていくだろう。

いつもなら首相がトイレに行くのを誰も見かけることはないのだが、この日は今までにはない新たな物語が生まれた。そしてこの物語は、いつもは単調でつまらない獄中に広まっていったのである。

囚人たちは、あの尊ぶべき首相が彼自身の規律だけでなく、これまで監獄内で築いてきた地位をも汚しているのだと考える。この出来事が首相に与えられた社会的地位とあまりにもかけ離れていたがために、彼らは徳の高い首相が監獄の大部分を肥溜に変えようとしているのだと思ったのである。翌日の彼は悪臭を放つ汚い沼でカエルどもと闘うヒキガエルに見えた。

二週間後、あるニュースが爆弾のように監獄に衝撃を与える。優しく穏やかな首相がこの監獄を去ったのだ。彼は自らオスカー監獄への移動を申し出たらしく、管理者たちがそれを認めたことにみな驚いた。そんなことはこの時以外、後にも先にもなかった。そしてオスカー監獄で短期間過ごした後、ある日の朝早く彼は監獄から出て行った。誰にも別れを告げず、そこで仲良くなった若者たちにさえ黙ったまま。彼は帰国しなければならなかった。送還を受け入れるしかなかった。家族が危険な状況にあり、彼なしでは生き延びることもできず、助けを求めているとのことだった。係官の一人が笑顔で私たちにそのニュースを伝え、首相はその場を離れる直前、自分の娘たちのところへ帰りたいと言ったのだと告げる。

――＊――

マヌス監獄に来ることになっている弁護士たちからはまだ何も連絡がない。だが、あるオーストラリア人が囚人の一人に弁護士も法廷での公聴も必要なくなると伝えた。囚人たちは二ヶ月もしないうちに解放されるだろうとその男は言ったのだ。それを知った囚人たちの間を喜びが波となって駆けめぐる。

フォックス監獄の西側にあるフェンスの裏のジャングルが切り開かれ、太陽の暑さの下で作業員たちが働き続けている。シャベルとツルハシで、土地は真っ平らにされたようだ。反対側では作業員たちが大声を出して白い大きな金属のコンテナの位置を変え、空き地に移動させている。一体、何を建てているのだろうか？　係官たちの寮かもしれない。滑走路かもしれない。あるいは……

第八章

列という名の拷問——マヌス監獄の論理／幸福な牛

ねじれて絡み合う空腹の男たちの鎖
灼熱の太陽の下で身体は突然変異し
頭部は太陽で熱せられたオーブンの中で
見るも無残な変形を遂げていく
背丈も体重も年齢も肌の色もまちまちの男たちの長い列。

監獄の一日は、長い列——人々が押し合いへし合いする列の騒がしさと共に始まる。早朝から空腹の囚人たちが汗でべとつくベッドから飛び出し、食卓のあるテントに蜂のように群がる。このことが証明しているのは、空腹と言っても、実際は飢えだということだ。夕食が終わってしまえば、残り物を見つけることなどできない。夜という死の時間は、飢えの匂いが監獄全体に漂う。食堂からジャガイモ一つ持ち出すことはできない。食べることができるものは何であれ、テントの中で、その場で食さねばならない。後にも先にも、それが胃袋を満たすチャンスなのだ。胃袋は理性からその役目を引き継ぎ、全権委任を受けて身体を支配する。

食事のテントの前には、常に二、三人の厳格で頭が空っぽのＧ４Ｓの看守が立っている。彼らは職務質問するように、テントを出る者たち全員に視線を集中させる。ポケットにわずかな膨らみがあれば、看守はパプア人に囚人たちの身体検査をするよう命じる。これが囚人たちの身体を完全に管理する戦略の一部である。パプア人はポケット、下肢、胴体、脇とすべての身体検査をして、何もないことを確認すると頭を横に振る。この検査で、ジャガイモ一つ、あるいは潰れた肉片が見つかることがある。パプア人たちは何かを見つけると、まるでゴミ箱から取り出すようにそれを取り出す。Ｇ４Ｓのオーストラリア人看守は、囚人に繰り返し伝える。「食べ物を持ち出すことは、規則違反だ」と。

若者たちが何時間も太陽の下で立たされ、汚れた粗悪な食べ物のために並ばされる。肉はまるで車のタイヤのようだ。調理の仕方が悪いので噛みちぎるのに苦労する。

囚人たちは、テントの前にできた列の先頭には二、三人のＧ４Ｓ看守の男たちが椅子に座っていて、食堂に五人一組で入るよう命令することを知っている。これがマヌス監獄の支配の論理である。

支配の方法――五人が食堂から出れば、次の五人が入れる。囚人は、食事を取り終わった五人がテントを離れるまで待たねばならない。このルールのおかげで、看守は指一本で次の五人を統制することができる。私たちはまるで紐につなげられた操り人形のように指の動きに合わせて動くのである。すべての思考が、規格化されたプロセス、「家畜化のプロセス」の中に組み込まれている。

看守自身は、自分の指の上げ下ろしから腰の下ろし方まで、何一つ自主性や管理権を持たされていない。細かなことまでが管理されており、機能的である。監獄は備品の量や時間の制限を規則化している。完璧なまでに機能的で規範的なプロセスが構築されてきたのだ。

五人の論理
五人組の後に五人組が続く
看守が五人を外へ誘導すると
次の五人の番が来る
五人を指し示す自動化された指信号
新たな五人が入ってきて
五人一組で入れ替わる
列の先頭に置かれた五脚の椅子に座っている五人が入る
五という数字
五脚の椅子
列の先頭に用意された五脚の椅子
残りの者たちは列に立って待っている
すべてが五という数字に還元される。

時々、入室を許可する係官は、一本の指の合図の代わりに、五本の指で合図をする。

人間の主体性は、数字の五によって統制されている。

列は工場の生産ラインを模している。完全なる規律。計算され、正確である。列の最後尾までが第一工程だ。だが、列は日除けに覆われ、一体どこまで続いているのかわからない。列は、スリランカ人が暮らす部屋の後ろで曲がっている。列の曲がり角に到達するには少なくとも三〇分はかかり、そこまで到達すると、その列がさらに三〇メートル延びていることに気づく。

胃袋を満たした五人
テントを出る五人
繰り返される五の論理。

列は灼熱地獄の発掘現場や露天採掘穴で運搬車が連なっているようだ。荷台が空の運搬車が、荷を積んで出て行く。

曲がり角で、空腹の囚人たちは、対照的な感情が交じり合うのを体験する。喜びと痛み、希望と絶望。曲がり角に到達することは一つの達成だが、その後、囚人は日陰の避難場所を離れ、灼熱の太陽に晒された場所へと入る。これは太陽と対峙することを意味する。太陽の刺すような光線が細胞を貫通する。それは何千もの熱い針が、相互につながった何千もの地点に刺さるようなものだ。曲がり角からその先の列を見ると、まだ耐えねばならない困難な道のりがあることに気づく。

だが、曲がり角に到着すると、少しの祝賀の気持ちと少しの希望の気持ちが湧いてくる。とにかくここまで来たんだと思い、少なくとも曲がり角の段階は過ぎたことに気づく。彼は食べ物に一段階近づいたのである。前方には三〇メートルの旅路があるが、囚人にはいかなる選択肢もない。ただ壁にへばりついて進むのみだ。

列は炎天下、壁に沿ってできる。灼熱の無慈悲な太陽の下に。だが、中肉中背の人の肩を覆うくらいの小さな張り出しがある。その張り出しが囚人たちの頭を覆う細い陰を作り出すので、彼らは壁にできるだけ近づくことで太陽の熱から身を守らざるを得ない。この場から少しでも動けば、太陽は彼らの剝き出しの頭と首に降り注ぐだろう。肩の一部は陰の外にはみ出て、直接に太陽の光に晒されている。

問題はここで終わらない。と言うのも、列は地上から五〇センチのところに設置された三〇センチの幅のコンクリートの表面を覆うように作られているからだ。それは、高く張り出した階段のように見えるのだが、囚人たちはその張り出しに登り、壁にへばりつくようにして立っている。幅三〇センチ、高さ五〇センチの張り出しの上に立つ男たちの群れ。灼熱の太陽に対する恐怖から、彼らはわずかな日陰を求めてよじ登る。そのために、列はここだけほかの箇所よりもまっすぐになっている。収容所の別の場所で並ぶ時、列は鎖のように弛んで、小さく曲がっていたり、大きく曲がっていたりする。しかし、列のこの部分は直線だ。この列は締め付けるかのように窮屈でもある。食事にありつきたいという思いが人々を最前列へと駆り立て、ひどく空腹な者は、本能の赴くままに反応するからだ。ほかの列に比べると、食事の列に並ぶ体は互いに接木のように密着して結び付けられる。

人間の群れが壁にへばりつく
人間の群れが壁に埋め込まれる
監獄の列の光景は明らかな剝き出しの拷問の増強版。

列全体を二、三人のG４S看守が監視している。このG４Sの看守は、最前列やテント内でほかの職務を担う者たちとは明らかに違うのでとても目立っている。彼らは列の反対側にある二つの貯水タンクの影に立っている。彼らは壁に埋め込まれた列を注視する以外に何もしない。本当に何もしないのだ。彼らがそこにいる目的は単純である。それは、列に支配者がいることを告げることである。彼らは羊の群れを誘導の必要などない歴然たる道へと導く羊飼いのようである。その道では、羊たちは何があってもついて来る。時々看守は、小さなパッドにメモを取る。おそらく習慣からくるものだろう。または、トランシーバーで会話する。しかし、彼らの行動は比較的親切なこともある。例えば、看守の一人が食堂からボトル入りの飲料水の箱を運んできて、列の隣に置く時がある。ただし、そのボトルの水は、腹を壊しそうなほどぬるくなってしまっている。

同時に、私たちの中には、肉片に飛び掛かり盗もうとする野良犬のような人間が常にいる。彼らはタンクの後ろから列の前の方へ横入りしようとする。このある種、巧みと言ってもよい横入りを可能にする鋭い感覚を持っており、ほとんど誰もが気づかない時を見計らって、それを実行できる的確なタイミングを知っている。気づく者はいるかもしれないが、彼らの動きはあまりに素早いので、列の最後尾の者が彼らに気づいて犯人を覚えておいて後で思い出したりするのは不可能だ。横入りの方向は計算し尽くされている。顔はわからないように実行される。列の最後尾からまるで怪人のように現れるのだ。瞬く間に通り過ぎる黒い影のように。

横入りは列の前方で起こる。まるで梯子の段を飛び上るかのようだ。横入りが成功すると、実行者は何事もなかったかのように立っている。肩も顔も列に並ぶほかの囚人と同じように見える。これは完全な詐欺だ。芸術的技巧と言ってもいい。

言葉で単純に騙す者と、ありとあらゆる手を使って説得力を持たせることで人を騙す者との間には、大きな違いがある。後者は印象付けるために体全体を使って騙そうとする。例えば、「俺はひどく疲れているんだ」「太陽のくそったれ」もしくは「何て長い列だ」「ああ、もううんざりだ。俺はこの列で気が遠くなるほど長く待っているんだぞ」とでも言うように、それらしい印象を体で与えるのだ。

彼らのやり口はとても巧妙で、彼らと太陽の下で長時間立っているほかの囚人とを見分けることは極めて難しい。また、彼らを列から切り離そうとすると、物理的な争いが起きる。彼らは言葉による抗議には反応しないので、誰かが前列まで近づいて彼らを特定した後に、殴るか蹴るかして列から追い出す必要がある。長時間列に並んで、疲れ切っている囚人にとって、こんなことに関わると倍のエネルギーを消費するはめになる。だが、時に取っ組み合いの喧嘩になることもある。

興味深いのは、ほとんどのいざこざがG4Sの看守の介入なしに終わることである。多少罵り合ったり、軽い蹴りや殴打を加えたりするが、それも二、三分ほどで終結する。

注目すべきは、違反者自身も自分が怠惰な未熟者であること、決して褒められたものではない幼稚な人間であることを受け入れている点である。

子どもっぽく振る舞うことは、食べ物を手っ取り早く手に入れる方法である。けれども見習うべき全うなやり方で食べ物を得ようとする囚人もいる。こうした連中は、食べ物が配給される数時間前から列に並んで待っている。彼らは列の先頭、列の最前列を占めている。このでかいケツをした連中がほかの囚人と比べて唯一優れている点は、硬い椅子に座るか、炎天下に立って、動くことなく何時間も待ち続けられる能力である。彼らは鉄の神経を持ち、ラバのように無頓着だ。

全く信じがたい。どうすれば人間は一所（ひとところ）を離れずに何時間も我慢できるのだろうか。寸分も動くことなく、同じ場所にとどまることができるのだろうか。このような輩（やから）を見ると、私はいつも家畜化された動物の特徴を思い出す。奇妙なことに彼らの姿が大食いの家畜動物に結び付いてしまうのだ。彼らの特性は、ラバが持つ特性を映し出す。その特性は顔中に見られ、高潔さや威厳は見当たらない。牛だ。まさに貪欲で大食漢の牛だ。ヒルだ。ヒルのごとく吸い付く。本物の物乞いのように振る舞う。

私は監獄の中で彼らの存在を快く思ったことがない。前に並んでいるのを目にすると、暴力を振るいたくなる。もし腕力に自信があれば、列の前まで行って、彼らに殴りかかるに違いない。戦うことを怖がっているわけではない。決してそうではない。争う価値がないだけのことだ。それに私はこの問題を解決したり、奴らをこてんぱんに打ち負かしてやると豪語するだけの強さを持ち合わせていない。

その代わりに私は筋骨隆々の強そうな男を空想してみる。その男は、平然と落ち着き払って列の前へ歩み出て、裁きを行うとみなに告げる。最前列にいる囚人も含めて、その場にいる男たちは興味津々で男を見つめる。

こうした振る舞いは、並んでいる囚人のためではない。また**ラバ**たちのためですらない。それはタンクの日陰に立つ係官の注意を引くことを意図した振る舞いなのだ。彼らは一丸となって近づいて来て、熱心にその一部始終を見る。私は、これ見よがしに前列へと歩み出す迫力に満ちた男の姿を想像する。その男のもったいぶった歩き方は、見物人の興味を強く惹き付ける。彼が前列に近づくと、**ラバ**たちは困惑してその男を凝視する。

タンクのそばの係官たちは、自分たちが攻撃の対象でないとわかると、安心して気持ちが緩み、手も緩む。だが、囚人の目は筋骨隆々の男に釘付けだ。突然、彼は最前列の男の首を掴み、その男を地面から持ち上げる。さらに綿密に計算された蹴りを食らわし、最初の**ラバ**をタンクの後ろ側に弾き飛ばす。その男は整然と列の中の**ラバ**たちを一人、また一人と追い出していく……

しかしこれは、空腹の腹が私に思い描かせる単なる妄想だ。私はそのような強い男ではない。ほかの男たちの方がずっと強いことも知っている。彼らは私からすべてを奪った泥棒だ。時に、私の想像力は彼らをライオンにすることさえある。その一方で、私は残り物にありつけるのを待つ弱く卑しい狐である。

これが現状だ。このシステムでは人よりも少しでも早く食堂に入ることができる者が、より好ましい食べ物を食すことができ、時折少量の果物にも与（あずか）ることができるようになっているのだ。しかし、列の最後尾の者には、ほとんど何も残されていはいない。厨房の調理担当者たちは主任料理長からの説明に従う。

まず彼らは、食堂に入って来る最初の囚人のために、果物が盛られたトレイと美しく装飾されたケーキのボックスを開く。初めの組が食堂を離れるとケーキがなくなり、果物だけが配膳される。時間が経つにつれ、良質の果物が質の悪い物に入れ替わり、その質はだんだん悪くなる。最後に、列後半の者たちには、海水を使用して料理されたような黒い肉の切れ端とご飯粒しか残らない。

列は主体性を持ち、何かを生み出す。この監獄ではより卑劣で残忍な振る舞いができる者がより快適な暮らしができる。監獄での収容期間が長くなるにつれて、この種の公平性は原理原則へと姿を変え、ますます多くの囚人が、最前列の少数者の文化に自分たちを合わせようとする。

本当は、調理担当者たちは、全員にケーキが行き渡るような方法で配膳できるはずだ。または少なくとも、最初のグループにいくらか、最後のグループにいくらかを取り置きすることも可能だろう。また、列半ばのグループにいくらかを取り置きすることだってできるだろう。そして、例えばケーキを列の前方の人たちに、果物を列の後方の人たちに割り当てることもできる。その逆もありうるだろう。いっそのこと、誰にも配慮しなければ、みんなにとって同じ状況となる。もしくは、数日間は列の前方に、次の数日間は列の後方に食べ物を取り置くこともできるだろう。おそらく、最も公平なのは、誰が何を得るのかを決めないことだろう。しかし、そんな風に事は運ばない。最高の食材は常に、最初に配膳される。その恩恵を受けるのが、まさにラバたちなのだ。

スタッフを増員して、調理担当者たちは食べ物の配給を速くすることも可能だ。または、もしも彼らがそのようにしたくないのであれば、少なくとも彼らはもう一つテントを設置することもできる。そうすれば、列に並ぶことは今と比べるとそれほど苦痛ではなくなるだろう。それにもかかわらず、この監獄のシステムは食べ物を望む誰もが苦しまなければならないというものなのだ。

私のような者は、常にテントに入るのが最後で、何ヶ月も、果物やデザートにありつけないでいる。そこでは私はただの弱虫な狐である。これがぴったりな表現だ。本当に。

ただの弱虫な狐
列をじっと見つめる
遠くから
列をじっと見つめる
何度も何度も
これでもかと言うくらい。

私は監獄を一周し、もう一度その列をじっと見つめ、最後に、数回行き来した後で、列の最後尾に落ち着く。列に並ぶ人数ははけて短くなっている。私は食べられるものは何でも食べて胃袋を満たし、その後に煙草を吸う。

飢えとはドリルのようなものだ
それは胃袋の中を掘り進み
さらに精神を掘り進み
全神経を掘り進む
掘り進んで穴を開けながら
どこまでも掘り進んでいく。

最近、自分が疲弊していることに気づく。体中の細胞すべてが疲弊している。時々、どうして私の脳は甘いものを得るために力を振り絞るように命じないのかと疑問に思う。私の体はデザートを渇望している。甘いものが欲しい。

極度の空腹と飢えで、視力を失った者
目は血管が膨れ上がった二つの紫の球体となり
視覚は不透明で
黒っぽく見える
骸骨になった自分を想像する
私は骸骨
さまよう骸骨
弱々しい歩みで
私は囚人の集団を想像する
列の前方に立つ囚人の集団
肉付きの良い集団
腹の満たされた集団
私には理解できない集団
いつも口を開けている人間たちの集団。

——＊——

争いが起こる。しかし争いは常に牛として知られる男の一人勝ちで終わる。この男はいつも最初に食堂に入るので、こんなニックネームが付いた。彼は三十代くらいで、頭は年老いたハイエナの頭蓋骨のように大きく、首は栗の木のざらざらした切株のように短い。そして平たくて長細い扇情的な目をしている。彼は抑圧された性欲を胃へ、さらには口へと転嫁する。彼は牛というニックネームを嫌がらず、むしろ誇らしく受け入れている。彼は抵抗の意思を少しも表さない。

私たちの中には、早起きして、トイレのある建物にちょっとだけ立ち寄った後、まっすぐ列に向かう者がいる。すると彼はもう最初の椅子に腰掛けている。腕を組み、大人しく腰掛け、そこから動かずに何時間もただ前方をじっと見つめている。ほかの囚人は、ばらばらの時間にゆっくりとのんびりやって来て、彼の後に並ぶ椅子に腰掛ける。列の最初の椅子は、彼のためだけに予約されている。ほかの囚人同士による椅子の争奪戦に彼は無関係だ。彼はこの列を超越した存在のようである。毎日、同じ時刻に彼は待っている。体に合っていないおかしな服を着て、いつもの椅子に何時間も腰掛けている。大きなトルソーのように、食事の時間を告げる料理人の声と、鍋蓋が開く音を聞くためだけにそこで何時間も待っている。

係官が命令すると列が動き始める。牛も動き出し、食堂へと押し入っていく。毎日、彼は一番乗りの記録を保持している。料理人の動きや食べ物が入った鍋の到着に神経を注ぎながら、G４Sの看守らが配備に着くのを観察する。朝食をがつがつ食べ、数時間後には同じ場所に再び現れる。この食事の儀式は、同様のやり方で夕食の時にも繰り返される。この男の存在とすさまじい食欲は人々を当惑させる。だが彼は開き直って、ほかの囚人からの軽蔑的な視線に耐える。彼の一日の行動計画は揺るがない。

時が経つにつれ、誰もが牛の存在に慣れ、その地位を認める。日課を維持する彼の忍耐強さや決意、さらには頑固さ、そして誹謗中傷にも頑として動じない態度は、彼の評判をより高め、人気をも高めることとなる。彼がいればどこでも、囚人らは反応がないと知っていても、彼を挑発し嘲り笑う。牛は傷つく風でもなければ、暴力的に振る舞うこともない。囚人たちが調子に乗って彼を馬鹿にすることができるように、周りに合わせるふりさえする。実際彼は、自分がからかわれることで喜びを感じているように見える。自分を非難する言葉が失礼で軽蔑的であればあるほど、彼は誇りを感じるようだ。これがこの男を牛と呼ぶ理由だ。彼を牛と呼ぶことに私は少しのためらいも後ろめたさも感じない。彼はその役割を受け入れているように思えるからだ。

彼の振る舞いは、監獄のほかの場所でもなかなかの見ものだ。裸の体にタオルを巻きつけた彼は、浴室の個室の周りをゆっくりと歩く。足は太く毛が薄い。彼の下肢は独特の光沢を放っている。寒さに怯える真冬のヒキガエルのように、彼は居心地の良い場所を探し求める。恐怖と緊張が格闘しているかのような不信感を目に浮かべながら、彼は訝しげに辺りを見渡す。まるで盲目のネズミのように素早く俊敏な行動を取ることもある。どんな匂いであれ、どんな場所であれ、自分が気に入ったものがあれば、どこにでも彼は現れる。彼は説明のできない欠陥、実存の空虚さを埋めようとする無意識との格闘に苦しんでいるのだろうか。それはまるで実存の空虚さが、思考する第二の器官に集中しているかのようなのだ。すなわち巨大な彼の胃袋に。

ぶらぶらと歩きながら、彼はいつも衣類が詰め込まれた洗濯桶を脇に抱えている。監獄には洗濯機がないので、囚人はプラスチックの洗濯桶で衣類を洗わなければならない。浴室の横に点在するコンクリートの場所は、小さなプールのようになっていて、洗濯するのに適している。囚人たちは人でごった返す中で服を洗い、それらを金属製の手すりにかけて干す。列に並んで待てば、週に一度、洗濯用洗剤をもらえる。

牛は朝食を済ませると、洗濯桶とお馴染みのタオルを持ってホールの端から出て行く。彼は浴室に向かってスリッパで床を擦るように歩き出す。その様はうたた寝をしていた夜警が突然の物音に飛び起きて、仕方なくドアを開けに行くかのようだ。朝のしかめっ面は、彼の日焼けした顔の皺を際立たせる。彼はシャワーを浴びている最中に無理やり押し出されたかのように歩く。浴室に近づくと、彼は立ち止まって全方位を見渡す。そして最初の個室が空いていることを確認する。通常、そこは最も汚い。まるで盲目のネズミが隅から隅まで匂いを嗅ぐように、彼は浴室中を点検する。そして罵り始め、やがて大きな喚き声を上げる。彼はそこにいる者に自分が待っていることを知らせると、お目当ての個室が空になったところでそこに入る。

牛が個室に入るまでに時間がかかるのは、混んでいるからだろうか？　それとも、清潔な個室を探しているからだろうか？　そのどちらでもない。牛にとって、体を洗う場所にさしたる違いはない。彼にとって、重要なことはただ一つ。すべての囚人に、彼がシャワーを浴びたいという事実に気づいてほしいのである。すべての囚人に彼が原因で生まれる不便さを経験させたいのである。すべての囚人に彼がそこに存在していることを知らせたいのである。彼は他者をうんざりさせることで、自分の存在意義を見い出しているようだ。

しばらくの間、彼は小さな個室の一つに姿を消す。シャワーを利用したい者から早く出てほしいと言う抗議の声が増す。すると彼は全く異なった様相で出てくる。薄いあご髭と口髭で新しいスタイルを生み出していることもある。彼のような者は、監獄では手に入れるのは難しい剃刀のような支給の生活必需品に事欠くことはない。彼が常に持っている洗濯桶でさえ、ここでは貴重品だ。彼と少数の囚人だけがそうした支給品を得るための長い列に耐え抜くことができるからである。ドアを開けると、彼は笑い声を上げる。ほんの少し前までドアを叩いていた囚人は、喜劇の舞台に登場するかのように現れた外観の人物と遭遇することになる。囚人たちは軽快に応答する。しばらくの間、彼らは楽しそうに牛と挨拶を交わし、できる限り下品な感じで彼の新しいスタイルについて感想を言う。誰もが彼の最新のスタイルに対して面白おかしく感想を述べ合い、それをみんなで共有するのだ。

たいていの場合、牛は口髭のデザインを変える。彼の長くて細い口髭は、ちょうど炭の袋から顔を持ち上げた都会の野良猫の口髭のようなこともある。先が尖った滑らかな口髭が、平らで丸い顔の上に広がっている。滑稽な組み合わせだ。このような取るに足らない行動を繰り返しながら、彼は自分の重要な役割を忘れることはない。彼は、列のリーダーなのだ。

――＊――

ひょっとすると、私たちの多くが飢えと格闘している間に、牛は監獄での生活に耐えるための最善の知恵を会得しているのかもしれない。朝食、昼食、夕食といった三食の無意味な循環の中にある生活。一日の食事の時間は屈辱と結び付いている。特に、朝食は最も問題がある。夕食からの時間がとにかく長く、胃が収縮するほどだ。

毎晩、飢えの匂いが監獄の端から端まで循環する。飢えの匂いなどと言うと、作り話と思われるかもしれないが、嘘ではない。私は飢えには匂いがあると思う。それは、深いレベルで本能に関わる匂いだ。それは人間を野生の狼のように行動させる。人間は飢えると、馬のように大きな歯を別の人間の腹に食い込ませ、動物のように激しく貪り食うのだ。

ほかのどの食事に比べても朝食は歪なゲームである。ほとんどの場合、実際に食べる物は何もない。何一つ残っていないのである。二、三人の係官が椅子に腰掛けている。囚人の人数をチェックした後、彼らを広い場所に並べられた空のトレイの方へと誘導し、そこにはプロの調理服を着たシェフが配置されている。トレイに近づくと、食べ物は何もない。新たに準備される気配もない。トレイはきれいさっぱり空なのだ。囚人が、怒って手振りを交えながら空腹だと叫べば、丁寧な返答を受け取ることになる。「残念ながら、朝食はすべてなくなりました」と。囚人が怒り狂ってありったけの声で、ではなぜお前らはそこに立っているのかと叫ぶと、激怒した顔に向けて別の丁寧な回答が飛んでくる。「残念ながら、もう一時間ここに立っているように命じられています。申し訳ありませんが、私たちは課せられた義務を果たしているのです。なぜなのかは私たちにもわからないのですが」

この状況は、列の後ろの者たち、つまり列の最後尾にいる哀れで惨めな男たちにのみ影響を及ぼす。当惑した思いが囚人たちの心をかき乱す。牛と彼の友人たちが朝食を心ゆくまで堪能したことは間違いないのだ。朝食にありつけなかった囚人たちは不満を抱きながらその場を離れる。

時々、朝食にパンとピーナッツバターが出ることがある。これらが一緒に出されると、囚人たちはピーナッツバターをパンにつけ、それを飲み込もうとするのだが、喉に詰まってしまう。彼らは乾燥したパン生地の破片を食べようとする腹を空かせたニワトリのようだ。ピーナッツバターの油がパンと唾液と混ざると、それはちょうど接着剤のように引っ付く。一口で飲み込むのは至難の技である。

時々、調理担当者は囚人全員にグラス半分ほどの牛乳を注ぎ、少しばかり気前の良いところを見せることもある。彼らはとてもケチで計算高いので、小さなプラスチック製のコップにミルクを注ぐにも、真ん中の線を越えることがないように気をつけている。まるで、牛の乳しぼりをする村の女のようだ。彼はいくらかミルクを注ぎ、コップを持ち上げ、それを近くで確認し、注いだ量が「キリアーカル・システム」が決めた適正レベルを下回っていると結論付けた場合に限って、少しずつミルクを注ぎ足す。調理担当者は、毎回一度でコップの半分ちょうどまでミルクを注ぐことができるまでに腕を上げている。もしも調理担当者が誤ってミルクをコップの半分以上まで注いでしまうと、そのコップは脇へやられ、より正確にミルクを注いだ別のコップが準備される。

私は、少し注ぎすぎたミルクのコップをどのように処理してよいのか彼がわからないことに驚きを隠せない。例えば、余分なミルクを別のコップや容器になぜ移さないのだろうか。こんな馬鹿げたやり方のために朝食が終わるまでに、ミルクが多く入ったコップがいくつかカウンターの端に積まれている。そして勤務の終わり間際に、調理担当者は規定以上の量が注がれたミルクをすべて捨てる。牛乳を捨てる時に調理担当者が実践しようとする正確さにも、特定の法則がある。係官が料理人の横に立つ。料理人が、ミルクが真ん中の線を上回って注がれたコップを作り出さないように確認するのが彼の義務だ。これには困惑してしまう。係官は、ミルクが薬用あるいは化学的なものであるかのように注意深く扱いながら、この義務を遂行する。

しかし、このシナリオの理解は突然覆される。稀に調理担当者の寛大さが最高潮に達することがある。そんな時、彼らは囚人全員にコップ一杯のミルクを注いで配る。つまり、通常の量のちょうど二倍のミルクを配るのだ。または彼らはコップの四分の一のミルクしか注がないこともある。どんな場合でも、調理担当者は規定量よりも一滴も多く、または少なくミルクを注がないよう注意して、正確に業務を遂行する。この作業が行われるのを見ながら、囚人はこの白い物質が一度に注がれていると、本物のミルクだとわかって安心する。今、目の前でコップ一杯ミルクが注がれるのを見たからには、何か人工物が混入していたり、ミルクでないものであったりするおそれはなくなるからだ。

囚人もこの問題に取り憑かれている。つまり、そのコップはミルクで満たされているのか、それとも半分がミルクで半分が薬物なのか？　すべてのコップに入っているのはただのミルクなのか？　一杯入っているコップ、半分入っているコップ、四分の一入っているコップ、そのどれもがミルクではないのか？　これは何を意味しているのだろうか？　彼らがコップ一杯に注ごうが、半分まで注ごうが、それとも四分の一まで注ごうが、いずれにしても言えることはただ一つだ。この作業が調理担当者と、彼らが職務を果たすよう、立ち会って事細かに監視する係官の細心の注意によって行われているということである。

これにより、囚人たちは、どうして完全な管理がフルーツジュースのようなほかの飲み物では実施されないのかとひどく困惑させられることになる。ほかの飲み物の場合には——例えばフルーツジュースが与えられる際は常にコップ一杯に注がれるほど——規則的で日常的なのに。調理担当者は、自分の行いに注意を払うことなく、何も考えずにこの仕事をする。自宅で家事をこなす人のように、麗らかな春の日の朝、連れ合いのグラスにフルーツジュースを注いでやるように。

もう一つの違いにも注目しておこう。調理担当者が振る舞うフルーツジュースは温かいことも冷たいこともあるということだ。これは囚人にとってかなり重要なことだ。なぜなら監獄では冷水機はなく、暑い日でも、彼らは一日中ぬるま湯を飲まざるを得ないからだ。冷えたフルーツジュースが提供される時、囚人は喜びを露わにし、何度も自分のコップを眺める。そして、喜びを倍増させるかのように、落ち着いて気をつけながら何回かに分けて飲み干し、喉の渇きを癒す。よく冷えたフルーツジュースは囚人らの記憶の中に刻まれる。たとえぬるま湯しか飲めないような時にも思い出す。冷たい水を飲むという夢は、より強く、大きくなっていく。

苦しみのレシピ——それは飢餓の長い夜、空腹感、空っぽの胃袋、そしてミルクやフルーツジュース、そのほか様々な食べ物を提供する調理担当料理人との複雑で、ねじれた交流である。最も抜け目のない囚人でさえ、これらの絡み合いを解明することはできない。列のシステムの複雑さとそれが導く食糧状況を解き明かそうと必死でない囚人はいない。囚人のすべての心が、このような困惑に囚われていると言っても過言ではないだろう。

時には特にずる賢い囚人がシステムの秩序を解読することがあるかもしれない。彼は思うだろう。「わかった。日曜日に彼らはコップ一杯、さらに平日はコップに半分、土曜日はコップに四分の一のミルクを与えてくれる。翌週は、日曜日の代わりに月曜日と火曜日にコップ一杯、水曜日から土曜日まではコップ半分、そして日曜日に四分の一のミルクを与えてくれる」と。もしくは、彼はフルーツジュースの提供に関しての複雑な計算式に到達するかもしれない。この敏感な囚人に言わせれば、これを解明すれば、素晴らしい真実が明らかにされるのだ。

それを解決したと思い違いをしたまま、彼はこれまでに解読してきたことを友人らに証明しようとさえするだろう。しかし突然、彼の計算が間違っていたことがわかる。彼は食堂に入り、朝食の前に立つと、この収容所に入る前にも食べたことがないような食べ物が並んでいる。何種類ものフルーツジュース、ミルク、ピスタチオ、きのこ、バター、ジャム、ハチミツ、ベイクド・ビーンズ。すべての食べ物は美しく並べられている。ほかにもいろいろある。もちろん、あのピーナッツバターも。

物事の秩序に関して発見したことが誤っていることに気づいた時、彼に絶望が生まれる。彼は自分の置かれた環境で解決策を探しながら、システムの論理を解き明かそうとし続ける。これは永遠の問いを導く。彼は心を悩ませる疑問への答えを探求し、調理担当者の目の中に、係官の目の中に答えを探る。料理長らの性格は人によって違っているかもしれない。一部の係官はそれほど残忍ではないかもしれない。

監獄で働いている人々のスケジュールはローテーションに基づいている。係官と調理担当者は二週間のシフトで働いており、新しいグループが来ると入れ替わって島を離れる。一回のシフトは二週間以内と決まっている。例外はシステムが危機に陥った時だ。そうなると彼らは数日余分に働くことになる。こうした状況で、囚人は監獄の規則の数々を分析し、それらがチームの交代によって変更されるのだと考える。

朝食やほかの食事に関しては、チーム1のスタッフやチーム1の料理長がほかのチームよりも少し多く入れてくれると考える者がいる。もしくは、フルーツジュースを多目に入れてくれると考える人もいる。その料理長の食べ物の質は良いと考える人もいる。チーム1の係官たちは監獄の規則をそれほど厳守しないと考える人もいる。このような見方は、正当な理由なしには生じない。違いがあることは事実なのだ。

チーム１の係官は、ほかのチームの係官よりも確かに残忍ではない。しかし、そのような見方が囚人の心の中で確立されるやいなや、意外にもチーム２の係官がやり方を変えて、より友好的になったりする。その代わりに、チーム１はそれまでよりも残忍になる。

要するに、ねじれたシステムが監獄を統治しているのだ。それは、囚人の思考を閉じ込め、精神錯乱に陥れる論理であり、囚人が内面化する極めて抑圧的な統治形態であり、囚人自身を適合させようとするシステムである。

ミクロな統治とマクロな統治の諸条件を理解しようとする
果てしない万物の流転を理解しようとする
気が狂わないようにする
狂気に陥らないようにする。

──＊──

囚人はみな、我こそがこのシステムの基盤に対する批判家であり、システム設計のチーフ・アナリストであると自負している。けれども最大の問題点は、誰も説明責任を負っておらず、「この馬鹿野郎、こんな規則に哲学はあるのか？　なぜ、どんな論理に基づいて、こんな規則を作ったんだ？　一体お前は誰なんだ？」と誰かを壁に押し付けて問いただすこともできないことだ。

システムの一部を成す人は誰も答えを出すことができない。監獄の係官も雇われているスタッフも。彼らができることは、「すまないが、命令に従っているだけなんだ」と返答するだけだ。現実は、一見システムの一部に見える人々もまた、一体何が起きているのか理解していないのである。彼らはただ二週間、監獄にやって来て、ひたすら規則を遂行し、島を去っていくだけだ。

システムは次のように要約できるかもしれない。まず、依存の条件が生み出される。次いでそうした依存は、ミクロな統治とマクロな統治による政治的支配の文脈に枠付けられる——二つの統治相互の結び付きは多様だとしても。食べることは不可欠であり、囚人はこの基本的ニーズを無理やりにでも満たす以外に選択肢はない。ここがポイントとなる。つまり、囚人を収容し続けるために用いられる戦略なのだ。蜘蛛の巣に捕らえられているように、もがけばもがくほど、蜘蛛の糸に絡め取られたように身動きができなくなるのである。

飢えた状態に置くことには、二つの目的がある。一つは、囚人の心に様々な制御メカニズムを与えること、もう一つは、囚人をシステムの中に取り込み、加担させることである。囚人の胃袋がシステムを理解させるのである。抵抗を示しほかの囚人と連帯して疲弊する行動を長期間継続したとしても……どうにもならないのである。

その抵抗と連帯の先には何もない
何もない
質問したとしても無駄だ
行き場はない
狂気へと至る以外は。

囚人は、その起源がヴェールに包まれたままの抑圧の一形態に苦悩する。牛やラバのように反抗することを控え、システムに協力するのが良いのだろうか。おそらく、そうに違いない。これが最も単純で容易な方法である。そうすれば苦しみは軽減される。忍耐も軽減される。これこそがまさにシステムの基礎を成すものであり、それが達成されるように設計されている。

飼いならすための
金属の部品を生産するための
生産ライン
工場
私たちは籠の中の小さな雛の複製となり
監獄は鶏小屋の複製となる
近代
産業。

「キリアーカル・システム」は囚人に青写真を与える。そうなのだ。その青写真は牛という形象によって具現化されている。わかりやすく言えば、苦しみを少なくしたい者は、牛のように食べては寝るという生活をしなければならないということだ。疑問を持ってはいけない。
システムを理解することはできない。看守でさえわからないのである。反抗してはいけない。ただ、規則の力に服従するのみである。基本的ニーズというものを挙げてみよう。

・囚人はみな、食べる必要がある。

・喫煙する囚人はみな、煙草が必要だ。
・囚人はみな、時々電話する必要がある。
・囚人はみな、病気になる可能性があり、そうなると薬が必要になる。

監獄の裏のいくつもの部屋から成るオフィスを想像する。この管理区域には、制服のもしくは正装した従業員がいて、机に座りパソコンで監獄内の出来事に関する日誌を定期的に作成している。そこにはほかにも従業員がいて、腕に大きな書類を抱えている。彼らはオフィスとホールを行き来し、ビジネスシューズをカツカツと鳴らして闊歩する。

監獄で過ごす時間が長くなれば長くなるほど、オフィスの光景の想像は膨らみ、より詳細なものになってゆく。想像の中で部屋は増え、あわせて建物の階も増えてゆく。

この建物の屋上には、老婆や老爺がいるに違いない。彼らは滑らかな楕円形の会議テーブルの向こう側に腰掛けている。密室での公式会議が行われている。そうだ、この洗練された老婆や老爺と対決しなければ。新しい規則を策定している公式会議の途中で、ドアを開けて部屋に入り、楕円形の会議テーブルを叩きながら叫ばねばならない。「この馬鹿野郎。お見通しだぞ。ボスはどこだ?」しかし、いつものことながら、大ボスはどこにもいない。

監獄で何を質問しようと、誰に尋ねようと、答えは同じである。「**ボス**の命令だ」。頑な囚人が食い下がり、「**ボス**が命令を下した」と言った男のボスを見つけ出そうとその男に向かって問うたびに、彼は「**ボス**の命令だ」と繰り返す。それは単なる無意味な努力に終わる。すべての規則、すべての規制、さらにこれらの規則と規制に関する問い合わせ先はすべて一人の男すなわち**ボス**ということになる。**ボス**ですら「**ボス**の命令だ」と答えることは驚きである。それはヒエラルキーを遡る長い鎖のようだ。

官僚の階級は力関係によって決まる。どの上司もほかの上司に従属している。さらに上の上司も別の上司に従属している。このつながりを調べれば、おそらくそこには何千もの上司が存在することになるだろう。彼ら全員が同じ台詞を繰り返す。「**ボス**が命令を下した」と。

監獄での時間が長くなるにつれて、**ボス**によって与えられる抑圧はより破壊的で暴力的になる。その一方で、私たちの想像上の**ボス**に対する概念はより弱まっていく。このため後には、監獄の後ろにある高くそびえ立つ建物の中で、その存在を感じなくさえなる。

おそらく**ボス**はこの島を去ってより大きな建物に移り住んだ別のボスに従属している

遠く離れた都市へ
遠く離れた土地へ
海を隔てた場所へ
何千もの高層ビルが建つ場所
国会に隣接する場所
お洒落に着飾った男女で溢れる場所
全員が会議のための楕円形の会議テーブルに集まっている
知恵のある老婆と老爺もいるに違いない
楕円形の会議テーブルに着席している
赤色に塗装されたテーブルに。

ここでは、システムは簡素化されている。係官はノートに報告事項を書き出す。それらは一日の終わりに監獄の後ろにそびえ立つ高層ビルに送られる。それを入力する勤勉な従業員が大勢いる。そしてそれらは調査書類として公式にまとめられてボスたちがいるオフィスに届けられる。必要な決定はそこで行われ、さらに上階へと伝達される。調査書類を担当する別の従業員も配備されている。続けてこの調査書類は、より簡潔に要約される。再び、その書類はその階にいるボスへと送られる。重要な決定がそこで下され、そのファイルはさらに上階に送られる。再び、この階でも同じ作業が実施され、それがさらなる上階、またさらなる上階でも繰り返される。

このように調査書類は、ボスから公式承認と署名を次々に得ていく。調査書類は最上階に到達するまで上階へと送られていき、最終的に楕円形の会議テーブルに置かれる。この調査書類は、マヌスのボスのために設計された遠方の都市の建物に署名され封印された状態で到着する。そこで雇われているたくさんの従業員らが期待と共にその書類を受け取る。その書類は新しい建物の上階にいるボスたちへ送られるという、先ほどと同じプロセスを繰り返す。それはボスの中の一番のボスの楕円形の会議テーブルに到達するまで、より高いところへと上がってゆく。それは、香水やコロンの香りを漂わせたあの洗練された、いつも毅然とした老婆と老爺に直接届けられる。

そこにはおそらく、ほかのボスたちがいる。わからないが、たぶんいる。その人たちは、さらに賢明で洗練された老婆と老爺である。たぶん、彼らはほかの建物で会議をしている。何千ものボスが、各規則や規制を課すことに関与しているに違いない。逆のプロセスもありうる。すべてのボスの中で最もボスらしい人物が各階を通してマヌスへ指令を出し、最後に**ボス**が監獄に降りてくる。この場合、書類は要約されて少なくなるのではなく、そのファイルが部下の方へと渡るごとに増えて、重要ではない決定が増えるごとに書類はさらに増えてゆく。このプロセスは決定が監獄に到着するまで続く。途中で、この決定はとても複雑になるので、最後はどの囚人もそれを理解することができない。

規則や規制は、元が不明なところから生み出されるか、もしくは秘儀的な根拠に基づいて作られる。そしてそれは監獄に押し付けられ、常に囚人の精神を圧迫するものとなる。いかなる逃げ道もない。こうした規則と規制が正確に遂行されることが最優先である。このため、絶望的な気持ちの囚人にできることは、壁に拳を叩きつけることくらいだ。ひたすら激しく、怒りを込めて拳を叩きつけるだけである。

――*――

謎めいた論理に基づき、新しい規則や規制が毎週の煙草の列にも課せられる。それは不可解で、食堂やほかの列の状況と同じように人々を狂わせる。煙草の列は、マラリアの薬の列と似ている。地元の女が二、三人、小さな事務室の方へ、煙草が数十箱入ったボックスを積んだ手押し車を押す。彼女たちは誇らしげに歩く。彼女たちは注目の的で、銀行間を現金輸送する車を運転するクルーのように、貴重な製品を運んでいることをわかっているのだ。囚人が、門から小さな事務所までの数メートルの短い距離を移動する手押し車のボックスをじっと見つめるには歴とした理由がある。女たちの足音が奏でる音楽に耳を傾ける歴とした理由。憧れる歴とした理由。女たちは囚人が彼女らの虜になる感覚をシュールに感じているに違いない。

ガラガラ……音を立てて手押し車は裏の門から小さな事務所に入る。列は緊張ではち切れそうだ。小さな事務所の窓から女たちは、一人ひとりに一、二箱の煙草を配る。彼女たちは大きな日誌に囚人の番号を記録する。

小さな事務所は「ショッピング」と名づけられている。それは「煙草屋」と名づける方が良さそうなものだが。囚人には、各自毎週二五ポイントの割り当てがあり、それで煙草を三パックまで購入できる。煙草を購入するのに使わないのであれば、飴やビスケットさらにはペンとノートのような物を購入するのに利用できることになっている。けれども、そのような物品は貼り紙に書かれているだけだ。煙草だけが手押し車で配達される。囚人は煙草以外に何も買うことができない。ポイントを貯めることもできない。毎週月曜日に各囚人の口座のポイントは消去される。たとえ何も購入しないとしても、残りのポイントは消去され、次の二五ポイントが新たに登録される。

煙草を吸わないくせに、どうして牛がここでもいつも最前列にいるのか不思議である。全く奴には驚かされる。牛は生きるための最善の方法を発見したのだろう。彼は煙草がどれほど価値あるものか、囚人がどれほどそれを欲しているかを知っているのだ。牛は個人的な利益のために利用しようと、列に並んで煙草を得る。

煙草の列には独特の複雑さがある。まず、彼らは三日に一度一時間、ばらの煙草を売る。そしてそれは一日おきになり、その後は毎日となる。どの場合も煙草が売られる時間は変更される。時々、予定の時間枠は一時間以内、時には二時間以内、あるいは一時間半以内に変更される。それはいつもというわけではなく、二時から三時の間のこともあれば、二時から四時のこともある。小さな事務所が午前九時か一〇時に開いた場合、正午までに煙草が完売することもある。そうなると午後からは何も購入できなくなる。最初の週、小さな事務所の窓にはその日に煙草が購入できるかどうかを囚人に知らせる貼り紙が出される。その貼り紙には、何時に事務所に来れば良いかも書かれている。

二五ポイントすべてを一度に使えるわけではなさそうだ。そんなことができるのなら、列に並んで待つのは週に一度で良いことになる。監獄の中の状況を考えると、煙草の支給は唯一良いことかもしれない。問題は、監獄の「キリアーカル・システム」に遍在する視線から逃れられないということである。規則は「一人につき煙草は二箱まで」と定められている。これは、すべての囚人が少なくとも週に二回、列に並ぶという拷問に耐えなければならないことを意味する。

監獄内で煙草を入手できるのは、システムが囚人に与えるもったいぶった贈り物のようなものである。最初は驚いた。なぜ彼らは囚人に煙草を与えるのか？　囚人の基本的ニーズの範囲を理解し、彼らを拘束したまま、その基本的ニーズを暴力の檻の中に閉じ込めようとするのに、なぜシステムは囚人に煙草を与えるのだろう？　例えば、なぜシステムは、最初から「喫煙禁止」という規則を強制的に押し付けないのだろう？　サッカーボールが禁止されているにもかかわらず、煙草はいつでも手に入るのである。月が経つにつれて、煙草が監獄の生命線であることは、誰の目にも明らかとなる。いや、もっと正確に言えば、煙草は囚人にとっての脈に等しい。システムは、必要とあらば、その動脈を締め上げる。

システムはとても優れており経験も豊富なので、問題を解決しようとする時の道具として煙草を利用する。常に囚人に対してこの道具を利用することができる。または、頑固に抵抗する囚人を屈服させるためにそれを利用し、これによって規則に対する囚人の抵抗を放棄させる。喫煙者でにぎわう日曜日には、囚人はゆっくりと、しかし確実に物乞いへと変貌する。監獄での物乞いをめぐる文化的階層には従属的社会集団が出現する。新しい社会的な差異が形成されるのだ。それは新しい社会的な分断の形成を意味する。煙草を吸う囚人は、そうでない囚人に依存するようになる。

牛とその友人は監獄の精神をよく理解している。彼らは煙草の箱をマットレスと枕に詰めて溜め込んでいる。そのため、喫煙者はますます中毒になり、さらに欲するようになり、体は蝕まれてゆく。喫煙する友人に煙草を渡す時、煙草を吸わない者は、その結末については考えない。監獄の社会的な関係性が、煙草によって決定されていく。

もう一つの問題は、パプア人が煙草に目がないということだ。煙草はまさに彼らにとってアキレス腱である。煙草一本を与えれば、彼らの心を掴むことができる。ずる賢い囚人はこのことを知っているので、それをうまく利用する。パプア人は煙草を見ると、喜びで目を輝かせる。煙草を受け取ると、監獄の端の方でこっそり嗜み、一気に全部吸ってしまう。パプア人たちにとって、煙を出すことは神聖な行為のようだ。これは、老若男女に共通する。パプア人に煙草を勧めると、断ることはまずない。煙草をやめたという話はまず聞かない。煙草はパプア人の大好物なのだ。

——＊——

電話をかけるのを待つ列は、おそらくパプア人に煙草を与えるのに最適な場所である。と言うのも、そこでは彼らにより多くの権限が与えられているからだ。そうは言っても、数日に一度、オーストラリア人の係官——通常は最も真面目な者——が、パプア人から身分証明書を取り上げ、秩序を維持するために規則を強制する。電話の列の大混乱がない監獄を想像することは難しい。この列は、間違いなく最も騒がしい。マヌスにある三つの異なる監獄から、囚人が集まる電話室の行列には、ほかのどんな列よりも多くの囚人が集まってくるのだ。

電話室は大きな部屋で、七、八台の電話が設置されているのだが、何台かは常に壊れている。この部屋はフォックス監獄の西ウィングの右端に巡らされたフェンスの横にある。従業員が木の枝を刈り込んでならした場所には、トラックに積まれて運ばれてきたコンテナが置かれているのだが、そのすぐ隣だ。朝から正午までは、フォックス監獄の囚人が電話を使用できることになっている。囚人は朝早くから監視員のいる詰所の前で並んで待つ。係官看守が番号を読み上げた後に、数人のグループが電話室に入る。彼らは腹を空かしたライオンのように電話に飛び掛かる。彼らにはどの電話が壊れているのかわからない。攻撃は激しくならざるを得ない。その電話が使えるか、素早く確認しなければならないからだ。もしも電話が壊れていたら、別の電話を探さねばならないのだ。

電話が壊れているとわかるやいなや、経験豊富な囚人が二人同時にすぐさま別の電話に飛びつくことはよくある。一人が受話器を摑み、もう一人は本体を摑む。その後、激しい小競り合いが続き、電話機が真っ二つにされたり、力の弱い者が、獲物を諦めた野生動物のようにその場から退散するのが常だ。彼は部屋の端に退いて、壁を相手に蹴ったり殴ったりする。怒号が飛び交い、争いが始まることもある。そこには体格の良い係官が数人立っており、喧嘩の仲裁には腕力が必要とばかりに身構えている。七、八人から成るグループのうち、正常に動いている電話を見つけることができるのはほんの少数だけだ。あれほど神経を尖らせていたのに、努力の甲斐もなくがっかりして監獄に戻る者もいる。彼は敗北を受け入れるか、再び列に並ぶしかない。無駄な一日。

事の全貌を述べると次のようになる。二人の係官が列の先頭で待っており、一人は囚人が門をくぐるたびに用心深く数を数える。もう一人は短い間隔で番号を呼び、電話室に入室する囚人を身分証明書で照合する。その後、門の後ろに配置された二人の係官が開錠する。集団が電話室に入った後、係官は再び施錠する。そこに配置されている係官の役目は勤務中ずっと同じ門の開閉をし続けることだ。一日の仕事が終わり、この係官が連れ合いに「あなた、今日はどうだった?」と尋ねられるところを想像してみてほしい。彼が正直な人なら、こんな風に答えるだろう。「今日は朝から午後まで、何度も門の開け閉めをしたよ。ああ、やっと君の腕の中で安らげる」

システムは監獄を差別化する。日曜日はオスカー、月曜日はデルタ、火曜日はフォックスという具合だ。しかしある時期において、フォックスの囚人は朝から正午まで毎日電話室を利用できることもある。彼らはほかの監獄の囚人よりも優遇されているのだが、この状態はずっとは続かない。例えばフォックスの囚人が電話を全く利用できなくなる数週間がある。規則は週ごとに変わる。時には週の初めに、囚人すべての数が記録された込み入ったスケジュール表が貼り出されることもある。例えば、ＭＥＧ45が木曜日の朝一一時一〇分に電話をしてもよいことになっている。けれどもこのとおりに実施されないこともある。次の週の初めに、その規則が無効になることがある。早く列に並んだ者が電話を使うことができることもある。

朝九時から電話を待つ列ができることもある。八時の時もあるし、一〇時の時もある。電話が使えなくなるのは正午頃である。一三時、または一四時のこともある。何週間もこうした規則は変わらないように思えても、囚人がそれに慣れ始めると、新たな規則が突然導入される。理解不可能なシステム内に生じるさらなる変更。囚人の意識に深く食い込むシステム。そのシステムは囚人が、自分が自分であるという自己意識から疎外されるように感じさせ、彼らの自己を崩壊させ、喪失させる。

オスカー監獄とデルタ監獄の囚人は小さなバスで電話室まで輸送される。バスの移動は、車内を封鎖するかのように前部座席と後部座席に座る三人から四人の係官の管理下にある。オスカーとデルタで囚人が一人ひとり並んで列を作る光景を想像してみてほしい。バスのドアに近い席で起こる席の奪い合いを想像してみてほしい。この争いは電話室に到着するまでの道中ずっと続いている。バスの中の小競り合いは、すぐに降車し、壊れていない電話を確保するためにドアに近い席を獲得するための争いだ。

バスの設計者は、こうした類の短距離移動を想像などしていなかっただろう。自分が設計したバスがおよそ二〇メートルの移動のために使用されるとは思いもよらなかったに違いない。バスは監獄の外の舗装されていない道を走ることになる。監獄の周りを一周するよりほかはない。何よりも、この短い移動のためにバスを使用すると、監獄を統治しているセキュリティ戦略が強まるのだ。「キリアーカル・システム」は、囚人が護衛と共に短い距離を歩くことなど考えもしない。このシステムの目的は、囚人が監獄の敷地ではない土地に決して、一瞬たりとも足を踏み入れないようにすることである。

それは明快かつ単純である。オスカー監獄とデルタ監獄の囚人らはバスに乗って移動する。バスは、外に向かって成長する有機的な組織体で、監獄の延長線上にある。または、電話室に引き寄せられる監獄の派生物でもあり、囚人が電話を終えると、バスは同じ道を後戻りする。この短い間にも、囚人は限られた間でも監獄の外にいるという喜びを抑えることができない。彼らは、フェンスの後ろから見守るフォックス監獄の囚人に手を振る。彼らはバスの閉じられた窓のこちら側で手を振る。時には、彼らは声を限りに歌を歌う。寄宿学校から週末に帰宅する男子生徒のように。または、自分たちのチームの勝利に歓喜するファンのように。

係官は真面目で厳格だ。電話に関する規則を実行に移す際、信じられないほど忠実に順守する。

信じられないわけじゃない
信じがたいというだけだ
あまりに多くのことを信じられないせいで心が痛む
あまりにも多くのことが信じられない時
……それは苦しみの原因となる。

第九章

父の日／巨大なマンゴーの木と**優しい巨人**

祖父、父、生まれて数ヶ月の子ども
父の日、すべての父のための日
ここでは毎日が父の日
だからここには父はいない
父なき「キリアーカル・システム」。

体中、傷だらけの若い男。電話をめぐる争いが、どうしてこんな惨事を生むのかと思う。この男は父親である。生後数ヶ月の男の子の父親。監獄では**父親**と呼ばれていた。彼にとっての男らしさとは、父親らしさという概念に影響されているようだ。ある日曜日**父親**は、その父親すなわち**祖父**に電話をしたい。**祖父**は老いて病に伏せっている。**祖父**は友人に連絡し、その伝言がその息子に伝えられる。お前と話がしたい。簡単に受け取れる伝言ではない。**祖父**はその緊急連絡を、地球の片半球から別の半球、すなわち私たちのいる半球、私たちのいる島が位置する半球へと送ったのだから。

祖父はもう長くはないのだろう。

これは別れの知らせ。死期を悟った父親の知らせ。その息子すなわち**赤ん坊の父親**は、息子としての感情が高まり、自分が父親になったのだという誇らしい気持ちは一時影を潜める。そうだ、俺は父の息子だった。**赤ん坊の父親**は、その知らせを受け、すぐさま電話の列へと急ぐ。

まず、彼の友人で、自身もおそらく何人かの子どもの父親である**口髭の濃い男**が、列にいる者に彼の父親が危篤で急を要する事態にあるのだと伝える。今すぐ父親に連絡する必要があるのだということが伝えられると、この件は謹んで受け止められ、列の先頭まで伝言される。家庭の事情は個人的なことであり、ほとんどの者は、それが公になることを好まない。列の前方で、同情に少々の憐れみの念を込め、気の毒そうに首を振る者もいるが、だからと言って順番を変わってやる気はないようだ。

ただ、このような状況で人は同情的になるもので、その場は憐れみの空気に包まれる。すると列の前に並んでいる者の一人が彼に先に電話を使わせてやることに同意する。第一段階は突破。**口髭の濃い男**がパプア人と交渉するが、オーストラリア人の係官から指示されて首を振る。そのパプア人は、倫理的葛藤はあるが、勝手に規則を曲げる権限は持っていないと述べる。最終的な決定権はオーストラリア人の係官にあることは周知のことだ。**口髭の濃い男**が、その係官にたどたどしい英語で状況を説明すると、係官は答える。「申し訳ないね。これは規則違反なので、認めるわけにはいかないんだ」

口髭の濃い男は、係官の憐れみを乞おうとして別の言葉で説得する。一歩前に出て、大声でみなに聞こえるように言う。「しかしですね、この人のお父さんは病気で、もうすぐ亡くなるかもしれないんですよ。いや、もしかしたらもう亡くなっているかもしれません」**口髭の濃い男**は、父親が今にも死にかけているといわれて、その友人がショックを受けるのではないかということは気にしていない。せめてこの友人のためにも何とかして電話を使わせてやりたいという思いから、**口髭の濃い男**は、あらゆる手立てを尽くして規則を曲げようとする。けれども、オーストラリア人係官は繰り返しこう言うだけである。「気持ちはわかるよ。でも、残念ながら規則違反だ。悪いね」

口髭の濃い男のあらゆる奮闘は、繰り返し呟かれる「気持ちはわかるが」という言葉一つを引き出しただけにとどまっているようだ。しかしこの言葉には、規則を曲げられるほどの意味合いはない。**口髭の濃い男**がさらに踏み込んで、道徳心と同情心を喚起しようと必死に係官に問いかける。大仰な言葉さえ用いて、オーストラリア人係官のプライベートにまで踏み込むようにして、こう訴えかける。「あなたも一人の父親なら、父親と息子の関係についてはよくおわかりですよね。いや少なくとも、父親でないとしても、あなたは息子でしょ。父親がいるでしょう。父親がいなかったとは言わせませんよ」

息子、すなわち**赤ん坊の父親**が加わり、その係官を納得させようとする。目に涙を浮かべながら**口髭の濃い男**よりもさらに強い調子で訴えかける。列の最前列での騒ぎが列の最後尾にいる者にまで伝わってくる。この状況にはもうみな気づいている。だがそのオーストラリア人係官は、決して規則を曲げることはできないと断固たる態度ではっきりと告げる。すると、**赤ん坊の父親**と**口髭の濃い男**が、周囲の者に向けて協力を呼び掛ける。ほとんどの者がこの二人に味方する。彼らが共にその係官に例外を認めるよう圧力をかける。パプア人は何もできずにただ見ているだけである。もし決定権が彼らパプア人の側にあったら問題なく例外を認めただろうし、このオーストラリア人係官がいなかったら、煙草一本と引き換えにそうしただろう。

その係官にのしかかる責任は重大になり、彼は後ずさりしながら**ボス**に相談してみようと言い出す。トランシーバーを手に取り**ボス**に報告する。「緊急事態です。ある者が病床の父親に話をしたがっています」と。**ボス**の回答を待つ。絶望的な雰囲気の中、その場にいる者たちは静かにトランシーバーから聞こえる

ボスの声に耳を傾ける。会話が終わり、上司のお墨付きを得た係官は自信たっぷりにはっきりと宣告する。

「残念だが、認めるわけにはいかない」

この宣言で列内には混乱が生じ、行動にも混乱が見られ始める。この状況を間近で見ていた者たちは、使命感に駆られた**口髭の濃い男**が、直ちに何らかの行動に出るだろうと期待する。しかし今回ばかりは理路整然と掛け合っているわけにはいかない。憤怒の言葉、抵抗の言葉、暴力の言葉を浴びせかける。**口髭の濃い男**は、声を荒らげて叫ぶ。

「**ボス**はどこだ」

「**ボス**を出せ」

「この男に今すぐ電話する許可を与えろ」

一人、二人と、身分証を掲げ、息子すなわち**赤ん坊の父親**に順番を譲る意思表示をしている。

行列は大騒ぎとなったので、フォックス収容所の囚人らがこの行列に近づいてきて、門の前にも人だかりができている。多くの者は何が起こっているのかわからず、遠くから見ている。係官がトランシーバー片手に**ボス**と会話を始め、場は静けさを取り戻す。しばらくして**ボス**が到着する。この時、**口髭の濃い男**は**ボス**に向かって、この係官が電話をかけさせないことに対して、道義的責任に訴えるやり方で説得しようとする。いかに的確で論理的な異議申し立てを述べようとも、この重装備部隊の前では軽くあしらわれてしまう。

監獄では腕力によって多くの事柄が決定づけられる。**ボス**は部隊の腕力に絶大なる信頼を置いており、威厳に満ちてこう宣告する。「残念だが、規則なのでそれは不可能だ。あしからず」

ボスが断固たる態度を崩さないので、**口髭の濃い男**や**赤ん坊の父親**を含め囚人たちは唖然とする。囚人たちは、もうこれ以上介入せず、ただ傍観するのがよいと結論付ける。**口髭の濃い男**と**赤ん坊の父**

親は、あらゆる手を尽くして状況を説明し、道義心に訴えようとする。**ボス**の守りは一層堅くなる。**口髭の濃い男**は、父親の愛について巧みな表現を駆使して語り、**ボス**の感情を揺さぶる。しかし**ボス**は**赤ん坊の父親**の肩に手を載せるだけで精一杯。「すまないが私の一存で決定できることではないんだ。**ボス**の指示なのでね。できないことはできない」

ボスは、いささかの咎も自らにはないのだと胸を張る。

口髭の濃い男はこれを受け入れ、友人の手を握りしめ、慰めの気持ちを込めて言う。「心配するな。あいつらが最低なのは今にはじまったことじゃない。お父さんはきっと大丈夫だよ。三日後には予定どおりに電話できるって」そして彼らはその場を去ることになる。

—＊—

三日後。水曜日。曇。群集が門外に集結している。大勢がフェンスに体を押し付けている。電話室と外部の仕切り壁の継ぎ目にも人が集まって外を見つめている。いつもと違い、三々五々と囚人たちが集まり始めている。ただならぬことが起きているようだ。誰かはわからないが、大声で暴言を吐く者がいる。拳でフェンスを殴打する者もいる。けれどもほとんどの囚人は特に何もせず、ただ見ているだけである。

フェンスを背にした四人の係官が、**赤ん坊の父親**を地面に押さえつけている。その中で最も強そうな係官が**父親**の腕を締め上げ、素早く両手に手錠をかける。別の係官がその囚人の背中を両膝で押さえている。また別の係官が**赤ん坊の父親**の埃にまみれて傷だらけの剝き出しの両足を制する。また別の係官が、動けないようにその血まみれの頭を制する。別の六、七人の係官がそこに立って、その様子を見ている。その向こう側で三、四人の係官が、フェンス越しに見ている者たちを引き離そうとしている。

赤ん坊の父親は、声が響き渡るようにありったけの力を込め、喉が張り裂けんばかりに叫んでいる。

「てめえら、離せ。ちくしょう、お前らが親父を殺したんだ。親父を殺したんだ。離せ。離せ」

だが、**ボス**は誰にも増して冷酷で残忍だ。毛細血管が浮き上がり、真っ赤に充血した目を見開いて怒号を浴びせる。トランシーバーを取り出して、激しい声で係官に向けて権力の行使を命じる。そこまでして鎮圧しようとする権限はないはずだ。

人間とはそれほど不可解な存在である。眼前の人物は、数日前あれほど冷静に対処したあの男と同じ人物とは思えない。配慮と慰めを込めて労るようにその肩に手を置いた男。それと同じ男を、今、彼は何十人もの部下の腕力で身動きできなくしている。理解しがたい。この日は人を支配したい気分だったのだろうか。

ものの数分で**赤ん坊の父親**は屈服を余儀なくされる。

罵り声は消えて
かすかな叫びのみ
そして沈黙。

係官たちは、この男はこれ以上抵抗することはないと確信する。いや、もうこれ以上痛めつけられることには耐えられないし、係官らを痛めつける力もない。この男がどのような状態にあったとしても、もはや生ける屍と化した彼はジープのような車の後部座席に放り込まれ……「チャウカ」という独房へと運ばれてゆく。

彼がどんな罪を犯したと言うのか？

「この囚人は、電話室をめちゃめちゃにし、電話機を壁に投げて破壊した」

いや、そうじゃない。事実はこうだ。

「この男、この父親、**赤ん坊の父親**は、自分の父親を亡くした」

けれども**口髭の濃い男**は、こんな事態になっても何も語らない。フェンスの向こう側に一人立ってぼんやり見ているだけだ。事態が収拾されると、海に臨むフェンス脇にある自室に戻ってゆく。私はその様子が気になって仕方ない。彼は黙ったまま何を考えているのか定かではない表情を浮かべている。

総じて、監獄の「キリアーカル・システム」は、囚人たちが人生で決して直面することのないような情景を作り出す。この状況下で**口髭の濃い男**には、一体何ができただろうか？　疑問は確信に変わり、「友人としての責任を果たせなかったのではないか？」と彼は自身に問うたかもしれない。様々な可能性を考えただろう。

脈絡のない断片的な思考
友人は何をなすべきだったのか
フェンスから距離を置いて少しばかり我慢していたならば
どうだっただろう？　だが、怒れる雄羊のように大声でわめいてしまった
青い取っ手の剃刀をどこかから持ち込んで、体中血まみれになるほど切り刻んだならば
どうだっただろう？
想像してみる
自分の赤ん坊が燃えさかる炎の中に取り残された女のように、爪を顔面に突きつけていたならば
もし、死んでしまったならば

もし、ただわめくだけだったならば
ありったけの声で暴言を吐いていたならば
どうだっただろう？
囚人を集結するために、手を尽くしていたならば
団結を促し、フェンスを破壊し、突入させていたならば
どうだっただろう？
暴力的な手段を一切取らずにいたならば
平和的な手段で対処していたならば
壁の隙間から話しかけていたならば
フェンスの隙間から話しかけていたならば
係官に対して礼儀正しく話しかけていたならば
特に**ボス**、数日前まで同情的だったあの男に対してそうしていたならば
彼らに許しを乞い自由にしてもらえるよう懇願していたならば
父と子の愛情について訴えていれば
少しはましな結末を迎えていたのか？

赤ん坊の父親は、その友人に少し後ろに退いて、暴言を吐かずに黙っていてもらいたかったのかもしれない。係官の二頭筋と膝頭で羽交い締めにされている時も、騒がずに大人しくしていてほしかったかもしれない。

いや、そんなことはない。

それは何の意味もなかっただろう。さらに彼は人間性を奪われて、乱暴に独房「チャウカ」にぶち込まれておしまいだ。平和的手段ではどうにもならない。

こんな状況で、友情とは何を意味するのだろう？

可能な限りの選択肢の中で、口髭の濃い男はこう結論付ける。沈黙を守れ、友が無条件降伏させられるのを受け入れよ、自分が服従させられているのを受け入れよ、自分にできることはただ証人になることだけという現実を受け入れるのだ。赤ん坊の父親のように何も言わず、監獄のシステムによって運営される思考の有機体を受け入れ、あの愚かな係官たちに職務を遂行させるしかない。彼らは争いを鎮圧するための知識には長けているのだから。


――＊――


囚人たちは、幾度となく人間と動物の境界を跨ぐ経験を強要されている。本来の人間らしさを取るか、それとも牛のような生き方を選ぶかの決断を迫られる。多くの場合、人間は生き残るために動物となることを余儀なくされる。動物とは言ってもただ本能に支配され、純粋に生物として定められた条件に従って振る舞うというわけではない。むしろ人間は思考し、意志を持つ動物である。無防備に眠る罪なきヤギと、生存のためには手段を選ばず、あらゆる種を攻撃し、同類にもその手を緩めない倒錯した胃袋を持つ邪悪な人間との間には、明確な違いがある。皮肉ながらこれが真実である。人間は腹が減ると、食べ物の匂いがするところに急ぐ。競争となれば、残忍なまでに攻撃を加える。

時々夜になると、親切な係官が美しい色のケーキを持って監獄に現れる。するとその場は、まるで農家の庭のような雰囲気になる。係官は監視官詰所から出て、監獄に入る。囚人はちょっとした食べ物の匂いにも敏感に反応する。係官は箱を肩に載せ、ゆっくりと時間をかけて静かに歩いて監獄の一番端まで行く。間もなく、「キリアーカル・システム」下のイベントが始まる。詰所にいるほかの係官たちも、箱を肩に載せた係官を眺めている。その係官がまっすぐに歩いて来ると、収容所のありとあらゆる場所から囚人たちがぞろぞろと出て来て同じ方向へと進み出す。羊飼いが手にする袋を見て反応する羊の一群のように、囚人たちはみな物欲しそうな目つきで移動する。我を忘れ、片方の目は羊飼いを見つめ、もう片方の目は、これから羊飼いが岩塩をばらまく石の上を見つめている。この監獄は羊小屋へと変貌を遂げる。食べ物に事欠く冬の最中、羊飼いが麦やアルファルファを小屋の隅にばらまき、羊の飢えを満たす。羊たちは喜んで、羊飼いに群がる。しかし人間たちはもっと利口だ。囚人たちは羊たちとは異なり、係官に群がることはない。羊のようにわかりやすく群がらない。係官の動く方向に合わせ、囚人は移動する。

ここではごく普通に起こりうる競争がある。早く到着する者は誰でも、一切れでも二切れでもケーキにありつける可能性が高くなる。小さいものの、おいしいケーキ。囚人たちが到着すると、係官は瞬く間に、岩塩やアルファルファをばらまこうとその袋に手を近づける羊飼いのようになり、ケーキを一切れずつ取り出す。ケーキが目の前に現れると、我先にとみなが手を出すので係官は分ける間もない。

ケーキを分ける時、誰に何切れ渡るかということは考慮されてはいない。箱が開けられるやいなや係官に向けて差し出される手という手。係官は、ケーキの箱を頭や肩の上まで持ち上げざるを得なくなる。係官は群集の圧力に耐えきれずバランスを崩して倒れそうになることもある。バランスを保とうとして、その箱を中身ごと投げ出してしまう。この後どうなるかは明白だろう。みなが突然身体の向きを変え、投げ出された箱と、地面に散らばったケーキの残骸に向かってゆく。この時の囚人は、羊というよりはむしろ、獲物に群がる狼さながらだ。冬の最中腹を空かせて獲物を無慈悲に貪り食う獰猛な狼。

牛は大した男だ。

こんな状況でも、決してチャンスを逃さない。一番初めに現れるとは限らないとはいえ、必ず一、二切れは手に入れている。だが私は、ケーキをもらうために人を押しのけてまで係官の前には行かない。いかなる場合においても、私は人の群れに紛れようとは思わない。それは私が誇り高い人間だからというわけではない。羊のように振る舞うべき状況でも人間らしくありたいというわけでもない。断じてそういうわけではない。食欲が私の魂を支配する時に下す、誇りを守るための決断には私なりの理由があるのだ。

この決断を下す理由は、私を捕らえて離さない肉体の弱さだ。身体がふらふらして、まるで空腹の狐のような私。この感覚こそが、人間らしさの基本的な感覚が保たれている証だと思う。あの係官がケーキを振る舞い始める瞬間、私が争いに敗れた動物になることはわかっている。そんなわけで、私はいつもこういう騒ぎから距離を置いている。あの美しくおいしいケーキが飲み込まれるのをただ見ているだけだ。

詰所の横で立っていると、どこからともなく係官が現れて、ケーキの箱を持って私の前を通り過ぎることがある。牛のような者が夢見るめったにない瞬間。一番乗りとなってケーキを得る絶好のチャンス。しかし、ここでも弱さが顔を出し、囚人たちがあちこちからぞろぞろと集まってくるその素早さを見ながら、悔しい気分になる。私には牛とその一味たちと争うだけの力はないし、牛のような者よりも先にケーキにありつける可能性について考えることすらできない。

――＊――

監獄の裏側にある通路M。海に面したフェンスのそばにある。ここは小クルディスタンとして知られている。ここでも食べ物をめぐる争いが起こる。

クルド人の囚人たちはこのフェンス沿いの部屋で生活している。彼らは抑圧された政治的野心をこの監獄にまで持ち込んでおり、真っ赤な太陽が真ん中に描かれた白・赤・青の三色旗で部屋の一つを飾っている。ある朝、起きてみるとこの三色旗がドアに描かれていたのだ。ここはペン一本すらないと言うのに。奇跡の業だ。クルド系の係官が描いたのかもしれない。誰の仕業であろうとも、この旗がシンボルとなって、この小さな一角は番号で呼ばれなくなった。

フェンスのすぐそばに、どっしりした巨大な幹のマンゴーの木が一本、すっくとそびえている。この木は監獄のフェンスと対峙している。その長い枝は監獄の方へと伸び、敷地内の通路の屋根越しまで達し、居室方面にまで伸びている。その木の全貌は通路からは見えず、トイレの近くまで行った時にようやく確認することができる。滑らかな幹と太い枝から成るそのマンゴーの木はあまりに巨大で、誰も簡単には登れない。

マンゴーの瑞々しく黄色い果実が、広々と生い茂る葉の内側に実っている。この熱帯の木は、その果実をこれ見よがしに見せつける。こんなに大きな木を目にすると、喜びがじわじわと体中に伝わってくる。美徳に溢れる樹木から生まれる喜びが、溢れんばかりの祝福から生まれる喜びが。それは夫が妻の懐妊を知った時の輝かしい喜びにも似ている。飢える囚人をその場に立ちすくませる感覚は、その美しさにただ見とれる経験をはるかに凌ぐ感覚である。それはその美がもたらす快楽を超越する。

この樹木が伸び続けたとしても、それは脅威を与えるものではなく、切ってしまう理由もない。静謐さはまさにその木の真髄から発せられるものだ。それは自然の偉大さの象徴、この監獄の奥深くまで貫通する深遠な力である。

夜の帳が下りる頃、数分おきにマンゴーの実が、通路の屋根を伝って鉄の壁に向かって次々と落ちる音が聞こえると、マンゴーの木の存在感はますます高まる。その実は屋根の上で何回か跳ねて、コンテナの壁のそばに落ちてくるようだ。それにはいくつかの段階がある。

初めに、暗闇から鳥が飛んできて葉と葉の間の一番熟したものを選ぶ
次に、鳥は静寂の中で実をついばみ始める
すると、ついばまれた分だけ重さが減って
均衡を保てなくなった果実は
くちばしで突かれたのちにぶらぶら揺れる
そして、屋根の上へと落ちる
転がりまた落ちる、今度は泥で薄汚れた床の上に
しまいに、空腹の囚人がその音に気づいて追いかける
その実が落ちた場所へと急ぎ
土と枯葉の間にそれを見つける。

囚人は最初にマンゴーが落ちる音を聞いても、その果物が手に届きそうなところにあるのかどうかはっきりと確信できない。多くの場合は地面に落下する二度目の音を聞くことはない。一度目の落下でこの計画は頓挫する。その果物はずっと屋根の上に残る。三、四個落下したとしても、屋根の縁まで転がり、下まで落ちるものは一つくらいだ。地面まで落下したとしても、囚人がその実にありつけるとは限らない。ほとんどの場合、マンゴーの実はコンテナの後ろ側に落ちるか、暗闇の中に消えてゆくのだ。囚人らが、枯葉の中からその実を見つけ出すのは至難の業である。たとえ場所は特定できたとしても、それを取り出すのに何分も地面をくまなくかき分けて探さなければならない。

囚人は、隅の方に腰掛けてただ落ちてくる果実をじっと待っているだけの、本能によって生きる生き物ではない。人間は頭を使う。通路の屋根の上に落ちる一度目の落下の時から、通路から地面へと落ちる二

度目の時まで、その果物がどこへ落ちたかを正確に予測するためには、耳をそばだてて注意深くその物音を聞き分けなければならない。

その予測が少しでも外れれば、マンゴーの実は見つけることができないかもしれない。地面に落ちて二つに割れてしまう果実もある。穴ぼこだらけの果実もある。粉々になってもはや食べられない果実もある。木のてっぺんでは、鳥たちとコウモリたちの争いが行われている。けれどもコウモリの数は少ないので、ほとんどの果実は鳥たちがつついて地面に落とす。熱帯のコウモリはハトと同じくらいの大きさだ。巨大なコウモリは見る者に恐怖を抱かせるほどの勢いで果実を食べる。鳥たちとコウモリたちの争いは、コウモリの一人勝ちになることは想像に容易い。コウモリがキーと短い鳴き声を出せば鳥は恐れおののき、ほかの木に向かって逃げていく。

時々、囚人の注意が逸れて、音が聞こえない時がある。そうなると、その果実が一体どこに落ちたのか正確に知ることができない。暗闇の中を探し求めるが、手ぶらで通路に戻ることになる。そして、次こそはとそこに座って神経を集中し、真剣に予測する。だが、この果実の行き先を決定するのは自然の摂理である。朝になり、囚人は大きな種以外はほとんど何も残っていないのを見る。コンテナの下には、皮と種だけが残されている。その果肉は、カニたちが小さくて赤いマヌス蟻たちの力を借りて持ち去ったのだ。

そのカニたちはこの道の専門家だ。コンテナの下から一つ残さずマンゴーを引っ張り出し、躊躇なくすべてを持ち去ってゆく。囚人たちとの競争においても、自分たちの取り分をしっかり確保している。カニたちの視力は囚人たちの聴力よりも鋭いようだ。囚人が来ると、カニたちは一歩下がってハサミを降ろす。これを見れば、少なくとも、カニたちには特別な知性があるように思われる。

この辺りの場所はクルディスタンの領域とされている。クルド人を知る者なら誰でも、彼らが他者に対してとても敬意を払う民族であることを知っているはずだ。しかし、毎日飢えに喘いでいれば、文化に根差したそういう尊重の精神は薄れてしまう。飢えによって、徐々に、しかし確実に、民族の旗は掲揚台から降ろされる。

クルドの囚人たちは、あのマンゴーの木の唯一の所有者であることを主張する。以前は、囚人たちがしばしば果物を探しにその周辺を歩き回っていたものである。しかしそのクルドの囚人たちは軽蔑的な目線でそれを眺めていた。そこに入って来る者を誰彼なく追い出し、果物を見ることを許さず、実の落下を予測して待つ楽しみすら奪った。果物をめぐるいかなる競争にも参加させなかった。他者の参入を許すよりも内々で小さくまとまる競争を好んだ。ほかの誰にもあのマンゴーの木の恵みを楽しむ権利を与えようとはしなかった。

もはやかつての日々とは違う。一番先に見つけた者がその果実を分配した時代は去った。今は、その果実を見つけた者は、その場で暗闇に紛れて貪る。通路に戻る時には、友人に分けてやれるだけの分量は残っておらず、他者への気遣いも見せない。

時間が経つにつれ、この区域内の囚人の間で憎しみが育ってゆく。その中でレザだけは違っていた。この監獄において最も背が高く、最も威厳がある男だ。監獄中の男たちの多くは、何とかして自分の尊厳を守ろうとしている。だが、レザの振る舞いは、誰よりも偉大である。親切で寛大な者は、自己中心的なところがあることも多い。自己中心的になることで、人生に耐え、人生の複雑さを観察し、人生を厳正に見つめる不屈の精神を得ることができるからだ。でも、レザは違う。その寛大さは周囲の者を感服させる。クルド人だけでなく、囚人全員に**優しい巨人**として知られている。のちに呼びやすくするために「優しい」という形容詞を省略することになるのだが。今では**巨人**と呼ばれている。

彼と親しい者たちにとって、「優しい」という言葉には感情的な意味合いが込められているだろう。しかしほとんどの囚人たちは、食事の列で、トイレの列で、監獄の様々な場面で彼を見る時、**優しい巨人**というよりは**巨人**という印象を抱く。実際に、そのあだ名は冗談から生まれた。マンゴーの木の周辺で生活していた者たちは、レザのような巨漢が優しい心を持っているなどとは思いもしなかっただろう。

ほかの者とは異なり、**巨人**が果物を人々に分け与える時は、何の見返りも期待せず、子どもに特有の親愛の情と、子どもの世界を彩る優しさと共に、分け与えるのである。そうした行動はほかの者に、自分にはとても真似できそうもないと思わせるものがある。こうして私たちは「他者」を作り上げる。尊い行動の意味を理解できない者は、絶望と混乱の念に支配される。不安になる。そして、あらゆる方法でその不安を抑圧しようとする。

クルドの囚人たちは、暗黙の同胞愛を形成し、マンゴーの木を独占したがる。誰にもその分け前を与えない。果物を見つけた者は、どんな場合であれ、ほかの者に分け与えずに、喜び勇んで独り占めしてもよいことになっている。だが、子どものような気前良さでもって、**優しい巨人**はそのやり方に反旗を翻す。それとは異なるやり方を示すことで彼らに立ち向かい、より良い世界への道筋を与えようとする。

空腹感に苛まれるある夜、一人の若者が、通路M、すなわち小クルディスタンのコンテナの部屋の前に座る囚人たちの目の前を横切る。視線が彼の重々しい足取りに集中する。何か妙なことをしでかしそうに見える。囚人たちの顔には、こう書いてある。こんな夜中にうろつくなよ。お前にはマンゴーの木の周りをうろつく権利はないのだ。どうして、ここに来たんだ。

小狡い若者がさらに歩みを進め、マンゴーが落ちるコンテナの裏側の辺りにやってきた。早速マンゴーが通路の屋根に落ちてその音が響き渡る。そしてそれは、**小狡い若者**のすぐ脇に落ちる。それは、その木から彼への贈り物のように思える。こんな風にして、どうやらこの木は囚人の人間性を試そうとしているのだろう。みなこの異邦人に興味津々にもかかわらず、**小狡い若者**は自分が周りの者にどう思われているのか理解していないようだ。そもそも、彼はここに立ってこの果物を嬉々として拾うべきではないのだ。

小狡い若者はそこに立ち、ただその木を見上げて、笑みを浮かべながら立っている。いつになくあの木は輝いて見える。首を伸ばして木を見つめ、彼は天からの予期せぬ贈り物にすっかり魅了されているようだ。その微笑みは感謝によるものだろう。囚人は互いの顔を見合わせ、すぐにある合意に達する。お互いの目を見合ってこう思う。彼には果物を得る権利はない。攻撃しなければ。二、三人が頭を寄せ合って相談している。しばらくするとその中の一人、**ジョーカー**が若者に殴りかかり、強盗のように立ちはだかる。彼は悪魔の如きにやつきを浮かべ、まるで男子学生のようだ。**小狡い若者**に「その果物をよこせ」とでも言うように、無言で手を差し出す。**小狡い若者**はひどく怯え、首を横に振って**ジョーカー**にその果物を差し出そうとする。

その時、どこからか**巨人**が彼らの前に現れる。**ジョーカー**を睨みつけ、**小狡い若者**に果物を握らせると、この果物は彼のものだと言う。**ジョーカー**とその一味はそれ以上動くことなく、ひたすら沈黙を守る。**巨人**のあまりの存在感に圧倒され、ひたすら見ているだけだ。**小狡い若者**は安心感を感じるやいなや、**巨人**の強靭な肉体に保護されていることに気づき、少し前に襲われていた恐怖心から解放されて微笑む。彼はその果実を手にしっかと握りしめ、足早にその場を立ち去る。

その夜

牛
口髭の濃い男
赤ん坊の父親
男娼のメイサム
小狡い若者

ジョーカー

そして優しい巨人が眠りにつく
いつもどおりに
空腹と共に
汗が染み込んだベッドに向かう
カニ……
蟻……
コウモリ……
鳥……
そして係官……
みんなまだ起きている
海風があの壮麗なマンゴーの木の葉を揺らす……
波の音が聞こえる
海の音が近づいてくる
ジャングルの背後からゆっくりと忍び寄る。

——＊——

フォックス監獄の西側では、労働者らが忙しそうに働いている。大きく白いコンテナが多数積み上げられてゆく。通路だらけの複数階の建物が出来上がった。ジャングルが視界から消え、フェンスが追加された。あれは一体何なんだ？　軍のバラックか？　たぶんそうだろう。
弁護士たちが空港から送還されたと言う噂が駆けめぐる。

この期間に難民第一団は常設の収容所に移転させられる
島の居留地へと
数週間後に第二団がやってくる
そして第三団
さらに第四団
そしてついに全員の移動が完了する
チャウカが一番背の高い椰子の木の上で響き渡る声を放つ
チャウカが歌っている
その鳴き声は何を伝えようとしているのだろうか？
日没はいつも憂鬱だ。

第一〇章

コオロギたちの合唱、残酷な儀式／マヌス監獄の神話的地形

人は苦痛に耐えて生まれる
人は苦痛に耐えて生きる
人は苦痛に耐えて死ぬ
人は苦痛を感じる
人はありとあらゆる苦痛を感じる
悲しみに暮れ
大声で喚き
泣き
嘆く
人はそのすべてを経験し
人はそのすべてを深く知ることとなる。

その夜、歯の痛みのせいで痙攣が起きる。私は、浴室を囲む金属の壁に何度も頭を打ち付けている。かすかにうめき声が聞こえる。

その声の激しさと恐ろしさに、私はその場で動きを止める。痛々しいうめき声。痛みに耐えているような男のうめき声。聞く者の髪を逆立たせるような声。

この上なく深い苦痛の声
絶望の声。夜という悪夢。孤独という悪夢
闇夜の大釜の中に響くうめき声
海を漂ううめき声
フェンスの向こうのジャングルをかき分けて進むうめき声
ほかの音と混じり合い、のろのろ進むうめき声
うめき声、狩人の弓から放たれた毒矢のような
うめき声、夜の暗闇に反響しない音
うめき声、やがて宇宙に消えてゆく。

監獄は深い静寂に包まれる。深い眠りに落ちる。響き渡るコオロギの声が、深い静寂をさらに深くする。ひどく重苦しい静寂が、うめき声に破壊力を吹き込む。

ああ、何と恐ろしく、何と耐えがたく、何と無慈悲な監獄。

そのうめき声は、雲が引き裂かれる音。私にはそう感じられる。春に轟く雷鳴と稲光が見せる激しい怒りと力。雷や稲妻よりも高電圧の力に打たれ、雲と空にできた傷口と傷跡。だが椰子の木は、そよ風にそ

の髪の毛のような葉を任せている。揺れる葉は、怯えているようにも見える。

一人のパプア人がコンテナにもたれかかっている。口の中で棒をくるくる回している。ビンロウの実でハイになっているのだろう。心を解放し、周囲の出来事すべてを意識の外に追いやって、目を閉じる。まどろみと、覚醒と、興奮状態が混じり合った体験。だがそれは、パプア人だけが知る特別な解放の瞬間。辺りに渦巻くうめき声を少しも気にすることなく、心も体も完全にビンロウの実に酔いしれている。

うめき声はまだ聞こえる。だがそれはいつも、また別の戦慄と力を持った暗い空の奥深くに隠れてしまう。うめき声が聞こえるたびに、ジャングルと海と監獄の、不気味なまでの荘厳さが何よりも思い起こされる。

歯の痛みが次第に治まる。別の原因による二つの苦痛がぶつかり合う時、その衝撃と反発で片方が消えることがある。それと同じことが私に起きたのだろう。この歯の痛みは、歯茎の奥底で絡み合う神経に直結している。そして私の苦痛は、数メートル先の、フェンスの向こうにいる誰かの苦痛と対峙する。絶望の声、絶望の奥底から聞こえてくる声の前に、私の歯の痛みはかき消される。そのうめき声の根底にある苦痛と、私の魂の奥底にある苦痛。それは同質のものだ。私たちはきっと、同じ苦痛を共有している。

だがパプア人は無関心なまま、口の中で小さな棒を回して自分の世界に浸っている。うめき声はすすり泣く声と重なり、恐怖に覆われたその場面に奇妙な空気が広がっていく。このような状況では、残された選択肢は二つしかない。無関心のパプア人のように気にしないことにするか、それともその声をたどって原因を突き止めるか。知ることはいつも人を自由にする。私は常に高みへと到る方法を探し求めている。そう、フェンスを乗り越えるか、コンテナの壁をよじ登る方法を。

うめき声の原因に近づくにつれて、私は自分の予想が正しかったという確信を抱き始める。グリーン・

ゾーンと呼ばれる独房の方向へ向かう。フェンスの向こう側、電話室のすぐ隣、そこにグリーン・ゾーンがある。

フェンスをよじ登ることはできない。だがそれは、フェンスを登って越えることが不可能だということではない。フェンスは少し努力すれば簡単に越えられる高さで、筋力のない者でも乗り越えられるだろう。だが、よじ登ろうとするとガタガタと音が鳴るのだ。その音は、誰かの家に忍び込むため塀を登ろうとする盗人が立てる音のようなのだ。フェンス沿いには何人かのパプア人とオーストラリア人の係官が間をあけて座っているが、フェンスがガタガタ鳴れば、彼らは間違いなくその揺れと音を不審に思うだろう。そうなれば結末は知れている。独房に放り込まれて、うめき声を上げる者の一人となるだろう。だからフェンスをよじ登るなどという選択肢はありえない。

凄腕の盗賊気取りで何でもできた子ども時代を思い出す。壁に囲われた近所の家の庭をすばしっこく駆けまわっていた日々のことを。猫のように飛び上がり、庭を囲う壁を乗り越えていた。胡桃の木の枝に猿のように腰掛け、家から何キロメートルも離れたクルドの地に生い茂る栗の樹木園の中で、ハトの巣を探していた。出っ張りのない栗の木のざらざらした幹を難なく登れたのだから、最も登りにくく滑りやすい障害物でも簡単に登れるはずと断言しよう。冗談ではなく、私は山の子どもだったのだ。猫と少しも違わないような。

パプア人はかなりハイになっていて、海の方にふらふらと歩いていった。そういう気分は私にもよくわかる。たとえ空に雷鳴が轟き、稲妻が光っても、彼の気分と高揚感を台無しにすることはできない。いや、それはいささか大げさか。そんなことになれば彼も目を開け、正気に戻り、身をすぼめて膝の上の帽子を握りしめるだろう。そして口の中の小さな棒を回転させるのを止めるだろう。だが、ひとたび雷が収まれば、また元のように高揚感に浸るに違いない。

解放感に溢れ、自由で、幸せそうな様子はパプア人特有のものだ。私は猫になったような気分で、もはや歯の痛みを忘れていた。と言うよりは、跳躍するためには、歯の痛みを忘れる必要があったのだ。そう、気持ち次第で身体の痛みをコントロールすることもできるのだ。そうして私は、三つの動作で素早く通路の屋根に登ることに成功する。最初に五〇センチほど飛び上がって、通路の土台となっている金属製のポールの上に登る。薄明かりの中、目を凝らして次の動作に移る。獲物を追う狩人のような集中力で、通路の屋根に狙いを定める。そうしてしがみつくのに最適な場所を選び、また五〇センチ飛び上がって屋根の淵にぶら下がる。よく想像してみてほしい。高い木の枝にぶら下がる猿のような私の姿を。猿と私の唯一の違いは、猿はたいてい片手でぶら下がりながら前を向くが、私は両腕でぶら下がっていることだろう。片手でぶら下がる猿は木や枝や重力に対する支配力を見せつける。中にはただ楽しむために、そうする猿もいる。遊ぶようにふざけてみせるのだ。ともあれ、私みたいな人間は両手でぶら下がるだけで、自らが猿以外の何物でもないような気がしてくる。

私の両手はしっかりと屋根を摑んでいる。今こそ自分がどれだけ猿に近づけるのか証明する時だ。体中の筋肉に力を込めて、屋根から手を離すことなく、屋根の縁に体を持ち上げた。ついに私は屋根の一番上に腰掛けて、背筋を伸ばし、登頂を成し遂げた達成感と成功に対する満足を感じる。

私は今、暗闇の中に座っている。屋根の上、マンゴーの木の近くに。その木に手を触れることは、私の小さな夢だ。あのパプア人はもう視界にはいない。下のゲートの前で見かけた係官たちももう見えない。

それにしても、監獄の裏は何て暗いんだろう。この暗闇は、私の想像をはるかに超えて広がっていることだろう。実際、海とジャングルは無へと化していく。どの木にコオロギたちが巣を作っているのかわからないし、どの辺りにいるのかさえわからないが、この一帯はすべて彼らの声に包まれている。コオロギ……暗闇……静寂……畏怖……それが目の前の光景のすべて。

矛盾するように聞こえるかもしれないが、コオロギたちはその合唱を少しの間止めることもあり、そのおかげで私は深い静寂を知ることができる。コオロギの音(ね)と静寂の音の対比。畏敬の念が湧き起こる。周りが騒がしければ、コオロギの鳴き声を聞き取れるはずはない。コオロギたちの合唱は、静寂の旋律と美しく響き合う。コオロギの鳴き声のおかげで、静寂はその存在感を増し、その逆もまた然りである。

うめき声が止まった。

今いるこの通路の屋根の上から、グリーン・ゾーンが見える。これまで伝え聞くしかなかった独房。戦慄が走る。

古びた黄色い灯りのランプが、辺りをぼんやりと照らす。その灯りによって、向かい合う二つのコンテナが見える。ガラスの代わりに木の板が窓を覆い、マッチ箱のように小さい部屋にはドアが一つある。そして天井では、いつ止まってもおかしくなさそうな扇風機が単調に回っている。この扇風機の回転を見ていると気が変になる。扇風機の羽はくたびれている。蝶のようにも見える蛾の群れが黄色いランプの前を飛び回り、透明な雲を作っている。ようやく暗闇に目が慣れてきた。

グリーン・ゾーンには三、四メートルの空き地があり、その端のフェンスの近くに二本の椰子の木がある。椰子の木は不気味で、畏怖の念を掻き立てる雰囲気がある。その幹は黒く、監獄内のほかの椰子の木よりも背が高く見える。空の高さを知りたければ、顔をまっすぐ空へと向けて仰ぎ見なければならないだろう。だが、木の下に立ってみると、木の上の方はほとんど雲と同化してしまい、そのてっぺんがどこにあるのかはっきりとはわからない。椰子の葉と実も、黒い雲と黒い空に溶け込んでいる。

また、フェンスのすぐそばにとても小さな詰所[20]が見える。それは何かの動物の骨格のようでもある。詰所は暗いが、そこで一人のパプア人が隠れてブラスを吸っているようだ。口の中で棒を回転させていたパプア人のように、彼も椰子の木にもたれて、慣れた手つきでブラスを吸っている。

辺りは真っ暗で彼の顔はよく見えないが、一瞬彼の両目が見えたような気がする。鼻も口も見分けられないのに、目が見えるなんておかしな話だ。正直に言うと、私のいる場所からは煙草を吸っている男がパプア人なのかどうかも定かではない。この距離からはその男がブラスを吸っているかどうかを見極めるのは不可能だ。あれは本当にパプア人なのか？　わからない。ブラスを吸っているのか？　それもわからない。人間の心は視覚や嗅覚の機能を無効にして現実を欺くのだろうか？　全く、確信とはおかしなものだ。

いずれにせよ、私はそれをパプア人だということにする。そしてさらに、そのパプア人は年寄りで、年寄りがよくやるようにブラスを吸っていると思うことにする。あのうめき声は少し前に止まってしまった。私が屋根に上がろうと努力している間に、誰かがその男の口を閉じたのだろう。静寂が広がっている。

天井に吊るされたあの扇風機だけが周囲に気を遣わない。だらしなくぶら下がったまま……音を出し……回転する。その隣では蛾の一家が黄色いランプの周りを狂喜乱舞している。束の間、私はなぜ、そしてどうやって屋根の上まで来たのかを忘れる。その時間だけ、私は解放された存在となる。監獄から解放され、監獄のシステムからも解放される。そして、誰もたどり着いたことのないマンゴーの木のこんな近くまで来た初めての人間であり、初めての囚人であることに誇りすら感じている。私は今マンゴーの木の傍にいる。その広い葉に鼻が当たりそうなほど近くに。私はたどり着いたのだ。登ってきたのだ。天空に向けて。監獄のてっぺんに。この光景を眺めながら、ジャングルと海を眺めながら、私は暗闇に溶けていく。

コオロギたちさえも静かになる。自分たちの居場所が別の動物に占有されたことをよくわかっているのだ。異なった表皮の、異なった血液の、異なった匂いの息を吐く動物に。あたかも、その光景とそこに存在するすべての要素との調和が、この動物とは相容れないとでも言うように。彼らは今、祝宴を中断して沈黙する。ただパプア人だけがそこで、自分の世界に浸っている。たとえ洪水が来たとしても、外の世界を気にすることはないのだろう。

沈黙する外の世界を感じていると、暗闇に目が慣れ始め、次第に風景が見えるようになってくる。唯一の問題は、薄い金属でできた屋根の上では、ほんのわずかな動きでも大きな音が出て夜の静寂を邪魔してしまうので、じっとしていなければならないことだ。

私が最も恐れていることは、**赤ん坊の父親**がされたように、地面にねじ伏せられ、グリーン・ゾーン、あるいは獄中のほかの独房に引きずられていくことだ。と言うのも、うめき声を上げ、その声で私をここに引き寄せたその存在、つまり私を圧倒してやまないその男と同じ状況に置かれた自分を想像するのを止められないからだ。ただうめき声を上げることしかできない男が私である夜は、いつかやって来るかもしれない。その場所でうめき声を上げて泣いているのは、私自身かもしれないのだ。

もしかすると、誰かが私のうめき声に引き寄せられて、監獄の私のいる場所まで来るかもしれない。私を見つけようと、まさにこの場所まで来るかもしれない。通路の屋根に上り、マンゴーの木の広い葉の傍で、この帝国の首長であることを宣言したコオロギたちと一緒に、この場所に座っているかもしれない。

じっとしてただ、この仮初の自由を楽しむべきだ。とにかく、私は今ここにいる。その理由は、私が思いつくどんな論理をもってしても説明できない。なぜここに引き寄せられたのかはどうでもいい。大事なのはこの優美な自由の感覚なのだ。歯の痛みは忘れていた。ありがたい。時々、歯茎の内側から痛みを感じる。しかし、この自由の感覚はとても力強く、痛みはさっと通り過ぎ、その直後にとどまり、そして消え去る。

コオロギは驚くべき生き物だ。私がその場所に足を踏み入れるやいなや、彼らはお互い示し合わせたように静かになる。それはまるで、協奏している最中に、オーケストラの指揮者の合図で音楽家全員が演奏を止めて立ち上がるかのようだ。そして彼らの平穏をかき乱したこの新しい動物が脅威ではないと確信すると、また合唱を開始する。しかし今回は違っている。ゆっくりと段階を踏みながら、彼らは以前のリズムに戻る。まず彼らの中の年長と思われる一匹がとても大きな、ほかのすべてのコオロギたちの通常の声を合わせたよりも大きな声で、全く違った曲を奏で始める。曲は次第に安定した単調な音に変わる。そこにほかのコオロギたちが異なる間隔で加わり出す。それは誰が聞いても完璧な合唱団のハーモニーである。

その夜の静寂と平穏は二つの顔を見せる。矛盾を孕んだ夜。恐怖は一層強くなり、空はより暗く、椰子の木はさらに荒れ狂う。震える枝とぶつかり合う葉の音は大きくなり、はっきりと耳に届く。波の音も、より荒々しくこの島の岩肌を打ち付け、夜の音と溶け合っていく。私には、これらのすべての音がコオロギたちの神秘的な声によって結び付けられているように思える。

この生き物は、夜と分かちがたい友情を結んでいる
この生き物は、夜の言葉をよく理解している
この生き物は、暗闇を熟知している
この生き物は、恐怖を知り尽くしている。

だから私はこの場所から離れられないでいるのだ。この光景の一部になっているのだ。その中に存在するすべてが、通路の屋根に横たわるこの青緑色の目をした生き物を、その場を織り成すものの一つとして受け入れる。静けさが与えてくれるこの新鮮な感動と、自分自身について新しい発見をしたような崇高な感覚が、この場所にとどまっていたいと私に思わせる。監獄に戻ることなど考えられない。

こんな時は、いつも煙草が欲しくなる。悪い癖だ。いや、良い癖かもしれない。まぁどちらでもいい。この依存性に、煙草を吸いたいと思う欲望に、私は逆らいたくない。ただ時折、今夜のように煙草を忘れ

ることもある。上を見上げる。暗い空。煙草があってもなくても、何も変わらない。いずれにせよ、監獄にはライターがないので、どこでも煙草を吸うことはできない。もし煙草を持っていたとしたら、吸いたいという気持ちが高まって、おそらく火を探しに屋根から下りていただろう。そして口の中で棒を回転させているパプア人を邪魔していただろう。

煙草のことを忘れることで、この場所に長くとどまっていられる。コオロギたちの声をもっと聞いていられる。海の音をもっと聞いていられる。夜の音をもっと聞いていられる。椰子の木の音をもっと聞いていられる。耳の中でこだまするいくつもの音を楽しむことができる。グリーン・ゾーンから聞こえる嘆きと悲しみの声、私をここに連れてきたあの声のことをだんだんと忘れている。どうすることもできない。私には何かを変える力はない。私は無能な盗人でしかない。ただ屋根に上がる方法を知っているだけの生物に過ぎない。

すべての行動に論理的な理由が必要なのだろうか？　ああ、人間の心は何て欺瞞に満ちているのだろう。夜の恐ろしさと荘厳さの中で息をしながら、私はその場に取り残される。今夜、空はどこか異様だが……静かだ。雲は厚く暗い層を成している。星は暗い空の最も遠いところにあり、そこでまたたき続け、そして見えなくなる。それをただ感じることしかできない。

一瞬、私は自分の体をグリーン・ゾーンの方向へと向ける。右手は柱のように私を支え、頭は硬い屋根から多少離れたところに固定される。これはもう一つの私の癖だ。体の各部分が無意識に動いてしまう。自分の考えや気分に関係なく、知らないうちに体が動いている。頭ではなく、骨が指示を出しているのだ。そんな時、体の各部分は私に従わず、それぞれ勝手に動き出す。元の位置に戻れと、命令を下すことはしない。体が右側に横たわっても、それに逆らうこともしない。体の側面の筋肉と腕を揃えて体を右に横たえ、腕を柱にして、手のひらの上で頭を休める。

目もいつもとは違う感覚を得る。独特の感覚。体のほかの部分とは異なり、目の前のイメージが突然、奇妙なものになる。

猫のように素早い動きで屋根に飛び上がったことには、何か理由があるに違いない。屋根の上にいる間、間違いなくこの体は心とは独立して動いているようで、私の怠惰な心は、なぜそもそも自分がここにいるのかを考え続けている。

私はここにいる。お決まりの格好で横になっている。今この時、ここにはコオロギしか存在していないかのようだ。私もまたここにいるには違いないのだが。

たぶん、今宵が平穏だから
たぶん、あのパプア人が周囲に無関心だから
たぶん、マンゴーの木がとても優しいから
これらすべてがその理由になるだろう。

私の無意識の奥深くにある何かと、目の前の光景の完全さとの間に、一種のつながり、一種の相互作用が生まれているようだ。それは、手の届かない遠い場所のイメージに満ちた、自覚されない潜在意識。頭の中が、火薬と戦争の匂い、愛と栗の実、小麦、ハト、ヤマウズラ、そして山々で溢れる。さらには、穏やかな夕暮れと、静かな思索がもたらす深い恐怖。その思いが遠い昔へ、はるかな故郷へと私を連れ去る。

何を隠そう、私は戦争の子どもだ。そう、私は戦争の最中に生まれた。戦闘機の轟音（ごうおん）の下、戦車のとなり、爆弾のそばで、火薬混じりの空気を吸い、死体の間、静かな墓地の中で。その頃、戦争は私たちの日

常生活の一部で、私たちのアイデンティティの内を血のように流れていた。無意味な戦争、価値のない戦争。愚かしい。歴史上のすべての戦争と同じ、愚かな目的の戦争。私たちの家族を破壊し、生気に溢れ緑豊かな私たちの故郷を、すべて燃やして灰にした戦争。

私は戦争の子どもだ。犠牲になったと言うのではない。私はそんな言葉を押し付けられたくはない。だが、あの戦争は犠牲を伴った……、そして今も犠牲を出し続けている。

戦争の燃えさかる炎から生まれた犠牲
戦争の侘(わび)しき灰から生まれた犠牲
生と死の境で
生き延びるために微笑む——母親たちは涙をこぼし、血にまみれる
苦痛の宝庫のような地。痛みと飢え
言わずにはいられない。私の叫びを聞け。私は戦争の子ども
業火の子ども。灰の子ども。クルドの栗の木の子ども
私は、正気ではない。ここはどこだ？
なぜ夜をこれほど恐れるようになってしまったのか？　なぜ私は眠れない？
お願いだ——想像と忘却の世界にこの身を投じさせてくれ。

私がどこから来たかって？
川が流れる大地、滝が打つ大地、古代の聖歌が鳴り響く大地、山々が連なる大地からだ。
山の頂からやって来たと言うのがふさわしい。高地の空気を吸って育った。そこで笑っていた。そこで

風に髪をなびかせていた。古い栗の木の森の中の小さな村からやって来た。
昔は戦争にうんざりしていた。隣国から戦象たちが、私たちの活気に満ちた美しい農場に踏み込んできて、何年も戦い続けた。その太い足と膨れた腹で暴れ回った。どこもかしこもその下敷きになって壊された。その戦争は私たちの戦争ではなかった。その暴力は私たちの暴力ではなかった。その戦争の劇場は私たちが作り上げたものではなかった。それは招かれざる戦争だった。それは飢饉や地震のように、まさに天が引き起こす災厄だった。
母はいつもため息をついて私に言った。「息子よ、お前は避難と逃走の歳月と呼ばれる時代にこの世に生まれてきた」と。この言葉は、あの惨めな時代によく口にされた言葉。人々が戦闘機に怯え、山へと逃げた時代。持てる物はすべて持って逃げた。そして栗の木の森に逃げ込んだ。

山々のほかに、クルドの民に友がいるだろうか？

怯えた母親たち……彼女たちは母としての本能に従い、子どもたちを抱きかかえて山へと逃げる。少女たちは隊を、いくつもの隊を成して戦争の最前線へと赴く男たちの心に自らの夢を託した。数え切れないほどの兵士たちが亡骸となって帰ってきた。そして葬られた夢に慰めを与えたのは、あの栗の木だった。

誇り高い栗の木
悲しみを共にした栗の木
あの山々の栗の木
栗の木だけが、清らかな乙女たちの夢の美しさを知っている

岩だらけの斜面に憩う夢
深い谷間で若くして死にゆく夢
ざらざらとした木の幹の傍で
暗い森の中で短い命が終わりを迎える
避難と逃走の日々
恐怖の日々
暗闇の日々
苦痛の日々。

誰もが持てる脚力を振り絞って山を目指した。

幾多の困難を乗り越えて、崖の上や暗い洞穴に身を隠した。廃村となった暮らしの息遣いがまだ残る空き家に逃れることもあった。その空き家は、夜明けまではもたない蝋燭の火に似ていた。長い陶製のパイプをくわえた老人たち。年老いた男たちが……犠牲になった……より将来性のある者たちを逃がすために犠牲になった……若い男たちを逃がすために犠牲になった。彼らはそこに残って、夜通し思い出をたどる。飢えと渇きで死がもたらされるその時まで、思い出と共にそこに残る。そこに残って、最期の時を迎える。年老いて弱い者から衰弱していく。山にたどり着けない者は死ぬだけだ。それが定めで、そういうものだった。あの頃はそれが当然のことだったのだ。

だが自然の法則とは、無慈悲なものだ。荒廃をもたらす自然の胎内から生まれたのが人間であり、破壊的な戦争屋どもだった。何もかもが闇の色と苦々しい思いに溶け込んでいく。夢……希望……豊かさ……微笑み……美しさ……すべてが失われた。

戦争が世を覆っていた。その時代は恐怖と死が君臨し、誰一人として、その支配を免れることはできなかった。息子と敵対する父親たち、父親と敵対する息子たち。すべて恐怖のせい、馬のいななきのせい、死を象徴する馬のせい。すべてが悪夢の色に塗りつぶされた。最後の日々には……愛までもが。

敵意はこれ以上ないほど高まり、耐えがたい憎悪に歯ぎしりをする。古傷が開き、戦いの刃は歴史のよどみ、憎悪の歴史へと投げ入れられる。そして憎しみの種をまき散らす。かつては善に溢れていた草原一面に。生き生きとした緑が溢れる豊かな故郷に。腐敗した臭いがその地を覆う。敵もまた、誰が敵なのかを知らない。一方には、鋼のような決意と共に信仰の名の下に戦う軍団がいる。もう一方にも、信仰の名の下に戦う軍団がいる。一方ではイラクのバアス党主義者たち[21]が砲弾を使い果たし、その一方ではイランの狂信者たちが発砲する。その間にある私たちの故郷は荒れ果ててしまった。二頭の巨大な戦象たちが被害を与え続けた。

ペシュメルガ[22]も山中で戦った。まさにその名が、故郷と尊厳を守ることを表していた。それは、歴史上のすべての戦争と同じで、終わりのない戦争だった。過去の戦争に端を発する戦争。そしてその戦争もまた、別の戦争へとつながっている。歴史の暗部から生み出された戦争の連鎖。数世紀を経て、恨みの種が再び血の色をした花を咲かせた。

その悲劇を目撃したのは、まさにこの山々
嘆き悲しんだのは、古代からそびえる栗の木々。

私はこの戦争の大釜の中で生まれた。牛糞の悪臭のする忌まわしい出生。この世界に存在するものすべてが力を合わせ、共謀し、合意のもとに私をこの世に送り出した。射手の弓から放たれ、苦痛の部屋へと消えていった矢のように。苦しみと嫌悪感。様々な侮辱が調合され、様々な形状の痛みへと変えられる。戦争。棄てられた村。陶製の長いパイプをくわえた老人たち。そして一つの汚らしい家畜小屋。舞台設定はこれで完成。やりたての肥やしの悪臭が漂う中で繰り広げられる人生の劇場。

廃村で牛の傍に生を受けたから何だって言うんだ？

繁栄の香りが立ちこめる楽園の如き環境に生を受けた人間とは違うとでも言うのだろうか？

あの家畜小屋は、生まれたばかりの赤ん坊の排泄物を検疫するための場所なのだろうか？　この世界にやってきたばかりの子ども、戦争に翻弄された赤ん坊の汚物を閉じ込める場所なのか？　ぴったりの箴言がある。「家はいつもきれいにしておかねばならない」。本当に、何てくだらないんだろう。馬鹿馬鹿しいにも程がある。全くもって、これは侮辱だ。どう考えれば、弱々しい生まれたばかりの赤ん坊と、それよりさらに衰弱した母親が、穢れをもたらすことになるのか？　この世界に不浄を持ち込んだとでも言うのか？　どんな穢れだ？　汚されていない場所など、どこにあるというのか？　どの路地も、どの村も、どの都市も……糞で溢れている。どの建物も、どの果樹園も、どの庭も、どの牧場も、どの尖塔も、すべて汚れたままだ。それに、牛舎の中で新しい命をこの世界に迎える意味がなくなってしまうんじゃないか？　堆肥の山に囲まれた赤ん坊。私は想像し続ける。きっと私が産声を上げた瞬間、牛という牛がその衝撃に頭を振ったに違いない。

何か特別なことが起きて、何か珍しい生き物が生まれてくることに牛たちが気づいていたのは驚くべき出来事だ。戦争で荒廃した街で牛が頭を振ったなら、戦争で疲弊した人々はその出来事に畏敬の念を感じ、哲学的な解釈をすることがあるのかもしれない。

母は私に言ったものだ。「お前が人間の世界に飛び出そうともがきながら、小さな足で母さんの子宮の壁に最後の一蹴りを入れた時、私は何が起きているのかわからず、押し流されたみたいになって……意識を失ってしまったんだよ」と。たいていの者はこう思うだろう。産道が狭く、私の頭が大きかったのだと。生まれる時から私は周囲に迷惑をかける類の人間だったと？　いや、そうではないと言いたい。それは恵まれた立場にいる者の思考、科学の進歩で帝王切開の恩恵を受けられる者の考え方だ。母は飢えていたのだ。

私は戦争の最中に生まれた。突然、空から降ってきた戦争。まるで爆弾の破片が体の重要な部分に永遠に深く食い込んだように、生後一日の赤ん坊の精神的構造と心理状態にさえトラウマを残した。しかし、子どもの成長は戦争になど負けてはいない。それを言葉で表現するなら、戦争の後の平穏とでも言おうか。すべてが変わってしまっても、そのすべてが同じ程度に変化するからだ。

幼少期は最初の戦いだ。幼少期というのは神話であり、完璧な叙事詩でもある。人は誰しも生まれた時は裸で、小さく、剝き出しで、無防備だ。人はいつも旅の途上にいる。死を複製し、死と永遠に絡み合い、常に変化する子ども時代。

だが私は、あたかも観察者、上から見ている観察者であるかのように自らの省察を書き連ねる。そうすることで、刃物で切り裂くが如く、攻撃的に自分自身の経験を切り開くことが可能になる。舌を剣のようにして、自分の内側を深く、深く切り開いていく。まるで乾いて凍えそうな夜を描く悪夢、人生そのものを見せる悪夢から目覚めた瞬間のように。

子どもの頃の一番最初の記憶は、戦闘機が容赦なく空から襲ってくるというものだ。戦闘機が栗の木の森の中にある村の上を、空を真っ二つに裂く勢いで飛んで来る。私の子どもの頃の一番古い記憶は、私たちの骨の髄に流れる恐怖と同じものである。ああ、何と言うことだろう、サイレンが鳴る時、戦闘機が轟（ごう）

音を出す時、戦車が唸り声を立てる時、女たちは最も熱心な観察者となったのだ。幾度となく私は、死んだ者たちが、まさにその者たちが生まれた家の上に落とされた、一〇〇トンの爆弾が残した破壊の跡に横たわっているのを想像した。瓦礫、煙、粉塵、煙霧、衝撃、熱、様々な色の火花……すべてが圧倒的で……すべてが心の奥の奥にまで入り込んでくる。しかし、これは最も痛みが少なく、最も慈悲深い死だと考えられていた。私にさえ、それは最も穏やかな死に方、一瞬で完全に消え去る手段に思われた。

戦争の印象やその傷を、私は母を通じて受け取ったのかもしれない。女たちは戦争を、洪水や台風と同じもののように理解していた。生き延びるために戦い、彼女たちは戦争を最後まで生き延びた。戦争をめぐる私の記憶の中に、男は一人もいない。子どもと女しかいない。

私は戦争の子ども
戦争は神話のよう、そう巨人の襲撃のようだ
戦争は四つ子の一人——欠乏と貧困と恐怖と共に生まれた
命はいつも戦争よりも、貧困よりも、欠乏よりもずっと意味がある
私にとって命はいつも荒廃の中から生まれてくる
私にとって命はいつも荒廃の中に隠された美しさから生まれてくる。そして荒廃の悲惨さは、万人の眼前にこれ見よがしに晒される
命は開かれた本のように人々の目に晒される。柔らかく滑らかな女の脚のように、その長い首のように、ワインのように赤いその髪のように、人々の目に晒される
命は偶然の賜物。運命は鼓動のように続いていく。世界の光は現れる、奇跡のように、いずれ収まる爆発のように。

私はボロボロになって砕け散る。古びた私の過去は、粉々になって散らばってしまった。一体性は失われ、元に戻ることは二度とない。記憶の中の様々な光景が、短い物語のページをめくるように、光の如き速さで移り変わる。東方の社会には、人々を抑圧する何かがあり、精神的成熟が少し遅く、精神が持つその可能性に気づくのも少し遅いように思える。そして時には、そうした自覚や心の解放を知ることが何を意味するのかを人々は知らずにいる。人生における成長と発達は、自身の土台となる家族から友人と過ごす時間へと……その友人からまた別の友人へと……今いる街から別の街へと……別の恋愛へと……別の生へと……別の死へと……絶え間なく移ってゆくことで成し遂げられるのだ。

正直に言うと、私は自分自身のことがよくわからないし、将来どうなるのかもわからない。自分の過去を何度も繰り返し理解しようとしてみた。愛する者たちの死によって明らかになった過去もあったが、それでもまだ、私の心の中で凍りつき、固まってしまった過去もある。年を取るにつれて、記憶はいくつもの連なった島のようになってゆく。それでもばらばらで、不安定な感覚が消えることはない。人生にはたくさんの島がある。そしてその島は、互いの存在に全く気づいてはいないようだ。

そして、学校という組織。それはいつも私を閉じ込めるものだった。そこで私が学んだことは、逃げるための訓練だ。それは必要な訓練、大切な訓練である。実際の人生で直面する出来事を、空想的な場面や出来事に変える。現実を最も輝かしい方法で作り直す。

不意に現れた番犬から逃げろ、緑豊かな中庭の裏口を蹴破って
盗人を演じるかの如く
そして逃げ込め、気難しい老人の囲い込まれた杏の果樹園へ、老人の唯一の武器は杖のみ
頭の悪い惚れっぽい七面鳥の卵を取って逃げろ。金色の小麦畑、村有農地に迷い込む

学校から逃げろ
捕まえようとする果樹園の農夫の手をすり抜けて逃げろ
　季節は巡り、長い冬がまどろむ。

逃げることとその場に立ち続けることは、二つの相容れない姿勢、二つの歩み寄ることのない姿勢だ。意志の強さによるにしろ、執念によるにしろ、はたまた反抗心によるにしろ、人はどのように自らの力を発揮するのか、どのように自らの意志を示すのか。そこにそれぞれの美徳が映し出される。
　私は何度か恋に落ちたことがある。恋愛。それはおそらく私の人生で最も理解しがたい問題だ。二人の人間の間に生まれる愛。古代の歌の調べと響き合い、泉の清涼な水のように湧き上がり、どこまでも広がる青空に刺激されて見る幻影のように気分を高揚させる恋。恋との出会い、それは数えるほどしかない出会い。それぞれが特別な人、それぞれが特別な出会い。

死ぬほどの恋に落ちる
泣きたくなるほどの恋に落ちる
食べ物が喉を通らぬほどの恋に落ちる
特別な引力
特別な魅惑のエコロジー
特別な現実逃避
二人の人間が織り成す最も豊穣な真実。

恋、その部族で最も美しいアシャイエールの少女に覚えたような。恋、アシャイエールの少女への思慕、その一族の麗しい少女への思慕。恋、季節ごとに移動する遊牧民のアシャイエールの少女への恋慕。緋色の鬣（たてがみ）の雌馬に乗るアシャイエールの少女への恋。雌馬に乗って歓喜に満ちて移動を続けるアシャイエールの少女への恋。

刺だらけのアーティチョークの香りに魅了された丘の上で私は恋に落ちる
春の日に私は恋に落ちる
カモミールの花の香りに抱かれて私は恋に落ちる
山から切り出す石で作った王座に座り、私は恋に落ちる
希望と夢に呑み込まれながら私は恋に落ちる
若者の悩みに沈みながら私は恋に落ちる
地平線を見つめながら私は恋に落ちる
地平線が栄光に輝く遊牧民を運び去る時、その部族の娘を運び去る時、私は恋に落ちる
部族の者たちが立ち去り、旅人たちが旅路に向けて出発し、栗の木の森に隠された村にひとり取り残された時、私は恋に落ちる
彼らがゆっくりと、一歩一歩、一度は見失った目的地へと歩き出す時、私は恋に落ちる。

三〇歳を過ぎた今、私はこれまでの自分の振る舞いや感情を振り返る。もう巻き戻すことはできない。あの時を取り戻す方法はない。しかし、あの思いの残り火は消えていない。遠い過去を大切に抱き続けることは、何かを探し求めてきた私が人生の中で手に入れた、最も大きな成果の一つなのだ。

——＊——

猫の鳴き声は、とても深遠で謎めいている。計り知れず、極めて神秘的で、髪が逆立つような鳴き声。ミャオというかすかな鳴き声が、グリーン・ゾーンの向こう側から聞こえる。猫はいつも人知を超えた何かの存在を匂わす。特にこうした不思議な出来事が夕暮れに起きる時、猫は奇妙な恐怖感を呼び起こす。例えば誰かが家で座っていて、ペットの猫が夜の暗闇に紛れ、食器を蹴散らし台所を滅茶苦茶にするだけでも、恐れを感じてしまう。もし毛色も顔も馴染みのない猫がいて、その鳴き声がミャーではなくうめき声であったなら、どうだろうか。

理解を超えた強い力が働き始めているのは明らかだ。夜の暗闇、猫の目、コオロギたちの合唱、飛び回る蛾、そして猫の鳴き声。すぐ近くで何か重大なことが起きようとしていることを人間の無意識に告げようとする不思議な力。本能の使い方で言えば、動物たちはいつも人間の先を行っている。聞きなれない馬のいななき、いつもとは違う犬の徘徊、落ち着かない様子の豚の鳴き声、時刻外れの雄鶏の鳴き声……、どれもこれも、まさに起きようとしている恐ろしい出来事の前兆になりうる。

私はこんな時、自分の乏しい知識で猫の鳴き声を理解しようとする。体力と知力を振り絞り、腕と脚を引き寄せて身構える。ついに、私のいる場所からドアが見えている部屋の横に猫が姿を現す。猫は一定のリズムで歩みを進める。その歩き方は、一秒も無駄にすることなく広い場所を横切ろうとするかのようだった。私は猫の心を読もうとした。猫はただその場所を通り過ぎたいだけのようだ。その小さな四つの足が、そこから逃げ出そうという意志を表しているように私は感じた。

黄色いランプの明るさと夜の暗闇の境目に差しかかった時、猫は大きく跳んで見えなくなる。何色の猫なのかはわからないが、毛の色に関係なく黒のイメージが私の心に刻まれている。闇と光の境界を跨ぐその最後の跳躍で、猫はテーブルと椅子にぶつかり、その場の静寂が打ち破られる。

突然、数秒もしないうちに、複数の亡霊のような人影が部屋から出てくる。そのうちの一人が驚くような速さで暗闇の方へと逃げ出し、ほかに数人の体格の良い者たちが追いかけて来る。最初に逃げ出した男が、耳をつんざくような大声で何度も叫び声を上げる。そして椰子の木に寄りかかっているパプア人の隣に来る。するとたちまち体格の良い男たち――すぐにオーストラリア人の係官だとわかる――が逃げた男の顔にフラッシュライトを向ける。その男は囚人の一人に間違いない。係官は三人いる。正確には、椰子の木に寄りかかっていたパプア人を入れて四人なのだが、私は彼を本当の係官とは見なしておらず、ただの追加人員だと考えている。というのも、パプア人たちはそもそも、監獄の中ではいかなる自主性も力も奪われているからだ。彼らがそこにいるのは、ただ両国が合意した条件の一つとして、収容施設で彼らを雇う義務があるからに過ぎない。

その囚人は今、ライトに照らされている。顔と体をまっすぐに照らされ、彼の姿はよく見える。下着だけのほとんど裸の男。着ていた服を何らかの理由で脱がされたようだ。おそらく誰かが脱がせたのだろう。彼の姿を見た時、その印象にとても驚かされた。彼はひどく痩せていて、肋骨がはっきりと浮き出ている。背は高く、顔は剝き出しの頭蓋骨のようで、頰の下には大きな窪みが二つある。腕と脚が長く見えるのは、異常なほど痩せているからだ。彼の目は……いや、目の色と大きさははっきりと見えないので説明ができないが……それでも何となくわかる気がした。怯えた目だ。その目は頭蓋骨の窪みに沈み込んでいた。

その囚人は係官の詰所を背にして、彼の目を眩まそうとするライトをじっと見つめる。息を切らし、喘いでいる。その呼吸の音は私にまで届き、私たち、つまり今は沈黙しているコオロギたちと私に合流する。身構えた男の姿は、敵に囲まれた戦士のようだ。

少し前までパプア人は、椰子の木に体を預けて夢見心地に浸っていたが、今は係官たちに加わっている。

彼も囚人のやつれた顔にフラッシュライトを向けている。実際、その状況に加わることになるやいなや、彼は係官たちが集まっている場所に歩いていき、彼らの傍に立ち、列に並ぶように彼らの後ろに控えた。囚人の目と係官のライトがかち合う。しばらくの間、そのままにらみあっている。係官たちはライトの光をまっすぐ向ける時、決まって一、二歩前に進む。

囚人は動かない。ただ拳を握り、襲いかかろうとする動物のように、腰を沈め、いつでも飛び掛かれるように身構えている。怒って食いしばった歯を剝き出しにしている。その姿勢は、同じような恐ろしい力に屈して、小さな唸り声を上げている犬のそれだ。だが彼の弱々しい声は、反対に係官たちに力を与え、さらに前に進ませる。ライトの光はさらなる集団の暴力となって、彼の顔や目に向けられる。おそらくこれは前もって示し合わされていたことで、狙いを定めてフラッシュライトで彼の瞳孔を照らし、目眩を起こさせようと言うのだろう。あるいは砲撃のように光を浴びせかけ、一気に男を混乱に陥れ入れるつもりだ。

予期せぬ叫び声……唐突に……無意識に……囚人の男が激しい怒りを込めて叫び声を上げる。係官たちは後ずさりし、それまでに縮めていた距離を手放す。

男は、聞いたこともないような獰猛な叫び声を上げる。肺の力だけで動く、特定の身体部位と臓器にしか支えられていないとても小さな人間の発声器官……。どうすれば、あれほど響き渡る声を放つことができるのだろうか？　彼が叫び声を上げたのは一度だけだった。だが、私が今、言葉を駆使して伝えようとした彼の轟く声は、デルタ監獄やオスカー監獄にまで届いたことは間違いない。夜中のこの時間にまだ起きていて、突然の謎の叫び声を聞いた者たちがほかの監獄にもいただろう。その声を聞いた者たちは、ただ互いに見つめ合う。そして耳に神経を集中させてみるが、もう何も聞き取ることはできず、やがて先ほどまで見つめていた空間に視線を戻すのだろう。

だが、男は一度叫び声を上げただけで満足してはいない。格闘技の競技者のように、彼は右脚をできる限り高く振り上げ、そして地面に叩きつける。続けてまた大声で係官たちに言う。「このくそったれ！このくそったれ！　お前らは馬鹿野郎だ！」それまで私は、あれほど体が柔軟な者を、あれほど高く脚を上げることのできる者を、見たことがなかった。実際、彼の脚は頭よりも高く上がっていた。地面を打つ時の彼の脚の逞しさと力強さは、本物の鞭のようで、係官たちを一気に怯ませるには十分だった。係官たちは一歩どころか数歩下がり、手に持ったフラッシュライトのコントロールもうまくできない。もし係官たちの人数がもっと少なければ、思わず粗相をするところだっただろう。ここからではっきりしたことは言えないが、実際に失禁した者もいるかもしれない。視線を我が下半身に向ける。私は大丈夫のようだ。温かい液体が脚を伝って流れるのは感じない。驚きはしたがそれは確かだ。

係官たちは混乱に陥っている。そのうちの一人はすぐさま無線機の電源を入れ、ぶっきらぼうにボソボソと話す。明らかに彼らは取り乱していて、散り散りになっている。

この囚人には驚かされる。何てすごい奴なんだろう。信じられない。ほんの少し前には肋骨が浮き出ているのを見て、彼に憐れみと嫌悪感を感じたが、今は目の前にいる恐ろしいほどの威圧感を持った存在に衝撃を受けている。その目たるや、まるでヒョウのようだ。

その場で最も落ち着いているのはパプア人だった。彼はまだフラッシュライトを握って囚人の方に向けている。事もなげに、平然としてライトを握っていた。そのような態度だったのは、彼の性格が元々冷静で穏やかで醒めていて、目の前のことにも全く関心がなかったからだ。隣でひどく怯えて足がすくんでいる同僚たちに比べ、彼は全く恐れていなかった。何よりも彼はただ、もう一度その痩せおとろえた筋肉を見ようとして、囚人にライトを向けているようだ。彼がライトを動かす様はまるで捜査官のようで、囚人の男の腕、脚、肋骨、首、そして二頭筋を精査している。間違いなく、彼のパプア気質は、ある問いの答えを探している――一体これはどういう現象なんだ？　そして彼はこの男の力の源について考え、どの筋肉の力なのかを考え、その筋肉の特性について考えている。

結局のところ、人間とはそういうものだ。予期せぬ状況にあっても、不思議なことや興味をそそられるものには惹き付けられてしまう。だが、予想がつかないということは恐ろしくもある。特にこの状況では、恐怖を感じるのは当然のことだろう。

無線で話をしている係官は、その場からすっかり姿を消していた。囚人の男は最初からずっと拳を握りしめ、係官たちを睨みつけている。今この時、もう一度叫び声を上げれば、その場の全員、つまり係官たちと無関心なパプア人を追い払うだけの強さと力が、彼にはあるに違いない。

突然、男たちの一団がその場に現れる。彼らは無線で話していた係官が出て行ったところからやって来る。数人は部屋から出てきてまっすぐに囚人のところに向かい、また別の数人は囚人を取り囲む係官のところに向かう。彼らはみな、しっかりと鍛えあげられた逞しい体をしている。無線を持った係官は彼らの後ろからついてくる。彼は状況に的確に対応して、突撃部隊ストライク・フォースを呼んだのだ。それは、**赤ん坊の父親**をひどく痛めつけてねじ伏せた男たちと同じ集団だ。

数えるのは得意だ。四人一組の集団が五つ。掛け算すると合計二〇人。そこに二人加えて二二人。ほかに二人がすでにその場にいたので、二四人になる。あとはパプア人と無線を持った係官で、全部で二六人だ。ヒョウと対峙するサイ。それがこの闘技場にいる男たちに対する私の印象だった。まさにそうだ。二六匹のサイと一匹のヒョウ。サイとは係官のことだ。だが、彼らを係官ではなくサイと呼ぶ方がよりしっくりくるように思う。少なくとも今夜のこの状況では、この呼び名がぴったりだ。間違いなく。

どのサイも黒い手袋を身に着けている。甲の部分には、たくさんの小さな金属のスパイクが付いている。ボクシング用のグローブのような感じのものだ。手袋と金属のスパイクについては、この距離からはっきりと見えたわけではない。あの手袋の恐ろしさはすでに経験した者たちから聞いて知っていた。案の定、それが普通の手袋ではないことは後になってよくわかる。

ストライク・フォースについて言うなら、彼らのやり方はいつもどおりだ。彼らは、誰かを叩きのめしたり、多くの場合は地面にねじ伏せることが必要な状況になるといつも姿を現す。そうした状況になると、あの手袋をはめる。手袋をはめることは、それ自体が警告になっている。戦いのための舞台がすべて整ったことを意味する警告である。それを見た囚人は椰子の木の方へ飛んでいき、そこにしっかりとしがみつく。おかしな光景だ。彼の両腕は椰子の幹をしっかりと抱きしめ、頭はサイたちの方へ向けている。それは見方によっては、恋人たちの情交のようだ。ここでは、椰子の木と囚人の情交。両腕だけでなく両脚を巻きつけ、椰子の木を抱きしめる熱っぽい様が、情事という印象をさらに強くする。

囚人の男がこの体勢を取ると、間髪を入れずにサイたちが彼に突進する。一歩前進する程度ではなく、男を目がけて走り込んでいく。サイたちは、ハンターが使うような小さな網で彼をひょいと捕まえでもするかの如く追いかけてくる。彼らは囚人を捕らえて、サイのような腕と脚で完全に押さえつけようとする。つまり彼らの視点から言えば、作戦を成功裏に遂行しようとしているのだ。

ためらいもなく囚人は椰子の木の幹に口づけをする。現場から離れたこの場所からは、木の枝がそよ風を愛おしそうに撫でているようにも見える。そして囚人の口づけは、椰子の枝と実に特別な輝きを与え、その間をさっと吹き抜けるそよ風に美しさを与える。口づけを交わした後、彼の体は椰子の木から離れてサイたちと向き合う。指を一本立てて拳を固く握る。命令を下す独裁者のようだ。

「聞け、みなの者よ。私は預言者だ」

そう言うと彼は突然、暴君のような態度から打って変わって、弟子たちにお告げを聞かせている威厳に満ちた預言者のような人格に切り替わる。彼は今、なだめるような口調で熱弁を振るい、おもむろに目の前の者たちに宣言する。

「私は預言者だ。私はすべての者を正義の道に導くまでここから動かぬ。仲間たちよ、いつも私と共にいた最愛の弟子たちよ、いつも私の隣にいてくれる弟子たちよ……今日こそ復讐の日だ。今日こそが、美徳を不正義に換えてしまった者たちへの復讐の日だ。今日こそ、昨晩私の妻の命を奪い、子どもを戦利品として連れ去った者たちへの復讐の日だ」

だが無線を持ったサイは、連絡を取り続けている。ほかのサイたちの感情と心理状態は到着時とはすっかり変わっており、彼らの多くはただ凝視しているだけ。凝視している者のうち、数名はこの出来事の証人となるべく、フラッシュライトの光で囚人を照らす。

囚人は続ける。

「私たちはみな人間だ。人間はほかの人間を思いやるものだ。これが正しい道だ。そしてこれが人類に与えられた苦しみなのだ。人間は人間を思いやる。人間は鎖につながれるべきではない。人間は人間と敵対しない。まして、人間は椰子の木と対立することもない。この椰子の木もまた人間だ。この椰子の木は私が愛する者なのだ。我々のうちの邪悪な者が私の妻を殺したのではなかったか？　だが、この椰子の木は今夜、星なき天空の極みに昇る。この椰子の木は私の妻の魂を宿している。そう、仲間たちよ。人間は人間を思いやる。そして人間は人間と敵対しない。弟子たちよ、今日この日こそが復讐の日だ。だから私は、モーセにならって、イエスにならって、現代の預言者にならって、今日この日、まさにこの場所で、この椰子の木の傍で、愛する者の傍で、お前たち一人ひとりにこの箴言を授けよう――人間は人間を思いやる。そして人間は人間と敵対しない。どうかそのことを覚えておいてほしい」

サイたちの一人が、彼と対話を始める。「何がしたいんだ？　おぼっちゃんみたいな服を着てベッドでおねんねしたいのか？」

預言者は再び雰囲気を変えて応答する。「なぁそこのパプア人さんよ、君がこの島で一番立派な人間だと知っていたかい?」

地理と場所に関しての彼の思考力は、間違いなくまだしっかりと機能している。彼は対峙している男たちの文化的なアイデンティティについてもよく理解していて、普通の人々が生きる世界と彼が立っているこの大地は共生関係にあるのだと言おうとしているのだ。

そして彼は続ける。

「私は君がこの島で一番立派な人間であることを知っている。君が履いているそのブーツがどんな匂いなのかも知っている。糞便とゴミのように臭いことを知っている。だがそんなことはどうでもいい。人間は人間を思いやり、人間は人間と敵対しない。大切なのはこの箴言だ。君は良い人間だ。だが私は、いつの日か悪魔のような高官が、私を殺すよう君に命じるという啓示を受けた。恐れるな。君が私の妻を殺したと言っているのではない。しかし、この場所で、私の最愛の者が宿るこの椰子の木の傍で、いつの日か君は私に襲いかかるだろう。いつの日か君は騙され、悪魔の果実を口にし、私に襲いかかるだろう」

その演説を終えるやいなや、彼は再び椰子の木に抱きついて、何度も口づけをする。そしてまた元の位置に戻り、大声で叫ぶ。

「受け入れよ、この木が私の守護者であると受け入れよ。この木は私を救う者。私はこの幹と一つになりたい。これは私、私なのだ」

彼はこの「私」という言葉を、驚くほど力強く命令口調で言う。

パプア人は、見るからに呆然としている。この殺人の預言は、彼にとって恐ろしいものだったに違いない。だが同時に、パプア人の態度の内には、彼を「この島で一番立派な者」と讃えた預言者に対する慈悲と思いやりの感情もある。預言者を抱きしめることと、彼に手錠をかけることのどちらをも望んでいるかのような仕草で、パプア人は腕を動かす。その間ずっと、彼はかすかな声で何度も囚人の男に話しかける。「兄弟、兄弟よ、その木から離れろ。こっちに来い。部屋に戻るんだ」

だが**預言者**は彼にそれ以上話をさせず、「お前が俺の妻を殺したのか？」と怒鳴り返す。**預言者**は攻撃的な態度に変わり、少し離れたところにいるパプア人へと近づいていく。まさにその時、彼が椰子の木から離れたその時、サイたちは彼を取り押さえ、たちまち地面にねじ伏せ、彼の手を背中に回して身動きが取れなくする。彼らのやり方は素早く暴力的で、**預言者**は数人の腕と脚の下で押し潰された肉片のようになっている。二つの力強い手が彼の頭を摑み、彼の短い髪と首はサイらの拳で押さえつけられている。彼は身動き一つ取れない。

そのような体勢で彼の顔は、私には想像もできないほど硬くてゴツゴツした地面に押し付けられている。彼の体の全体が、サイたちの逞しい足の下に完全に抑え込まれ、そのうちの一人は彼の背中の窪みに膝を置き、体重をかけている。こうなってしまうと、**預言者**は全く動けない。おそらくこの恐ろしいほどの拘束と暴力の引き金となったのは、この惨劇の最初に彼が取った戦略、鞭を振るうように自分の脚を叩きつけたことだろう。何にせよ、それはサイたちが考えつく口実に過ぎないのだが。力には力で対抗せねばならない、それが原則だ。事実、**預言者**の体に対して振るわれた暴力は、彼がサイたちから奪った力と同等のものなのだ。

この行動はすべて彼を無力化するためであり、彼らは十分な能力をもってその目的を達成したように思われる。ほんの少し前、彼は**預言者**だったが、今はただ取り押さえられている。

地面に顔を押し付けられながらも、**預言者**は大声を上げる。何度も母親を求めて叫ぶ。彼は女性の名前ではなく、ただ「母さん！　母さん！」と叫ぶ。だが「母さん」と言おうとしても、その言葉は途中でさえぎられ、半分しか発することができない。彼の口の一部は地面に押し付けられていて、言葉を発しても地面に吸い込まれてしまうからだ。

　彼の背中に膝をかけているサイは、信じられないことに、さらに体重をかけようとする。**預言者**は体の痛みをすぐさま言葉にしようとするが、「俺の腕、俺の首、俺の背中」と、その言葉は途切れ途切れにしか聞こえない。

　私にはパプア人が感情を揺さぶられたように見える。彼は慈悲と憐れみを露わにしており、今となっては最初に経験した恐怖は消えてしまっているようだ。彼は**預言者**をサイたちの蹄から自由にしてやりたいと伝えるように腕を広げる。だが彼は自分が無力で、どのような行動や言葉をもってしても、自分には**預言者**を解放できないことを誰よりもよく知っている。何もできないことを知っているがために、無力感と不安に苛まれる。

　その間ずっと無線で話していたサイは、目の前で起きていることに対して感情を露わにせず、少し離れた場所でまだ連絡を取り続けている。おそらく彼は上司に報告をしている最中で、すべてがうまく管理されていて、問題もすでに取り除かれたという印象を与えようとしているのだろう。**預言者**の手にはすでに手錠がかけられ、一、二名のサイが彼の脚を摑んでいる。サイたちの多くはすでに押さえていた手を彼から離し、手袋を外している。

預言者はうめき声を上げる。私を通路の屋根の上へと導いた者と似たうめき声を。

言葉ではなく意味を成さないうめき声
うめき声　泣き叫ぶような
すすり泣くような
それらを一緒にしたような声

叫び、呻き、嘆き、泣く声。

完全に解放された預言者は、しばらくの間、その場に大人しく横たわっている。その胸部は地面にうつ伏せのままである。頭と首は横を向き、顔の半分だけが見えている。おそらく口から泡を吹いているのだろうが、ここからでははっきりとは見えない。

一人のサイがそこにしゃがみ込み、ほかの者はいなくなってしまった。しばらくして別の集団が到着する。白い服を着た者たちが医務室の方向からやって来た。医者や看護師のような鞄を持っている。社会における組織的実践においては、この集団は一般的に「機動医療チーム」や「緊急医療隊」という風に呼ばれている。そして時に、その呼び名は追加の何かを必要とする。そう、「負傷した人々を支援するため、現場に直ちに駆け付ける機動医療チーム」のような。「直ちに」という部分は不可欠だ。通常、この実践について説明する者はこの部分を強調する。いずれにせよ、この集団のアイデンティティは時間の概念と結び付いている。このことは重要かつ不可欠だ。興味深いことに彼らはみな、どのような場合でも、急いでいるかパニックに陥っているかのように負傷した人々に対応する。このような特殊な状況でも、彼らの専門的な仕事は失敗することなく遂行される。数人の集団。医療鞄を持ち、白い服を着て、素早く行動する。その中には必ず女がいる。まるで女がいることが絶対条件であるかのように。

預言者に対応するために彼らがやって来た時、サイたちは脇で控えていた。そう、サイたちの間では、機動医療チームが現場に到着する頃には、撤収して作戦の成功を宣言するのが当たり前になっていた。その女性、看護師の一人か医者の一人か、それとも臨床心理士かはわからないが、その中の一人の女が痛めつけられた身体の傍に跪く。何人もの膝の下で押し潰された身体。**預言者**の身体。すぐさま医療チームは診察を開始する。白い服の女が、煌々と照らされるフラッシュライトの下で、彼の背中の窪んだ部分に触れる。すると彼の体はビクンと震える。何かに体を刺されたように。次にその女が彼の肋骨に触れると、その体はまた震える。震えるというよりも、突然跳ね上がったようにも見える。そして女の指が彼の首と頭に触れる。再び、その体が震える。まるで手袋の感触が彼の体を傷つけ削り取るかのようだ。あの手袋は、本当はものすごくざらざらしていて鋭いのではないか？　だが、問題は手袋の嫌な質感や診察に使われている金属の器具ではない。それはどうでもよい。気になるのは、触れるたびに震える**預言者**の体だ。驚いたように飛び上がると言うべきか。

検査をしている間ずっと、白い服の男の一人がフラッシュライトで照らしていた。これを見てもわかるように、彼らにはそこにある道具を自分たちが思うように用いる権限が与えられている。彼らの仕事には必要なことなのだ。白い服の女が**預言者**の体のほぼすべての部分に触れ、それから少し覆いかぶさるような姿勢になって彼に話しかけている。

女が彼の耳元で何を言っているのかは聞こえない。だが、どうやら彼に通じたようだ。それ以上のやりとりはなく、彼女は白い服の男の一人に水の入ったボトルを開けるよう指示し、**預言者**にいくつかの薬を与える。**預言者**の頭と顎は羊飼いから薬をもらうヤギのそれのようだった。彼は手を使うことなく薬を飲み込む。女は少し力を加えて彼の口を開き、一握りの薬を注ぎ入れる。水が薬を流し込むのを助ける。**預言者**は全く動くことができない。されるがままだ。目も当てられない。**預言者**は屈服させられたのだ。まるでヤギかそれと同等の動物のように。羊と羊飼いのように。それが私の頭に浮かんだイメージだった。

彼が薬を飲み込むと、女は持っていた箱を開ける。それは医者なら誰でも持ち歩く箱だ。両開きで、中には薬の入った容器や傷を治療するための道具、消毒用の軟膏がたくさん入っている。**預言者**は地面の上に寝かされたままだ。サイたちは、彼の手を自由にして座らせたり、仰向けにするだけでも安全が確保できないと思ったに違いない。素早い動きで女は**預言者**の背中に包帯を巻く。彼の背中が血で染まっているのが見て取れる。その一連の処置は手際よく正確に行われ、それが済んだ後に女は、**預言者**の髪を優しく撫でる。その手つきは、年寄りが子どもを慰めようとするのに似ている。看護師たちは与えられた仕事を終えたことに満足しているように見える。何人かは笑顔を見せ、その笑顔をサイたちに向ける。そして彼らは退場する。

預言者は一人取り残される。サイたちの数は減っていた。何人かは看護師たちを連れてその場を離れている。**預言者**は、この間ずっと地面にうつ伏せのままだ。首はねじれ、脚は麻痺したように動かない。彼の状態で変わったところは、いくらかの包帯が背中の窪んだ部分と肩に巻かれていることと、足をタックルするように押さえつけているサイたちがいなくなったことだけだ。彼の体はまるで、吹き飛ばされて戦場の外れに捨て置かれた犠牲者のようだ。彼の動かない体から数メートル離れたところにサイたちが立っている。もはや誰一人として**預言者**にフラッシュライトの光を向けようとはしない。

——＊——

暗闇が戻る。ようやく夜が戻って来る。夜の崇高さ、夜を夜たらしめている荘厳な雰囲気がようやく辺りを支配する。

再び広がる静寂。夜の皮膚の下に忍び込む静寂。ゆっくりと、だが着実に、元の奇異な静寂が、目の前に広がる景色を包み込んでゆく。カサカサという椰子の枝の音と、葉の間をさっと吹き抜ける静かな風の音が、耳を惹き付ける。そして海からは激しい波が押し寄せ、狂気を増しながら、島に強く打ち付ける。

天空の闇が迫って来る。それはまるで、雲が地球に降ろした階段のよう。いや、地面が雲へと階段を伸ばし、空の暗闇はより高いところへと逃げてゆくようと言うべきか。空と雲の香気が辺り一面に広がる。

腕、背中、肋骨。そして再び頭が回転し始める。わずかな動きでも音がする通路の屋根の上では、この動作は大きな音を出してしまうかもしれない。例のごとく、この動きは私の虚ろな心と無関係に起こる。つまり、私の心は再び、この反抗的で扱いにくい体の命令に従っているということだ。ただ、心の領域からは何の要求もないので、この行動を命令に対する反抗として理解することはできない。こんな風に言い換えられるかもしれない。私は、睡魔に襲われる心を説き伏せる体の上で休息しているのだ。心はいつの間にか眠りにつき、反抗的な体の各部が命令を下す。今、腕は頭の下で枕の代わりとなり、私はただ空を見上げている。こうすることで私は、預言者やサイたちといった登場人物が出てくる舞台から自分自身を切り離す。

この場所からは、マンゴーの木の枝がいくつか見えるだけだ。それに空の一片が加わる。だが、空の図像はどれも判然としない。この空はどんな空とも似ていない。星は一つも見えない。雲は一つも浮かんでいない。黒以外に色はない。また夜の静寂。しかし私の周囲の観客席は、再びコオロギたちの祝祭のような雰囲気に変わる。

最初の時と同じく、あの年老いたコオロギが歌い始める。その歌は定期的に中断する。そして少し間を置いて、コオロギたちの公演に欠かせない単調音の合唱が、突然始まる。ほかのコオロギたちが加わり、歌声は波のように大きくなる。それは夜の壮麗さを何倍にも高める。

歴史の洞窟から川が再び姿を現す。蛇行する川、自らの運命を記すように地上に描かれる川、栗の木と共にある歴史を映し出す川。空の頂からその川はよく見える。はるか遠くの山並みの奥深くから現れる、くねくねと曲がりくねったヘビの如き流れが見える。その遠くの山脈は乳白色に彩られ、その向こうにはまた別の山並みが広がる。そして山が鎖のように続いていく。乳白色の山々、さらにその色が増したかと思うと、透き通るような山並みが続いてゆく。

川は押し寄せ、私が恋に落ちたあの頂を擁する山脈にたどり着く。私たちは刺のあるアーティチョークと清々しい土の匂いを分かち合った。私は天空を冠した孤独な栗の木の下に逗留した。愛犬も一緒だった。ほんの少し前、おそらくウサギを獲るために、犬は私の傍を離れたが、その気配は感じる。

眼下には一面の栗の木の森が広がっている
眼下には野生のイチジクの実がたわわに実っている
眼下には私の住み慣れた村がある
一度は離れた場所……結局、戻ってきてしまった
ああ、喜びが駆け抜けてゆく。若き日々の風景の中を
春の香りの中を
幾千ものカモミールの花の中を
季節は春、若者の心がはずむ季節、清々しい草の匂いが解き放たれる季節
空高く飛翔し、山の斜面に向かって羽ばたく
丘を越え
新鮮な山のきのこを踏み分けて
ヤマウズラの巣を通り越して
スナシャコの巣をのんびり眺めながら
スズメの巣を横切って
ナイチンゲールの巣を巡りながら
川に向かって突き進む。

石の王座を跳び越える。いや、石の要塞を飛び越える。風がすごい勢いで吹き付けてくる。頭へと吹き付け、冠を被ったこめかみを吹き抜けてゆく。疾走する。荒れ狂う川へ向かっていく。大地を覆う葦の草原を駆け抜けていく。恋の苦しみへと飛び込んでいく。

彼女はそこにいる。彼女の名前はジェズワン[24]、この清らかな乙女はその場所に滞在していた。威厳を湛えてそこに座している。高貴な遊牧民の娘。彼女のスカートは何千もの黄金のコインと黄金のスパンコールで、腰に巻かれた帯は何千もの花で飾られ、胸の曲線の上には二つの真っ赤な花が付いている。ハトたちは川を飛び越えて、その夢の森へと飛んでいく。

私はそこで、川縁に立ち、石の要塞の上に、剝き出しの体で構えている……何一つ身に着けていないので……寒い。遠くでジェズワンが雌馬に乗っているのが見える。誇らしげで、威厳があり、高貴な女性。ジェズワンは雌馬に乗り、道を行く。その髪は赤ワインのよう……その髪は風の勢いに身を任せる。スカートのひだが風のリズムに舞い踊る。彼女の腰に巻かれた帯の花、彼女のスカートを飾るコインとスパンコール、すべてが取り去られ、すべてが風の中に飛ばされる。空は花束に変わり、何千もの蝶が大気に舞う。ジェズワンは私の思いを感じている。ジェズワンは私の心を読むことができる。彼女が近づいて来る。微笑んでいる。服を脱ぎ、その体を露わにする。そして……二人は裸で立っている。彼女の紅潮したふくらはぎが冷たい水に浸され、彼女の腰が冷たい水に沈み、彼女は川の波の中に消えてしまう。その場所から、石の王座の上から、川が息をするのを見る。彼女の香水の匂いが漂ってくる。

不安な感情が私を襲う
手を器にして水を飲む……彼女の香りがする
不安が纏わりつく

大気の匂いを吸い込む
再び、不安が忍び寄る
私を取り囲む山々を見渡す
そしてまた、不安に襲われる
荒れ狂う川をじっと見つめる
不安な気持ちのまま。

そしてついに、私のジェズワンが姿を見せる。赤い髪だけを身に纏っている。彼女は女王だ。彼女は人魚だ。彼女は誰よりも自由だ。彼女の瞳は閉じられている。彼女の瞳は自由を映す。彼女の瞳は天界の妙霊さを帯びる。

私はいつも、波と川をこの上なく信頼している。今この最後の瞬間に、私は石の宮殿から飛び降り、すぐさまこの腕にジェズワンを抱きしめる。想像したとおり、彼女は天上の存在だ。思ったとおり、彼女は自由だ。思い描いたとおり、彼女は美しい。彼女の微笑みは口づけへと花開く。それは胡桃の味がする。

夢は人生を象徴する
夢は人生そのもの
夢は詩
うめき声、苦しみ、すすり泣き……そして恋
何と変わりやすい意識の流れか、何と乱れた意識の状態か
何と無意味な過去への旅か

そして、人生と向き合うことの何という恐ろしさよ
愛することの何という恐ろしさよ
人と交わることの何という恐ろしさよ
そしてずっと、星は隠れたままだ
目に見えなくても、そこにあると知っている。天国の奥深くに沈んでいる
星のない空を想像できるだろうか？

――＊――

うめき声が聞こえる。猫の鳴く声が聞こえる。誰かが「母さん、母さん」と呼ぶ声が聞こえる。私は寝返りを打ってグリーン・ゾーンの方を向く。目が慣れてくる。猫は戻ってきていた。以前と同じように横切ってゆく足取りは何かに苛つくかのようだ。短く跳躍して、暗闇に溶け込み見えなくなる。

預言者はもう同じ場所にはいなかった。係官たちが彼を引きずって壁の方まで移動させたのだろう。彼はそこに放置され、横たわっている。だがさっきとは逆に、今、彼は仰向けに寝ている。傍には二人の係官がいて、椅子に座り、**預言者**の傷ついた体を横目で見ている。係官たちはまるで焚き火の近くに座って、暖を取っているようにも見える。そのうちの一人は時々、短く細い棒で**預言者**を打つ。彼はもう一人の係官を見て、何か言葉を交わす。そして笑う。棒で焚き火を打ち付けるように、**預言者**を打ち付け、焚き火をつつくように、彼の体の腫れ上がった箇所をつつく。**預言者**の体は反応しない。しかし時々、軽く身じろぎして、くぐもったうめき声を上げる。

パプア人もそこにいる。だが彼は、数メートル離れたところで椅子に座っている。ただ無関心に前を見

つめている。

その間に辺りの様子は変わり、一層不気味なものになる。白い病院服を着た亡霊のような人影が部屋の一つから現れる。すぐ後ろを、二人の係官がついてくる。その亡霊はまるで夢遊病者のように歩く。ゆっくりと、慎重に歩いている。それを係官たちはみな、黙ってじっと見ている。監視している。黄色いランプの鈍い光の下で、その男の顔が見える。見知った顔だ。**グリズリー**だ。

ほんの一日前、係官たちは彼がコンテナの一つの下にいるのを見つけていた。彼は自分の体を傷つけ、意識を失っていた。ほかの囚人たちは、彼を狂った男だと言う。この島に降り立った時から、彼は誰とも話をしていなかった。彼が言葉を発しても、誰もそれを理解できなかった。彼の特徴的な行動は、裸になり、通路にいるみなの前で小便をすることだった。この晩、なぜ彼が部屋から出てきたのか、すぐに明らかになる。彼はまっすぐに椰子の木へと向かい、ズボンを下ろして小便をする。長い、異様なほど長い小便。膀胱がいっぱいになったまま寝ていて、朦朧としながら目を覚ましたようだ。用を足すと、またゆっくりと慎重に歩いて、元の部屋に戻る。

この一連の出来事の間、**預言者**の体の傍で、パプア人らと共に黙って座っている二人の係官は、ただ見ているだけだ。そしてコオロギたちは騒ぎ続ける。

波は休みなく島に打ち寄せる。その音はここにまで届き、椰子の木が震える。夜明けが忍び寄っている。腹が減った。歯の痛みはすっかり忘れていた。もう戻る時間だ。係官たちには一瞥もくれず動き出すと、あっという間に私は屋根から飛び降りた。フェンスには金属製の目隠しがされていて、屋根から降りるとグリーン・ゾーンとの対話はぷつんと途切れる。監獄は静寂に包まれている。**優しい巨人**だけが、部屋の前で座っている。彼はただ微笑むだけだ。少しして、私は扇風機の隣にある自分のベッドで横になる。周りでは同じ部屋の男たちが眠っている。彼らの息の嫌な臭いが漂ってくる。汗のひどい臭い。人間の息の腐ったような悪臭。人間の汗の胸の悪くなるような悪臭。

――＊――

暑い日に、移民局から弁護士の一団が監獄にやってくる。ぴったりとしたスーツを着た、若くて美しい女たちだ。彼女たちは汗をかいている。その胸元と尻に目を奪われる。良い眺めだ。こんな魅力的な女たちが監獄に現れるなんて驚き以外の何物でもない。多くの囚人が彼女たちを、この監獄から出るための書類を作って処理してくれる弁護士だと勘違いする。だが係官たちは、彼女たちが移民局から来た弁護士で、パプアニューギニアに難民認定申請をするために来たのだと伝える。

難民としての申請を行ってこの島で永遠に暮らすか、それとも送還同意書にサインするか。ジレンマだ。弁護士たちは話し合うことなく、ただ微笑んでいる。汗の匂い。女の息の匂い。都市の匂い。自由の匂い。命の匂い。それらのいい匂いが一緒になって監獄に広がる。監獄の隙間という隙間を駆け抜ける。

女の弁護士たちの存在は、監獄に大きな変化を引き起こす。女たちを目にした囚人は、喜びを爆発させる。少年のように喜ぶ。ニヤニヤしたり、狂気的な笑い声を上げる。だが同時に、彼らは不安も感じている。落ち着きがなく、動揺している。そして最後には怯え出す。誰もが自分たちを待ち受けている複雑なプロセスをわかっている。彼女たちはただの女ではない。確かに彼女たちの美しさは疑念を抱かせる。不信感が好感と入れ替わる……だが、それは彼らが笑いを止める理由にはならない。

フォックス監獄の西側には、今では境界線として金属のフェンスで周りを囲まれた建物がある。誰のために建てられたのか？　監獄、金属で囲まれた白い監獄。そこはそれ自体がまた別の監獄。別の監獄を建てる。このために木が切り倒された。監獄はその場所へと拡張されたのだ。

それから数日、または数週、それとも数ヶ月の間に、フォックス監獄の囚人たちの一部が新しい監獄に移される。その監獄はマイク監獄と呼ばれている。ただし、その空間がアイデンティティを得るまでには、多少の、いや、それなりの時間が必要になるだろう。囚人たちの臭い息と汗を吸収して、監獄は監獄らしくなってゆく。その監獄は白い。床も白く、フェンスも白い。

一日もしくは数日かけて、暑くなる日中に、囚人たちは自分の持ち物を新しい監獄へ移す。ほとんどの囚人は顔見知りである。見慣れた顔、使い慣れた身の回り品、慣れ親しんだものをスーツケースで運ぶ。あとはスポンジのマットレス、小さいスポンジの枕、ビニールのベッドシーツ、それだけ。ほかには何もない。

新しい監獄に移る途中、**男娼のメイサム**は歌を歌っている。歌い、笑い、踊っている。**牛**は、フォックス監獄に別れを告げる時も貪欲さを露わにし、新しい監獄への期待を体で表現している。監獄を離れる時、**牛**は片手を腹に当て、もう一方でスーツケースを引いていた。誇張するつもりはないが、彼が最後にフォックス監獄に目を向けた時、彼の視線は食堂に注がれていた。彼は物知りで機転の利く男だ。この日が来るまで友人たちに向けて、マイク監獄の食堂は見栄えの良い白塗りで、美しく作られているのだとよく通る大声で語っていた。そして、食堂が白く美しいなら、食事も同じに違いない、白く美しくなくとも、味が良く、しっかり調理されていて、量は多く、豪華なのだと。

優しい巨人も移っていく。ここにいる間、ほかの多くの囚人に対しても優しく接していた**巨人**が去っていく。フォックスにいる囚人全員を抱きしめ、その大きな抱擁で彼らを包み、そして去っていく。監獄を出て行く時、今まさにこの監獄に別れを告げ、その門を後にする時、彼は叫ぶ。「友よ、いつかまたお前たち全員を抱きしめられることを願っている。いつの日か、自由の地で」彼はみなに向けて宣言する。あたかもそれが実現するかのように。

彼らの友人たちがその後に続く。フォックス監獄は、もはや以前と同じではない。静かで、暗く沈んでいるように見える。今夜だけではない。幾夜も続けて、チャウカがあの歌を歌い続ける。そのさえずりは、恐怖の訪れを告げる。そのさえずりは、この先に待ち受けているものへの不安と心細さに満ちている。そのさえずりに、身の毛がよだつ。

チャウカは監獄を恐れる
夕暮れは恐ろしい
夕暮れは死の匂いを運んでくる
チャウカは迫り来る死の歌を歌う。

第一一章

カモミールに似た花／感染症――マヌス監獄症候群

雨の日は島の色と香りが違う
雨が降ると蚊の気配がない
雨が降ると体が汗だくになるほど暑くはない
カモミールに似た花
ひたすら踊り続けている
息遣いは激しい
涼しい海風に恋したようにハッと息をのむ
この花が愛おしい
抵抗しようとする情熱が
巻きつき曲がりくねった茎から溢れ出す生への強い意志が
全身を伸ばしてあるがままを晒す、自分を見てくれと言わんばかりに。

皮が剥がれて脇に捨て置かれた椰子の木の幹に腰掛けている。星のない夜、浜辺の反対側のフェンスの傍にある水槽の後ろで、木の幹に腰掛けている。夕立の後、辺りの自然は、地面から立ちのぼる匂いの中で瑞々しく輝いている。カモミールのように茎の長い白い花が、木の幹を取り囲むようにして咲いている。まるで絶妙な技を持つ何者かが、その周りに種を撒いたかのように。花は、木の切られた部分の下の方からうまく伸びていて、華麗なひねり技で天を仰いでいる。若木のうちに枯れてしまったこの椰子の木の魂と花には特別なつながりがあるように感じられる。枯れてしまった椰子の若木は、無残にものこぎりで切り倒されたのだ。何十年もその姿のまま時を経て、やがて腐り、少しずつ劣化し、最後には生まれ育った土に還ることだろう。

少し離れた下水道の排水溝の近くにはほかの花も咲いている。囚人たちは汚物を恐れているので誰も近寄らない。排水溝が花を守っているかのようだ。排水溝の周りは、土や栄養分が豊富なので花はぐんぐん成長し、より一層生き生きとしている。咲き誇るその花たちは、人の気配を感知するようだ。大きくゆらゆら揺れる花びらに人が手を近づけると、こわばって体を反らす。このために「不機嫌な」花と呼ばれている。私が手を伸ばして触れようとすると、花はしかめっ面をし、花びらを閉じてしまう。しばらくすると、ゆっくりと恐る恐る花びらを開く。私はまた花を困らせる。花は再び隠れるようにして、自分を守ろうとする。こんな花は見たことがない。私が歌うと、花たちは何かが世界を感化していることに気づいているようだ。花がゆっくりと繊細な動きで頭を上げる様子からそれはわかる。

こんな多様性に彩られたマヌス島の生態系が……今、黄昏に包まれる。灼熱の太陽とは対照的に、マヌス島の月は自然の中で最も慈悲深い。月は満ちる時、水彩画家のように厚い雲の層に様々な色を加える。

黄、オレンジ、赤
霊験あらたかなもの……
捧げ物……
毎晩の贈り物。

マヌス島の月が姿を見せると、珍しい別の色の光の輪が美を添える。この景趣は、赤道直下の空とどこまでも続く雲の海が出会って生まれた壮大な贈り物だ。

カモミールに似た花が咲く場所は、フォックス監獄の最も静かな場所にある。何時間も一人になれる場所――他人の呼吸や臭いから離れていられる場所。あらゆる騒動からも遠ざかっていられる場所。この過酷な監獄の環境では、一番おしゃべりでうるさい囚人でさえ、隔離された静かな場所を探す必要があると感じている。

一番いいのは誰も私に話しかけないでいてくれることだ。しかし、一人になろうとするといつも、誰かが近くをうろついている。そうでなければ、私と同じ空間でフェンスの上に足を上げている。いつもほかの囚人やG４Sの看守の存在を感じる。たった一人でも誰かいれば、それは私にとって迷惑以外の何物でもない。

囚人たちが離れた場所や不便な場所には集まろうとはせず、この場所の静寂を邪魔しようとしないのはありがたい。彼らがやって来て、**カモミールに似た花**を踏みつけようものならたまったものではない。汚いパイプ近くのじめじめとした場所は、誰も歩き回ったりしない唯一の場所だ。散歩するにはふさわしくないのだ。

監獄に入って最初の数日間は、フェンス周辺や台所の汚いパイプの傍に花が咲いていた。草木が濡れていると、監獄がジャングルの一部になったような気がした。わずか数週間のうちに花や草木は人間に踏みつぶされてなくなった。花や草木が消えてしまうと、監獄はさらに野蛮で殺伐として見えた。だが、そこを歩いている者たちは、この変化を少しも気にかけたりはしなかった。

——＊——

カモミールに似た花と過ごす夜、ハミドという名の微笑みを浮かべた青年がよくこの廃れた場所を訪れていた。彼の顔はいつも微笑みを湛えていた。もしかすると、彼は微笑んでなどいなかったのかもしれない。その笑顔は、人生に起きた一連の出来事が、彼の顔に描き入れた素描に過ぎなかったのかもしれない。

彼の笑顔は沈黙している
震えるように表れ、花開く
微笑みがその顔を包む
物静かな微笑み
不安の微笑みなのかもしれないが
震える笑顔の
美しさは変わらない
強い印象を与える笑顔
顔の皺に溶け込む微笑み
白い歯と結びあう微笑み。

こういう人間の笑顔が本物かどうかを見分けるのは難しいが、ハミドの笑顔が本物でないとは思えない。大切なのは、笑顔そのものであり、その笑顔が語りかけてくることだ。「見て、僕を見て、これが僕なんだから。祝福の笑みを湛えている僕が」と。**微笑みの青年**は、そんな人物だ。厚い唇、ふさふさした眉毛、力強い筋肉と骨格の彼のぽっちゃりした顔には、いつも笑みが浮かんでいる。彼は花にさえ微笑む。時には、厳重に張り巡らされたフェンスやその上に載せられた自分のビーチサンダルを見て、微笑むこともある。彼は物静かで孤独だ。花の隠れ家に入る時は、そっと歩く。**カモミールに似た花**を足で潰さないように気をつけているのだろう。一歩一歩静かに歩いているところを見ると、彼はこの花を知っているようだ。花のことを本当によくわかっているのだ。時々、彼は花に向かって冗談を言う。彼が花の頭を撫でると、花はいつものように不機嫌になる。それが面白いようで、彼は子どものように喜ぶ。

ほかの囚人たちもこの静かな場所に時には関心を持つようで、目的もなく歩き回っていることもあるが、ほとんどの者は一度来たら二度と現れない。彼らは何も考えずにずかずかと歩く。彼らが去ると**カモミールに似た花**は、首が折れ、花びらが潰れている……彼らは自分の世界に浸っていて気づかないのだ。彼らは何も気にせずに歩いている。大声を上げながら花を踏み散らし、台無しにする。それから羊の群れのようにふらふらと遠ざかってゆく。

しかし、ほかならぬこの場所で私が過ごす夜のように、フェンスの向こうの海のように、**カモミールに似た花**のように、**微笑みの青年**は幸せで平和だ。**微笑みの青年**は崇高な瞬間に巡りあうのだ。

微笑みの青年と私はめったに話さない。二つの黒い石が、冷たく、孤独に、砂漠が広がる中で、天とそこにあるすべての物の重さを感じながら存在している。私たちの出会いは唯一ここで起こる。この場所、この心地よい場所で。それぞれが一人でやって来て、互いの存在を感じる、そんな時もあると思う。だが、別々の方向に戻ってゆく時、冷たく孤立した影に変身する。これぞ決裂とでも言うかのように――挨拶も交わさなければ、ジェスチャーもなしだ。
微笑みの青年がトンネルPや錆びた扇風機の間や飛び交う虫たちの間、汗びっしょりの裸の体の間を行ったり来たりしているのを知っている。けれども、**カモミールに似た花**の傍で彼を見ると、私はいつも感動する。まばゆく輝いていて優雅な感じがするのだ。投獄された者が監獄の中にいる兄弟に対してこんな風に感じることは珍しい。監獄はある種の冷酷さと暴力を強要する。ここにいる者は、暴力へと通じる感情、すなわち監獄に特有の感情に侵されてゆくのだ。そうなると、囚人は亀のように自分の殻の中に頭を隠し、攻撃や圧力に備えるしかない。

フェンスに対する防衛
看守に対する防衛
囚人に対する防衛
それはまさに命がけ。
果てしない空に畏敬の念を抱き、向き合って立つ時
ふと訪れる自由の感覚
星に向き合って立つ自由
海の広さに向き合って立つ自由
ジャングルの壮麗さに向き合って立つ自由
威厳ある椰子の木の自由。

端的に言えば、囚人は隣の囚人を気の毒に思い、その人の痛みを自分のことのように感じるだけの度量

がない。これが監獄の現実だ。けれども微笑みの青年と私にそれは当てはまらない。少し違うのだ。私たちは監獄の無慈悲さには染まらないようにしてきた。私たちは二人とも、それぞれ抱えている痛みがあるので、ほんの少しでも互いの一人の時間を邪魔することに耐えられないだけだ。友情を実らせ、深めるべき理由があるにもかかわらず、関係性をとどめておきたいと思っている。しかしその制限は、私たちをつなぐ友好的な感情を妨げるものではない。二人の男がそれぞれに沈黙している。ただそれだけのことだ。

この居心地の良い場所で、私は思索に耽る時を楽しむ。たとえ、それが精神や感情を害するものであったとしても。時に、こうした想像、空想、夢は現実を反映し、それらが思いのままに私の肉体を動かしてくれるのだ。

——＊——

囚人は自由の概念に反して自らのアイデンティティを構築する。囚人の想像力は常にフェンスの向こう側の世界にあり、心の中で自由な世界を思い描いている。生活の一瞬一瞬が自由の概念によって形成される。檻か自由か。これが、基本の方程式となる。

夜の最も暗い時間帯、監獄が深い眠りに落ちる時、私はフェンスを越えた世界を味わいたいという欲望を強烈に感じる。フェンスと海の間に狭い隙間があり、その隙間から密集した木々が生い茂るジャングルが誇らしげにのぞいている。ジャングルの音は、鳥、昆虫、カエルの鳴き声、ヘビが出す音から成る。様々な木々や、爬虫類、昆虫、そして枝の間を流れるそよ風がジャングルを作り出している。

ジャングル

ジャングルを恐れ
ジャングルを愛する
恐怖と愛が交錯する。

海はジャングルとは違う。海が狂気に陥る時は、轟(とどろ)きがフェンスを突き抜けてくる。一番遠い部屋でも聞こえる。ベッドに一人で横たわっている囚人は波の音に取り憑かれ、想像の世界に連れ去られていく。しかし海は静まっている時、匂いで自己主張をするので、鼻を突く匂いを通してその存在を感じることになる。海とその波にたどり着くためには、ジャングルの闇の中を歩くしかない。フェンスは高すぎるということはなく、ワイヤーをつなぐ梁には足を引っ掛けて登るのに十分な隙間がある。

また、少年がか細い足で栗の木の粗い幹をよじ登る姿が蘇る
ハトの巣を探す痩せた足の小さな子ども
また、連なる山並み、起伏のある斜面、巨大で滑らかな岩の転がる辺境が見える
また、小さな足が崖の狭い溝に挟まる
生と死の間の空間を張り詰めた神経がつないでいる
また、山を登る素晴らしい感覚が戻り
ぞっとするような峡谷の闇の奥深くに落ちてゆく恐怖を感じる
また、高く、滑らかな山の斜面の手の届く限り最も高い出っ張りにぶら下がろうと奮闘する。

真夜中に小雨が降る。しばらくの間、この場所は完全に忘れられたように、人気がない。私は勇気を奮

い起こして、フェンスを越えた世界へ飛び込む。二、三回素早くジャンプし、フェンスを飛び越えた。しばらくすると、暗闇の茂みの中にいる。それは反抗と謀反の一形態である。私は、自由を見つけ、それに触れている。

ほら、見てくれ。私は、監獄の壁の外、フェンスの反対側の生き物になった。私は今、ジャングルの一部である。ヘビ、カエル、昆虫、鳥のように私は、ジャングルそのものである。ジャングルの暗闇の中、柔らかい地面の上を歩きながら、手探りで海へと続く道を進む。波にたどり着くまでにどれだけの木や茂みをかき分けなければいけないのだろう。足がカエルやカニに触れる。短い距離だが、驚きや喜び、暗闇と自由に対する恐怖が一気に襲いかかる。自由が怖い。だが、進み続ける。数分後、足が砂の柔らかさを感じる。波だ……何て恐ろしく……何て美しいのだろう。

波にたどり着いて初めて振り返る。監獄を見ようとして振り向く。これだけの苦悩と悪夢を与える存在にもかかわらず、監獄は枝や葉の層を通してほとんど見えない。わずかな光しか見えない。灯りの弱い光の下では、人里離れたジャングルの中の寂れた村のように見える。砂浜を歩くと、小さな島の威厳、広大な海にかき消されていた島の壮大さ、島の存在が強烈に伝わってくる。しかし、果てしない海の偉大さと比べると、島はとてもひっそりとしている。この世の果てのように。

ゆっくりと勇気を奮い起こして浜辺を歩く。ビーチサンダルを手に持って、波に足を任せる。柔らかい砂の中に足の裏が沈んでいくのは、何て気持ちがいいのだろう。ビーチサンダルから解放され、足の指とその間に最高の自由を感じる。砂に足跡は残っていないが、長い旅や自由の旅、謀反の旅をした人間の足跡を思い描くことができる。

自分を解放した後、私はしばらく茂みの中に姿を消す。爛々と燃える瞳で監獄をのぞき込む。係官や囚人がフェンスのそばに座っているかもしれない。だが、監獄に戻る隙は必ずある。

私が監獄からジャングルへと抜けだし海へと向から旅に出ている夜、微笑みの青年は、フェンスの上に載せた足を掻いているだろう。微笑みの青年と私は表面的には無関心を装っているが、互いの行動を注視している。私がフェンスをよじ登っているのを知っているのは彼だけのはずだが、彼は決してそのことを私に言わない。私が急いでフェンスをよじ登っているところに出くわすのは珍しいことではないはずだ。だが彼は、私と顔を合わせても微笑んでいるだけである。そして、傷を掻いてばかりいる。彼は下腿に感染症を患っているのだ。彼は足をフェンスに上げて、腫れてあざのようになり開いた傷口を引っ掻いている。

診療所に行く途中で何度か彼を見かけたことがある。彼は蚊に刺されたのだと誰かが言っているのを聞いた。かなりひどい状態なのだと。これは収容所でのきまり文句である。囚人たちは、口を揃えて「ひどいな」と言う。そして恐怖に苛まれる。

――＊――

監獄が契約している保健医療サービスは、国際保健医療サービス（ＩＨＭＳ）である。病気の人間を観察するのを楽しむ入り組んで歪んだシステムだ。誰かが病気になると、医師や看護師は自分たちの権力を誇示する絶好の機会を手にする。囚人は破壊されるべき役に立たない肉塊になる。これ以上の何を「キリアーカル・システム」は望むだろうか？　無防備な肉塊を観察し、定められた制度に呑み込まれ、すべてを投げ出して逃れてきた国や地域へ帰るまで服従させて破壊する。

診療所は監獄の突き当たりに置かれたいくつかのコンテナであり、オスカー監獄の反対側にある。そこは汚く不衛生な場所なのだが、病院のように見せかけていて滑稽だ。この場所には、小さなガラス瓶入りの薬や大きなガラス瓶入りの薬、何千箱もの錠剤や血清入りのプラスチックチューブ、血清を塗るための装置などが保管されている。だが、解熱鎮痛薬以外の薬が処方されることは稀だ。医療スタッフは病気の囚人たちを苦しめ、服従するまで錠剤を与え続ける。

この診療所は妨害と気晴らしを兼ねた、一連のマクロとミクロの様々な規則に従って運営されている。囚人の診断書が病院に提出されると、どんなおかしなことが起こるかわからないし、何が起きてもおかしくない。男も女も白衣を着ている。いつも微笑んでいるが、常に蔑むような目で頭からつま先までじろじろと見て、囚人の尊厳を傷つける。

例えば、心臓に鋭い痛みがある場合、医師は「水をたくさん飲みなさい。いつも水をたくさん飲むことを忘れないように」と勧める可能性が高い。あるいは、**微笑みの青年**が患者の場合、医師たちは彼の体中に血清輸血チューブをつけて、看護師が時には注射をし、真剣な目で「さあ、ここに横になって。元気になるまで静かにしていてね。何も心配しないで。静かにしていれば大丈夫よ」と言うだろう。

このシステムは、病院のコンテナに足を踏み入れた者が、数日後には戻って来ざるを得ないように作られている。彼らは実際に何度も戻ってくる。つまるところ患者は、再来院しないまま一日経つと衰弱したように感じるのである。この極端な依存の形態は、病気の囚人やＩＨＭＳシステム、解熱鎮痛薬、看護師たちの笑顔から作り出される。解熱鎮痛薬を求める列は日増しに長く騒々しくなっている。それは囚人たちの日常生活に不可欠なものになっているのだ。

囚人の病気に最初に気づくのは、投獄されている仲間たちである。友人たちは心配する――彼らが収容所から一〇〇メートル離れた係官の宿舎へ駆け込むのを見れば、その兄弟愛は明らかだ。小さな部屋にいる係官は、囚人の番号を書き留めてから、トランシーバーで上司と話す。返事はたいていすぐに来る。「水を飲むように伝えてくれ」と。仲間の囚人たちは口々に言う。「でも、こいつは病気なんだ！　意識がないんだぞ！」「こいつは心臓に刺すような痛みを感じている！　死にそうなんだ！」と。係官たちはトランシーバーに戻り、その囚人の仲間たちに向かって「水を飲め」と言う。

首や額に血管を浮かび上がらせ、囚人の友人たちは再び一〇〇メートルの道を戻る。彼らは病人を腕に抱いて小さな事務所に連れていく。時には、体格の良い囚人が他人を助けることに喜びを感じながら、誇らしげに病人を肩に担いで、小さな事務所へ向かう。この道中、最後まで病人に付き添ってくる者もあるかもしれない。介抱する者が何人いるかで、その囚人がどれだけ愛されているかがわかる。そこではっきりと示されるのは……病気になった男とその友人たちの美徳の高さである。

病人はしばしば係官の宿舎の前で横になる。ただ横になるだけで何もしない。本当に病気の時もあれば、死んだふりをしている時もある。疲れた目で友人たちがどうするかを確認し、その場を去っていくのを見ていることもある。係官はたいてい、自分たちのせいではないと友好的な感じで言う。上司の許可が必要だと訴える。その後、再びトランシーバーでやりとりする。こんな場合、最後は暴力に変わる。囚人たちは監獄の隅々からやって来て、あっという間に小さな部屋の前は人でいっぱいになる。怒鳴る。罵る。フェンスを蹴る。最後の最後は、数人のパプア人が担架を持って来て、患者を診療所へ運んでいく。

単純な問題には、単純な解決策が求められるものだ。病人を診療所へ運ぶためには、全力で暴力を振るえばいいのだ。実際、このシステムは次のように設計されている。「もし誰かが病気なら、その友人は、病人が診療所へ運ばれるまで、金属ゲートを蹴り倒し、大声で罵り、フェンスに頭を打ち付けるべし」監獄の「キリアーカル・システム」は暴力を引き起こすことを欲しているのだ。最終的には囚人の要求がどこかに落ち着くように、監獄のシステムは彼らに暴力を振るうように仕向ける。

病人が運び込まれると、人だかりは散り散りになる。病人の友人のうち一、二人だけが、先を見越すように地面に座っている。しかし、心配だからそこに座っているのではない。そうではないのだ。これは単に、投獄された兄弟たちが実践している一種の道徳的な義務に過ぎない。

誰にわかるだろう？
あそこに座っている人が突然、地面に倒れ込むかもしれないと？
誰にわかるだろう？
明日かもしれないし、別の明日かもしれない
彼が心臓に鋭い痛みを感じるかもしれないと？
突然意識を失うかもしれないと？
誰にわかるだろう？

囚人たちは一連の流れを心得ている。ボディチェックを四回受けなければならない。睡眠薬や夜間服用錠剤を飲まなければならない病人は、日没時に八回だ。だから、患者はみな、一二回ボディチェックを受けなければならない。逆方向に進むと、薬をもらうための別の列がある。午前中には別の列ができ、それでボディチェックは計一六回になる。デルタ監獄やオスカー監獄に投獄されている囚人が電話を使いたがっているのを想像してみてほしい。電話室に行き来するたびにボディチェックを受けている。

数をめぐる戦い
数字戦争
身体検査するパプア人の手
オーストラリア人の係官たちの高圧的な視線

囚人たちは緊迫感の張り詰めたトンネルに閉じ込められている
これが囚人の日常生活を特徴づけるもの
来る日も来る日も……
人生の不条理に遭遇する
ついに人生はこんなになってしまった……
これが人間の生のために作られたモデル
列という技術によって時間を無駄にさせる
身体の操作と搾取によって時間を無駄にさせる
その身体は剝き出しの状態で放置され
その身体は詮索の対象とされる
他人の手で弄られ
他人の視線に晒される身体
人間の生を冒瀆するプログラム。

——＊——

微笑みの青年は、朝から晩までこのようなシステムに耐えるべくして病に冒された多くの囚人の一人だ。囚人が病気になると、まるで大きな渦巻きの中深くへと足が吸い込まれてゆくようだ。どんなに抵抗しても、渦が吸い込んでしまう。

自分が立ち向かうべきものははっきりしている。歯は痛む。けれども、私は自分のことをよく知っている。私はあの渦の中で溺れてしまうだろう……ＩＨＭＳは私などあっという間に滅ぼしてしまうだろう。虫けらのようにゴミ箱に捨てられるなんて絶対にごめんだ。逃れて来た土地へまた帰されるなんてまっぴらだ。そうは言っても私は、残忍な権力になきものとされる肉塊に過ぎない。怖い。ＩＨＭＳが怖くて、子犬のようにその存在に怯えている。そんなわけで、私はとうとうパプア式の手術を受けることにした。

ある晩のこと、夜明け頃、ちょうど歯が痛くて困っている時のことだ。パプア人たちはとても親切だった。二人が私の腕を摑んでいる。一人は私の歯にフラッシュライトを当てる。一人はライターに火をつけ、もう一人は熱して赤くなった針金を私の忌々しい歯の穴に差し込んだ。痛みに圧倒される。歯茎が裂かれる。目に涙が浮かんできた。一瞬息が止まったが、手術は成功した。黒い虫歯はちゃんと退治されている。私が叫び声を上げるとパプア人は頭に手を置く。何も言わないが、その手の感触でパプア人が何を考えているのかは理解できる。「ほら、もう痛くないよ」と彼は言いたいのだろう。熱した針金のおかげだ。パプア人の伝統的な手術によって、私の歯の神経は完全に抜かれた。わかってる。よくわかってる――もし、ＩＨＭＳのシステムだったら、私の魂は何千ものＩＨＭＳの手紙や報告書や書類に飲み込まれていただろう……そして、滅ぼされていただろう。

――＊――

毎晩夜が更けると、**微笑みの青年**は**カモミールに似た花**と共に過ごす。彼はそこで傷を掻く。たまに彼自身も恥ずかしくなるほど掻きむしることもある。彼は辺りを見回しながら、腫れて開いた傷を爪で掻く。肌がどんな状態になってしまうか、見なくても想像はできる。たぶん、黒い血が流れている。膿が溜まっているかもしれない。黒い血で覆われた膿の塊が滲み出ているかもしれない。実際に見たわけではないし、知ったかぶりをするつもりもないが、こうなってしまうと爪はもはや理性で制御できなくなるのだろう。

彼が微笑みを浮かべていないことがあるだろうか？
みんなに向けた笑顔
係官に向けた笑顔
監獄に向けた笑顔
フェンスに向けた笑顔
そう
すべてに向けて微笑んでいる
医者や看護師にも微笑んでみせる
あの笑顔の人たちにも
彼は傷にさえ微笑みかけるに違いない
血に微笑み
膿に微笑み
骨の痛みに微笑む
鋭い爪で引き裂かれた肌に微笑む
彼はすべてに微笑みかける。

——＊——

それはとても簡単なことだ。ＩＨＭＳは患者を自分たちに依存させて、引きずり込む。だから、病人は憎悪と依存に捉えられ、巻き込まれてしまう。最近、薬を求めて列に並ぶ囚人たちが喧嘩しているのを目にした。彼らは笑顔の看護師たちを一目見ようと競い合っている。監獄の正門からＩＨＭＳの入り口の門まで走ってやって来る。薬に依存しているのだ。これが囚人の血液中を駆けめぐる依存の正体である――依存状態は今や、彼らの生態の重要な一部となっている。

ある囚人が自分の番となり、パプア人から最終の身体検査を受けたら、彼は天然の泉のありかを知っている喉が渇いた馬のように振る舞う。囚人たちはその馬のように何も考えずに疾走するのだ。いつもというわけではない。決してそうではない。

齢を重ねた男でさえ、どうにか薬を飲み込もうと若い男と競っている。髭が白くなければ、病気であることはもとより、老いていることすらわからないほど、そのか細い筋肉に力が漲っている。

ＩＨＭＳ区域のコンテナ内の空気はいつも重たい。こんな風に感じるのは私だけかもしれないし、ただの先入観なのかもしれないが、絶対に避けたい場所だ。私にとって医療システムは、監獄の扇風機の羽根と似ている――もし、このもつれ髪が引っ掛かったら、頭から巻き込まれてしまいそうだ。

このシステムに対する抵抗感
体の一部が絡め取られないように
コンテナを遠ざけて
看護師の笑顔を遠ざけて。

意識的にはこんなに抵抗しているにもかかわらず、私にはまだ、知りたいという欲望がある。時々、その欲望に引き込まれる。歯神経が意識的に痛みを生み出し、苦しみを引き起こしているとさえ思うこともある。

歯痛が始まると、私はＩＨＭＳの申込書を受け取り、一番上にこう書いた。「監獄長さんへ。歯が痛みます。歯医者さんに診てもらいたいので予約をお願いします」と。

短く
敬意を払いつつも
失礼に
これがシステムにどんな変化をもたらすだろうか？
どんな言葉でならシステムと意思疎通ができるのだろうか？

「キリアーカル・システム」の視点から見た時、重要なのは私が苦しみに耐えることである。おそらく、私の怒りの表現を見て、システムは微笑むかもしれない。システムは人間ではないので微笑むことなどありえないのかもしれないが、申込書を読んだ奴らは笑ったかもしれない。

歯科医がいないことは初めから知っていた。そして一週間後には、ＩＨＭＳの門の前にいる係官に丁寧に自分の名を名乗り、この官僚的なプロセスに進んでいくだろうこともわかっていた。つまり、このシステムは誠意をもって私を招き入れることはわかっていたのだ。

無意味な行為
無意味なプロセス

笑顔の看護師と会うための無意味なアプローチ
無意味な笑顔を浮かべる看護師。

私が「丁寧に」と言っているのは、もはや暴力的に行動する必要はないということである。例えば、係官の小さな部屋で拳を振り上げたり、蹴ったりする必要はない。私のアプローチは明快だった。到着したら、看護師の一人が大きな日誌を開いてスケジュールの欄に私の名前を書いた。ほかの何百人もの名前が私より先に登録されていたはずだ。私が「ひどい状態」であることを看護師に説明すると、私の名前を——いや違った、番号を——スケジュールCからスケジュールBに移してくれた。スケジュールAには決して入らない。スケジュールAは「重篤な状態」の者のためのものだ。翌月、監獄を訪問する予定の歯科医は、まずスケジュールAの患者に割り当てられる。それから、スケジュールB、最後にスケジュールC。心理ゲームだ。

ゲームはこんな具合だ。専門的で精密なシステムで、患者は大量の記録帳、大量の番号の中に登録される。

監獄に来る歯科医なんかいない。それなのに囚人たちは騙されている。スケジュールAに入れるように、邪魔されないように互いを押しのけ競い合い、スケジュールBに自分の番号を見つけて、少なくともほかの者よりいいと感じようとする。歯科医に診てもらうチャンスがまだあると思っているのだ。スケジュールAは達成不可能な夢のようである。私はスケジュールAに登録された人に会ったことはないが、そのリストはすでに番号で埋まっていた。

ＩＨＭＳシステムは、ほかの病を患う者にとってはさらに複雑である。骨、胃、耳、咽喉、鼻道、目など様々な疾患。それぞれ別のスケジュールがあるのだ。医師であれば誰でも救世主扱いだが、これまでこの島や監獄に医者が足を踏み入れたことは一度もない。来月来る予定になっているが、実際に現れることはない。

微笑みの青年のような者は、こんな状況でも生き残ろうと必死だ。**微笑みの青年**のような者は、このシステムの中でも息をしようと奮闘する。大勢の者たちがこのシステムの中で空気を求めて奮闘する。このシステムは彼らを骨まで砕く。

歯痛に慣れてきた。朝目覚めてベッドの上で、歯を全部失った老人のように座っている自分の姿を想像することがある。座ったまま前を見て、ただ、ぼうっとしている自分の姿を。人は、最悪のシナリオの自分を思い描くことで、退屈しないこともある。その後ゆっくりと、しかし確実に、その悲惨さは消えてゆく。こんな想像に耽ることでむしろ私は活力を得る。

——＊——

流血に悩まされ、うめき声に悩まされ、激しい苦痛に悩まされる、こんな苦悩が充満した状態では、わずかな変化が大きな事件の前兆となる。オーストラリアの移民大臣が監獄に足を踏み入れることを想像してみてほしい。その影響力がどんなものかを。その知らせは巨大な爆弾さながらだ。文字どおり爆発をもたらす。

飛行機が行ったり来たりすると恐怖を感じる。囚人たちは独特の感受性を発達させる。飛行機が上空を飛び交う音、通常は雲に隠れている飛行機の音に鋭い感覚を発達させる。航空機の轟音（ごうおん）にあまりに敏感だと不安になる。飛行機の音は不吉だ。それは恐ろしい知らせを意味するかもしれない。飛行機は、まるで大槌で監獄の屋根を叩き潰そうとしているかのように、知らせを運んで来るかもしれない。あるいは、投獄された難民の集団をクリスマス島から運んで来ることもあるかもしれない。それは、行列が長くなり、人だかりが倍増することを意味する。あるいは、飛行機が囚人の一団を島から連れ去り、本国へ送還する可能性だってある。それゆえに飛行機の音は絶望の波を引き起こし、監獄に不安の波を漂わせる。

移民大臣は、周りには目もくれず、オスカー監獄とデルタ監獄の間の短い距離を足早に移動する。彼はフォックス監獄の横にあるコンテナの中の椅子に座る。大臣の指示を聴かせるために、係官たちは行き場を失った五、六人の囚人を集める。大臣は独裁者のような身振りでこの者たちを指さす。彼は早口に話す。わざと力を込めて言葉を発する。彼は「あなた方にチャンスはない。自分の国に帰るか、永遠にマヌス島にとどまるかだ」と言う。そして、そそくさとその場を去る。これがその日に起きた出来事のあらましだ。

大臣が去ると、移民局の役人の一団が緑色の服を着た数人の通訳と共に監獄に入ってくる。これは、政府が問題を強調したい時に使うやり方だ。食堂の前に全員が集められ、移民局の役人の一人が椅子に立って書類を読み上げる。この男の行為は、私たちを馬鹿にしている。私たちを騙すために作った歌を歌ったりする。

聞いていると、無意識のうちに彼がこの熱帯の島で最も力のある人だと思い込んでしまう。彼は、かつて旧市街の広場で、政府の命令を国民に伝えた人物のようだ。胸を張った感じが実に滑稽だ。彼は少し尻を後ろに突き出す。紙の上の部分を片方の手で、下の部分をもう一方の手で持っている。ピンと張られた紙は半分に破れそうだ。それから彼は、島での生活に関する法律を威張って声高らかに読み上げる。

その言葉は彼に権力の感触を与える。顔や眉間に皺を寄せ、胸を張り、尻を突き出す所作によって、威厳を感じさせるのだ。彼は偽りの権力を手に入れる。こうした言葉を発することで、自分には権力があるのだという錯覚が起こる。言葉がもたらしたのだ。子どもや優しそうな見かけの人間がその文書を読んだとしても、同じような威厳や権力を装うことができるかもしれない。

彼は雄の七面鳥のようで、通訳らは雌の七面鳥のようだ。雄の七面鳥は、文章を読み終えると、一息置く。文章を読み終えるごとに、通訳らは大声で返答し、当惑しながら一文一文を翻訳し、複数の言語で情報を伝える。そして、全文が読み終えられるまでそれが続いてゆく。

監獄の通訳は、ある意味、ここにいる人間たちの中で一番、自分自身というものがないように見える。自分が何者であるのかというアイデンティティから完全に遠ざけられ、自分が誰で誰の味方なのかわからなくなってしまっているようだ。彼らには主体性がない。良く言ったとしても、自意識のある増幅器といったところだろう。

職業が人間の性格に与える影響には驚かされる。通訳の場合、この影響は予想をはるかに超えている。彼らの職業は、自分を完全に統制された対象として位置付ける。自分の主体を完全に「キリアーカル・システム」や報道官に引き渡したのだ。だから、こんな風に言っても許されるだろう。「マヌス監獄では、通訳は価値のない人間だ。マヌス監獄では、通訳は何も解決できない。感情を表現することは一切禁じられているからだ」

ケース・マネージャーや移民局の役人、看護師などに対し囚人が抵抗を示すと、通訳は無力感を覚えるかもしれないが、彼らにはほんの少しの同情も顔に出すことは許されていない。もし、顔に出したなら、仕事を辞めて島を後にすることを余儀なくされる。私は、囚人が「キリアーカル・システム」を代表する役人の一人と話していて、その役人が通訳の人間性を全く認めていなかったのを幾度となく目撃したことがある。演説する人が増幅器に話しかけるなどということはあるだろうか？

役人、いや、七面鳥が去った後、恐ろしい不安が洪水のように監獄の周りをじわじわと取り囲んでいく。不確実性と緊張が辺り一面を呑み込む。夜の帳が降りると、監獄のあちこちから大集団が飛び出して来て……トイレへ向かって走っていく。

うめき声
トランシーバーの音
パニックに陥るＧ４Ｓの看守
囚人の不安
見せかけの不安
聞き取れない音
驚きの声
恐怖の調べ、無益な逃避行の企て
夜の闇
これが全体像だ
何者かが剃刀で自傷した
これが起こったこと
一事が万事を物語る。

若い囚人の血まみれの体が、友人とＧ４Ｓの看守の腕に抱えられ、監獄の正門の方へと運ばれていく。葬列で運ばれる死体のようだ。浴室のコンクリートの床が血だらけになっている。彼は持ち手の青い剃刀で手首を切ったのだ。血管を切りつけたのだ。

こんな光景がマヌス監獄で何度も繰り返されている。夜中にこういう暴力的な場面を目撃することが常態化している。囚人全員がこの騒動に巻き込まれる。こんなことばかりだ。何たる不条理。血の匂いが放たれる。

血まみれの遺体を見ると、どの囚人も心理的におかしくなる。当然のことながら、こんな光景を見ると、脈拍は速くなる。囚人たちは感情をぶちまける。「キリアーカル・システム」を冒瀆する言葉を吐き出すのだ。無意味な罵りは、自分たちの運命にも向けられる。流血の夜のスリル、血に染まったパフォーマンス、全員が配役を割り当てられたこの舞台にみな惹き付けられている。遺体、血に染まった切り傷のある手首、囚人全員の注目を集め、心を奪う光景……囚人たちはみな、鋭利な剃刀で自分の体を切りつけるほどの勇気があるのだろうか？

この光景はまるでお祭りのようだ。血の祭り、死者の祭り。血に染まった光景を見ることは、感情や精神を浄化するカタルシスである。その光景は囚人たちを映す鏡であり、囚人はそれにじっと見入っている。自分がこの光景に何らかの理由で魅了されていることを認める勇気のある者は一人もいないし、それを隣の者にこっそりとささやくこともしない。人間という生き物の不思議である。

夜が更けると、あらゆる感覚は高揚し、浴室で恐ろしい事件が起きた場合に備えて、狩人のそれのようになる。血液が重要な物質であり、あらゆる苦悩の原因であるならば、それはあらゆるところに飛び散ればいいのだ。誰か一人がこのおぞましい状況に屈すれば事足りる。世界が目の前に広がる暗闇へと堕落するにはそれで十分なのだから。

青い持ち手の剃刀を
彼は握りしめている
敏感な肌にそれを滑らせる
恐怖に震える肌に滑らせる。

監獄の一部の者の間では、自傷行為が一種の文化的実践のように定着している。誰かが自分を切りつけると、囚人たちの間に尊敬の念のようなものが芽生える。しかし、尊敬の深さの基準は傷の深さ、創傷の重症度と関係している。もたらされる恐怖が大きければ大きいほど、尊敬の念は高まる。誰も言葉にはしない不可解な真実——でも、本当のことだ。

自傷行為に及んだ者たちの顔は平和、それも恍惚感に近い、あるいは幸福感に似た、深遠な平和を物語る。そのことは、その顔をじっくり見て、顔中に刻まれた皺やあざを調べればわかる。囚人は流血すると、数分間は恍惚として幸福感に浸り、死の香りがする実存的な瞬間を経験する。顔面はチョークのように蒼白だ。

血液は驚くべき自然の要素である。温かく、真っ赤で、恐怖を引き起こす匂いを伴う。死の色。流血への不思議な渇望、自傷行為への不思議な切望。これが語るべきことのすべてだ。

——＊——

この流血事件はこれで終わり。次はほかの誰かの番だ。別の囚人が、二つ先の浴室の個室で先の囚人と同じような流血の物語を作り出す。この男は自分の腹を切り裂いた。毛むくじゃらの腹に深い切り傷がいくつもできている。細い血の流れが体を伝い、いくつもの筋となって下へと流れ落ちる。

いつものように、囚人の大群が互いに乗りかかるようにようにして、何が起きたのかを見ようとする。俊敏で活発な者は、血と汗にまみれた身体を近くで見ようとしてずっと先まで歩いていく。人々が散らばり始めると、浴室の個室を見回す者もいる。カビの生えた床や壁、どこもかしこもカビだらけの空間のあちらこちらに血が飛び散っている。彼らは大きく息を吸って匂いを嗅ぐ。声を潜めてぐちぐちと文句を言い、その場を後にする。現地職員の一団が清掃用具を持って現れると、事件の全貌を見ることなどできなくなるからだ。職員らはこびりついた血液を拭い取って、汚い排水溝へと流す。

血液が水と混ざると、見ていて楽しくなる。シャワーの端の穴から海へ向かって血の川が流れるのを見ていると、血なんてどうってことはないという気になってくる。人間の血液、苦悩を示す要素。職員が掃除をしている間、海に面したフェンスまで血の川が流れていくのを見ようと待機している者もいる。

この事件の後、私は椰子の幹の傍に広がる空間へと戻る。あの何もない場所、花だけが咲き乱れる場所へと戻っていく。今宵は特に、自由になって、フェンスの向こう側へと逃れたいという強い衝動に駆られる。植物に触れて、砂を感じたい。だが、そこへ**微笑みの青年**がやって来る。すぐに、数人のG4Sの看守が椅子を持って来て、フェンスの近くに座る。奴らのことはお見通しだ。人数が増えると誰かが椅子を取りに行き、そして一度も立ち上がらずに何時間も座っている。ぺちゃくちゃ喋り、大声で笑い、周囲に聞こえるような声で心の底から笑っている。無意味なほど大きな笑い声。今晩はフェンスを越えるのは無理だろう。だから、私はフェンスに向かって足を上げ……黙って座っている。

つま先で遊ぶ。煙草を吸う。なんと、私の煙草の煙にはある種の知性が備わっているようだ。息を吐くたびに煙は上っていって、フェンスの針金にぶつかる。フェンスにぶつかると見えなくなる。消えてしまうのだ。煙はフェンスを通り抜けて監獄の外に出ると、雲のように集まって、あちらこちらへ広がる。カニにとって、監獄に進入することは絶対的使命のようにすら見える。カニは老いれば老いるほど海から遠ざかる。謎の一つだ。

ジャングルはかつてないほどの暗闇に覆われている

でも、コオロギとカエルは健在だ
今宵はその鳴き声が監獄中を魅了する
監獄には魔法がかけられている
監獄はジャングルに取り憑かれている
監獄はジャングルに吸い込まれていく
監獄は重苦しい雰囲気に包まれている
監獄は怯えている
年老いたカニは爪で湿った土を少しずつ掘り起こしている
フェンスの下の柔らかい土を静かに掘っている
年老いたカニは監獄に到達するまで掘る。

微笑みの青年もフェンスに足を上げている。フェンスに足を置いて座るのは、ほとんどの囚人に共通した習慣である。フェンスに足を突き出すようにして椅子に腰掛けるという独特の座り方をする囚人を私は知っている。彼は椅子に深く腰掛けているので、背もたれからは頭しか見えず、尻は宙に浮いている。フェンスの一番高いところに足を引っ掛けて、そこでバランスを取っているのだ。遠くから見れば、二本の長い脚は、フェンスにつながっている二本の高い柱のようにしか見えない。

私にも独自の座り方がある。椅子を反らせるようにして座り、椅子の後ろ脚を軸にしてふらふらと揺らして楽しむ。たいてい、二本脚でバランスを取るが、一本脚でバランスを取ることもある。一種の遊びである。体は遊ぶように動いているが、心の中では断片的なイメージに思いを巡らせ集中している。体を遊ばせると次から次へとイメージが頭に浮かび、ばらばらだった考えが軍隊の行進のようにきれいにまとまりを見せるのだ。

微笑みの青年は、フェンスに足を預ける以外は、事務所の管理人のように、いつも最も標準的な姿勢で椅子に座っている。しかし、今夜の彼はまるで違っており、崩れ落ちるかのように見える。彼は椅子に深く沈み込むように腰掛けている。

今宵、私たちは明らかに互いを邪魔しているが、大目に見よう。もし、どちらかが椅子から立ち上がろうとしたら、何か不吉なことが起こるかもしれない。恐れやそれに似たものを感じる。しかし、それが何であれ、私たちはこの予感に堪え、現状を受け入れるしかない。私たち二人は苦しみの原因が何であれ、折り合いをつけなければならない。私たちは二人の個人であり、二人の外国人であり、二人はそれぞれ異国の地の香りに慣れようとしているところだ。そしてこの疎外感、異質なものとの出会いは、私たちが共有する経験なのである。

この感覚が突然中断される。監獄の別のところで事件が起こる。G４Sの看守のトランシーバーの音がする。彼らは立ち上がって走り出す。G４Sの看守全員が監獄の端からある場所へ向かって走るのは、緊急非常事態という意味だ。そして囚人たちは、G４Sの看守が走っているのを見ると、ためらうことなく、意味もわからぬまま後に続く。数分もしないうちに、ある特定の地点に人々が集まり、群がるようになる。**微笑みの青年**と私も走る。私たちは一瞬、互いに目を合わせ、怪訝な面持ちで見つめ合う。そして走り出す。監獄の正門の前のところまで来ると、**微笑みの青年**が人だかりの中へと消えていった。私の姿も彼の視界から消えたに違いない。看守の詰所に背を向けて立つ。恐怖に襲われる。何なんだこの騒ぎは？人だかりに目をやる。みな怯えている。

今夜の流血は洪水か天災のようだ——その光景は異様な不安を掻き立てる。まだ若い青年だ。彼はその柔らかな首をすっぱりと切ったのだ。

―*―

このような状況になると、常に誰かが責任者面をしてしゃしゃり出る。そういう人間は監獄のどこにでもいる。彼らはどんなことでも騒ぎ立てるし、どんな事件にも関わろうとする。監獄に閉じ込められた小心者の独裁者紛いは、自己欺瞞に長けている。これが監獄の現実だ。リーダーと認められるだけで誤った権力意識を持ってしまう、単純な自称リーダー。容易に影響を受け、「キリアーカル・システム」に抵抗する駒となる。

真のリーダーになるには勇気が必要だ。真のリーダーシップとは、不屈の精神を持つ人々の集団を統制することである。しかし、考慮しておかねばならないこともある。監獄のような特殊な場所では、目的に適うなら、人は弱いリーダーでも支持する。勇気あるリーダーは、変化を生み出すために勇気ある男女を必要とする。この監獄では、囚人たちは大胆さや勇敢さを表す者たちから距離を置いている。そうすれば、彼らは勇気を出す必要がないからである。統率には、一種の愚かさも必要だ――様々な種類と様々な程度の愚かさが。それは、その共同体との関係性と相関的である。自分の人生や解放が他人の運命や野望に縛られていると考えるのは馬鹿げている。リーダーは度量が狭くても、深みがなくても、単純でもよい。

真のリーダーとは、預言者然とした者である。リーダーは預言者としての資質。そう。それがリーダーにカリスマ性を与えるのである。

預言者の天分とは、新たな道を切り拓くことである
預言者の天分とは、新たな地平へと導くことである
預言者の天分とは、それを詩的に行うことである

預言者の天分とは、それを心を込めて行うことである
預言者の天分とは、愛を創造する方法を生み出すことである。

しかし、預言者性と神聖性を同一視すべきではない。もし預言者性と神聖性が同じなら、私は座っている椅子から立ち上がって……その椅子の上に立ち、煙草に火をつけ、ズボンを下ろし、この宇宙の神聖なものすべてに向けて小便をかけるだろう。

――＊――

自殺をした青年の体が係官に抱かれて運び出される最中、自称リーダーが遺体を安置する場所を用意する。彼はこれが立派なリーダーとしての自分の評価を上げる絶好の機会であることをよくわかっている。フォックス監獄にいる間、この中年の男は、ひたすらたった一つのことを目指してきた。自分をリーダーの地位に昇格させることだ。彼の名前は**英雄**である。

彼には真のリーダーとしての特質が備わっている。彼が親切かと問われれば、私はそうだと答えるだろう。彼はほかの囚人たちに同胞意識を抱いている。間違いなく勇敢な男だが、彼の行動はことのほか単純ではある。そのため、ほかの囚人たちが彼を操って利用しようとすることもある。どこにいても、誰かが椅子を譲り、彼がリーダーもどきの漫画のキャラクターであるかのようにからかう。しかし、彼には勇気がある。ほかの囚人たちが彼の勇気を尊敬に値するものだと認めようものなら、彼は「キリアーカル・システム」に恐るべき挑戦状を突きつけるかもしれない。むしろ、彼が恐怖心を見せたなら、囚人たちは彼のことをからかったりしないだろう。

それが誰であろうと、どんな社会的地位の人であろうと、どんな性格の人であろうと、囚人たちはみな、自分のすぐそばの囚人には用心しておかなければならない。どんなに愚かな囚人でも、この原則に基づいて行動しようとする。**英雄**にとって最も重要なことは、監獄の「キリアーカル・システム」ムに挑戦することだ。囚人たちは彼を恐れている。彼が何か面倒な問題を起こすことを知っているのだ。囚人たちは、彼を支持するために立ち上がろうとはしないし、彼に続いて行動を起こそうともしない。だからこそ、囚人たちは彼が勇敢であると直接的には認めない。彼は単純な男だ。だが、囚人たちは彼が単純だからという理由で、その勇気を無視するのではなく、彼の勇気に気づかないふりをするのだ。つまり意識的に無視するのである。

この夜の事件の直後、**英雄**は椅子の上に立ち、リーダー気分で演説を行い、町中の広場でまるで火を吹くかのように説教する。それは、革命を隠れ蓑にして行われる、熱狂する大衆に向けた演説さながらだ。その夜、彼は椅子の上から、みなに退散するように求める。明らかに、彼は自分の言葉を伝えることに喜びを感じている。彼はこの瞬間の自分を楽しみ、しばらくの間その状況に酔っている。

英雄が「みな、退散」という言葉を何度も繰り返すところまでは良かった。暗闇の中に立っている一人の男がかすかな声を上げた。彼は弱々しい声で言う。「ああ、もうたくさんだ」と。この言葉を発した者にいかなる力もないことは明らかだ。彼は**英雄**として知られる人物と比べ、自分に力があるとは思っていない。彼は、ちょっと言ってみたかっただけなのだ。それはただの反応に過ぎず、独り言のようなものなのだ。彼は**英雄**の演説を中断しようとして声を上げたのではないし、回りの者たちに聞かせようとしたのでもない。しかし、その言葉は棍棒の打撃のようなものだった。椅子の上に立っているリーダーを殴り倒し、彼の力を打ち砕くようなものだったのだ。

英雄はしばらくの間沈黙する。誰も彼に立ち向かうほどの勇気も大胆さも持ち合わせていないはずだ。

彼は激怒して、屈辱の原因を見つけ出して捕まえようとする。その声がどこから発せられたかはわかっている。彼はあっという間にその犯人を特定する。**英雄**は前にしか進めないサイのようだ。その直後、殴る蹴るの暴行が浴びせかけられ、光と闇が交わる薄暗い空間に、その音だけが響き渡る。

多くの囚人の心の中では、**英雄**は美徳の象徴ではない。囚人たちは直接彼に抗議しようと周りを取り囲む。しかし、囚人の中には彼に好意を抱く者もあり、多くの若者が彼を支持して喧嘩に加わる。

この晩のこの出来事は、大した傷害事件には至らなかった。**英雄**でさえ最終的に問題を平穏に解決したのだ。やはり、彼は慈悲深いリーダーだったと言えはしないか？

——＊——

その夜、**微笑みの青年**の姿を見かけることはなく
フェンスのそばに立つ姿を見かけることもない
あの椰子の木の幹の傍で彼に会うことはなく
花の美しさを愛でるその姿を見ることもない
彼の笑顔を見ることはない
その笑い声を聞くこともなければ
狂ったように傷を掻きむしる姿を見ることもない
微笑みの青年はあの監獄の裏にある診療所にいる
微笑みの青年は医師や看護師たちに取り囲まれている
微笑みの青年は笑いものにされている

数年後
あるいは数ヶ月後
あるいは数日後
暑くてうだるような日に
島で一番高い椰子の木の一番高いところから、チャウカが鳴く
微笑みの青年が死んだ
彼の口元のあの微笑みが乾いた虚しさの中へと消えてゆくようだ
ハミドが、**微笑みの青年**が、死んだ。

第一二章

黄昏時／戦争の色

黄昏時になれば
月が昇るものと信じているので
監獄の電燈の灯りを月明かりと錯覚することがある
溢れ出すような煌々とした灯りがその空間を照らし、　群がる男たちがくっきりと浮かび上がる
監獄に隣接する道の両側に立つ男たちの大群
棍棒を握る男たちの集団
まっすぐに伸びる道
男の群れの間を
私たちは横切らねばならない
人間のトンネルをくぐり
この監獄から脱出しなければならない
そうだ

係官たちの手を借りた集団脱走
看守たちの命令による脱走
走る必要のない脱走
看守たちの指揮によって
周到に制御された脱走。

道の両側にはそれぞれ人間の長い列ができている。二列に並んだ男たち。その列からはみ出れば、背中や肩に手痛い棍棒の攻撃を受けることになる。

進むべき道筋については知らされていた。あらかじめ告知されていたのだ。男たちは五、六人の集団に分かれ、サッカー場として使われている草地に集合することになっている。でも、それはどこにあるのか？

くだらない質問だ。進む道は見ればわかる。棍棒を片手に待ち受ける男たちの間を縫って、この道を進まなければならないのだ。監獄からさらに遠く離れたところまで移動しなければならない。それが命令だ。

ところが背後では戦争が起こっている
本物の戦争が猛威を振るっている
武器が使用され
叫び声や
うめき声が響き渡る
武勇伝となる戦争

恐怖に呑み込まれる戦争
背後で戦争が起こっている
いや、それは終わったのかもしれない
勝者の雄叫びが聞こえるだろう
勝利の吐息が。

オーストラリア人の係官は、五、六人の囚人グループを監獄のメインゲートから道に向かって導く。彼らはただ命令を下し、道の両側に立っている囚人とパプア人がただその命令に従う。「首を下げて直進せよ、静粛に」という命令。パプア人へは「列からはみ出る者は打ちのめせ、静粛に、命令にはすべて従え」と命令される。これらの命令は戦時下の司令官のような声で下される。

その命令の根底には、権力のヒエラルキー構造がある。それは疑いなく、抑圧的な統治の包括的なシステムである。あのパプア人たちがオーストラリア人の指示に忠実に従っていることからも明らかである。囚人たちは敗北し壊滅した師団、捕虜になった兵士に過ぎず、その身体は恐怖に震えている。

私たちは戦争捕虜だ。歩き始めると、両肩のことばかり考えてしまう。硬く骨ばった私の両肩、もし棍棒で叩かれれば、たちまち砕けてしまうだろう両肩。砕かれれば泣き叫び、天まで届くほどに響き渡るうめき声を張り上げることだろう。

私の両目は警戒している。棍棒を手にした男たちの方は見ずに、全体の状況を観察する。それでも両肩のことが気になって仕方ない。

片方ずつの目で二つの異なる方向を見ることはできない。道の両側を同時に見ることもできない。私は両目を道の左側に向け、それから速やかに右側へと向ける。まるで四つの目を持っているようだ。

時折、パプア人たちが誰かの腰と尻を激しく打ち付けている。打たれた囚人は命令に従わなかったのだろう。殴打する音が聞こえてくる。足音が響く。行進しているような音だ。気づかないうちに私の歩調もそうなっている。いつの間にか、パプア人たちと交信していた。その歩調を通じて、指示に従い、恭順の意思を示す。必要のない危険に自らの命を晒すのは愚かだ。あの殴打の音でこちらの集中力も削がれる。私の両足、腰、骨は大丈夫だろうか、と心配でたまらなくなる。

それでも私の目はよく機能していて、この状況を観察している。如才なく、注意深く、抜け目ない両目。歩みが進むにつれ、早足になり、何度かよろめく。思ったより早く道の終点に達する。実際は道の終点というわけではなく、さらに暗闇へと続いている。オーストラリア人の係官が私たちの番号を求める。サッカー場に向かって左に曲がってさらに進む。

地面が濡れている。数時間後、座ろうとした時にそれに気づく。しかし、多くの者は気にせず座り込んでいる。その場には喧騒が響く。何百もの人間がひしめいている。恐怖に蝕まれる身体。寄せ合った身体。冬、狼に攻撃された家畜牛の群れのようだ。

係官たちは牛飼だ。家畜の尾に棍棒を振るい、悪意に満ちた殴打を浴びせ、家畜を守る義務を遂行する。私たちはみな一ヶ所に集まらなければならなかった。一ヶ所に集まってその場所に一緒にいるほかなかった。離れたところでは叫び声や喚き声が聞こえた。戦場のような恐ろしい音が聞こえた。かつて監獄だった戦場で。

向かいの路上を、救急車のような車が駆け抜けてゆく。負傷者の救助のためか。行き先は明らかである。係官たちの宿舎になっている船。あるいは、上官の船。その船は移動病院になっていた。船上の病院。海上の病院。

四つの監獄で
脱走が発生し
監獄は四つとも空っぽになった
四つの監獄の囚人が広場に、湿った草の上に、姿を見せる
四つの監獄の囚人が兵士のように並んでいる
いや
失礼
三つの監獄の間違いだ
三つの監獄、マイク監獄の囚人はここにはいない。

暴動の中心地は、マイク監獄だ。囚人でごった返す混乱の最中、耳にした言葉の断片から、何が起きているのか事態が少しずつ明らかになる。


「俺、この目で見たんだ。奴らはあいつの首を斬った。みんな見てた。あの扉の前で起こった。パプア人が二人とオーストラリア係官が二人、奴らがあの扉の前であいつの首を斬ったんだ。きっと死んじまっただろうな」

「マイクでは少なくとも一〇人死んだ」

「そうさ、だいたいマイクであの大騒動が始まったんだ。あそこは三日間、戦争状態だ。俺たちの監獄からも何人かフェンスを越えていった奴がいた。あいつらを助けようとして」

「棍棒？　あんた、一体何言ってんだい？　銃の音が聞こえなかったのか？　確かに奴らは棍棒

を持ってたけど、俺は銃のこと言ってるんだ。あんたは棍棒なんかが怖いのか?」

囚人同士のやりとりはこんな具合だ。狂乱と混沌の光景。分別のない状況はすべてに影響を及ぼすかのようである。匂いを嗅ぐ感覚もおかしくなった。誰が誰だかわからない。私たちのたった一つの属性、それは囚人であるということだ。

中には涙を流している者もいる。湿った草地に座っている口髭の濃い男もその一人だ。不安のあまり落ち着かず、足の震えが止まらないようだ。誰かが彼の肩中をさすってやっている。何とか水のボトルが手に入らないかと誰かに頼んでいる者がいる。頼まれた者は数メートル先に行き、ほかの誰かに頼む。ようやく水のボトルが入った箱を一つ持ってパプア人が人混みの中に入ってくる。たちまち箱の中のボトルはなくなってしまう。集まった者たちは、ボトルに口もつけずにぐいっと水を飲み干した。

パプア人は戻ってまた水の箱を持ってくるほかない。この戦争はあらゆる関係性を壊し、引き裂いてしまった。「キリアーカル・システム」は暴力と憎悪を引き起こす。だが今こそ、パプア人がもう一つの自己の側面を見せる良い機会だ。確かに囚人たちは彼らに反感を持っている。さらに確かなのは、囚人たちは彼らに恐怖心を抱いていることだ。

パプア人たちは状況をよくわかっており、水を搬入するたびに口々に言う。「申し訳ありません。これは私たちのせいではないのです」「どうすることもできません。私はあの攻撃には関わっていません」「殴ったりしていません。私たちはやっていない。すべてオーストラリア人たちがやったことです」と。パプア人たちは心の底から和解しようとしている。そして、自分の手ではどうすることもできない状況下で、このような事態が発生してしまったということを深く悔やんでいるのだ。「キリアーカル・システム」の完全なる支配下で。

だが、パプア人の文化には一つの重要な要素がある。儀礼である。儀礼は嘘偽りがなく意味があり、尊敬と賞賛に値する行動規範である。喧嘩や戦争をしても、友情を形成することもできる。命がけで戦い、その戦いの後に友情が芽生えるのだ。

システムが持つ力とそれへの服従は圧倒的だ。確かに、オーストラリア人の命令に従っただけだとか自分は無実だとか言うパプア人たちは、最悪の抑圧に関与しており、苛烈な殴打を与えた罪はある。戦争の最中、システムの支配下で戦闘が繰り広げられれば、誠実な憐れみの顔と暴力的な攻撃の顔を見分けることは難しくなる。だが、あのパプア人たちは、監獄から空気を切り裂くような叫び声やうめき声が聞こえてくる中で、どうにかして囚人たちとの関係を改善しようと努めている。

口髭の濃い男の泣き声は、すすり泣き程度のものではない。

昨夜、彼はフォックス監獄の通路Mの端で石を集め、電話室の隣にある門目がけてその石を投げつけた。憎悪に満ちた復讐心と共に、ありったけの力を込めて、石を投げつけたのだ。

私たちがいる場所からは、マイク監獄で何が起きているのか手に取るようにわかる。そこが主戦場だ。二週間の平和的な抗議集会が、流血の戦いに変わってしまった。離れ小島に抑留された者たちがスローガンを唱え反旗を翻したなんて、想像するだけでも馬鹿げている。太陽が沈み、囚人たちは門の前に集結し、「キリアーカル・システム」に抗して「自由！　自由！」と絶叫したのだ。彼らは実際革命を起こそうと考えていた。だがこの抵抗は、「キリアーカル・システム」への反抗、あるいはボスたちとの対決というよりも、周囲に広がる壮大な生態系へのちょっとした悪ふざけ程度のものに過ぎず、それは雄大な自然によって呑み込まれてしまった。

島
監獄
密林
海
鳥類の部隊
カニの歩兵隊
カエルの軍団
コオロギの楽団
彼らはそれまで人間の息吹を知らなかった
政治的スローガン
原始的自然
逆説
矛盾する風景。

――＊――

二週間かかった。囚人たちが、沈黙を守って監獄の権力に屈するか、暴動に訴えてそのシステムに対抗するか、答えを出すまでの二週間。

力強いスローガンの連呼と共に表現された暴力

暴力、憤怒に歯をきしらせる囚人らが再び問う
「何の罪で？」
「なぜ俺は監獄に入れられなければならないのか？」
要求にも似たさらなる問いかけ
「海へと再び漕ぎ出せるよう俺のボートを返してくれないか？」
「俺をインドネシアに返してくれないか？」
あるいは、決然たる要求
「俺を裁判にかけろ」。

日が沈み、門の前に集まる者たちは戦々恐々とした雰囲気に包まれていた。ここで彼らはその恐ろしさに気づき、それを直視すると同時に「キリアーカル・システム」に直面した。囚人たちは恐れを感じ、彼らは恐怖の渦の中へと落下し始めた。

「自由！　自由！」と連呼する者たちが現れた。勇気づけられたかのようにそれに加わる者が現れた。しかし、最初から恐怖は彼らの心に染み込んでいたようだった。

恐怖の影がその行動を彩っていた
恐怖の影に覆われた目という目
恐怖の色に染められた顔という顔
恐怖の色を帯びた出陣化粧
スローガンの旋律でさえ恐怖の色を帯びていた

どれも恐怖の影
戦争の色。

おそらくは信じていなかった……まさか、あの「キリアーカル・システム」に本当に抗えるとは信じてはいなかった。

英雄もそこにいた。いつものように彼は勇敢だった。いつものように、特有の情熱に満ちていた。彼らしい情熱に。

数メートル先から、恐れにおののく者たちを見ている者がいた。何十メートルも離れたところからこの抗議行動を見物している者たちもいた。部屋の中で身を潜める者たちもいた。

個性の連続体（スペクトラム）
勇気の連続体（スペクトラム）
自由の大いなる感覚
大いなる自由の感触
抵抗から生まれる新たなアイデンティティ
素晴らしきアイデンティティ
脅威のアイデンティティ
囚人たちは声を張り上げて歌う
その激しさに喉は張り裂けんばかり
鬨（とき）の声を上げる、自由！　自由！

反逆
反乱
番号で呼ばれることに抗う
オスカー監獄から響き渡るスローガン
デルタ監獄から響き渡るスローガン
マイク監獄から響き渡るスローガン
呼び掛けと応答
互いに呼び掛け合い
互いに応答し合い
壮大な交信術
壮大な交響曲の編成。

この時、囚人たちは初めて、隣接する監獄との深い心のつながりを確立することができた。だが同時に、彼らの感情の中に、ある種の愚かさの漣（さざなみ）が広がっていった。その声の大きさと力強さを競い合った。それぞれの監獄にいる囚人たちは、自分たちがどれほど革命的なのかを証明しようと躍起になった。

隣接する監獄には、強烈な個性を持った者、例えば**英雄**のような者がいることを想像してみてほしい。**英雄**にとって重要なのは、フォックス監獄からの叫び声がほかの監獄からの声よりも力強く、畏れを引き起こすことである。彼は島中に聞こえる声を出すようにほかの囚人たちを煽り立てさえする。司令官のように「お前ら、わかったか？　島中に声を轟（とどろ）かせよ」と絶叫する。このような行動に影響され、さらに多くの囚人たちが抗議活動に参加する。週の終わりになると、この抗議活動は強力な同盟へと変化を遂げた。

さあ、ここからは権力のお手並み拝見だ。「キリアーカル・システム」のボスたちは全員槍玉に挙げられた。重大な局面を迎えた。規則や規定を執行するための権力は弱体化し、もはや強権を振るうことはできなくなっている。その事実は、囚人を元気づけた。目を見張るほどの力を与え、さらに彼らを勢いづかせた。叫び声はさらに大きくなり、強暴になった。抗議活動の最後まで、囚人たちは燃えたぎる憤怒の念を込めて地を踏み鳴らしていた。

オスカー監獄の男たちの声は、島の反対側までこだましているようだった。あまりの轟音に**英雄**の身体を震えさせるほどで、依然として室内で身を潜めている者たちにとっては相当の効き目があっただろう。オスカー監獄から響き渡る声は、デルタ監獄からの怒鳴り声に呼応していたように聞こえた。そしてフォックス監獄からこだまする音は、椰子の木をも震わせた。これは力の叫び、力を得た囚人の叫びだった。監獄が継ぎ目のないひとまとまりの生命体のごとく一体化したようだった。島中に響き渡ったこの叫びは、監獄が同時に上げた叫びだった。

係官たちは逃げてしまった。彼らはもはや監獄の手先ではなくなった。かつて檻だったところで囚人たちがフェンスに体当たりしていた。みなが自由の空気を吸い込んだ。囚人たち全員が、自由の感覚を経験していた。

脱出前の最後の二晩、フォックス監獄の囚人たちは体に力が漲るのを感じていた。その監獄は全体の最も中央に位置していたからである。彼らはもはやスローガンを連呼していた烏合の衆ではなかった。リーダーも含め、我こそが革命の中心であると感じていた。彼らはオスカー監獄とデルタ監獄の入り口に近いメインゲートでスローガンを叫んだ。みな互いの手を固く握りしめ、マイク監獄近くの門に向かった。

何たる光景だろう、憤怒の念に打ち震える男たちが足を踏み鳴らしている。その威風堂々たる響きは激しく心を揺さぶり、ぞくぞくさせるものだった。

囚人たちは、この場に漲る力やエネルギーによって怒りが高められた。**英雄**はライオンのように雄叫びを上げた。向こう見ずなリーダーはこの状況に舞い上がり、平常心を失った。恐怖感はあった。だが、勇敢さを誇示せんとばかりに突進した。魂を奪われ、催眠術でもかけられたかのように、彼はこの一団から二、三歩先に踏み出し、喉が張り裂けるほどの大声を上げた。彼の声はかれ果てた。しかし、たとえ声が出なくなろうが、彼はさらに勢いづいた。戦いに臨む格闘家のように、彼は拳で胸を叩いた。

マイク監獄のすぐ近くにある門にこの一団が到着すると、彼らは新たなエネルギーを得たかのようだった。地を踏み鳴らし、獄門へと進軍しつつ「自由！　自由！」と連呼した。それは脅迫、戦争を誘う響きだった。

――＊――

このような状況が数日続いた後、小太りで向こう見ずな中年の囚人が、周辺のフェンスを蹴り始めた。

フェンスへの最初の一蹴りで戦争が勃発した
とてつもなく大きな戦争
暴力と苦悩を伴う戦争
この些細な行為から戦争が勃発した。

少し離れて上から見下ろすと、オスカー監獄が見えた。白いプラスチックの折りたたみ椅子が宙を飛び、テントの上まで達した。ベッド枠が頭上を飛んだ。何だかよくわからない軽い物体が頭上を飛んだ。大量の枕も頭上を飛んだ。フェンスの硬い鉄にぶつかって雷鳴のように響き渡る鋼鉄の音が止めを刺した。

これが宣戦布告だった。オスカー監獄にて戦争が勃発した。フォックス監獄でも同時に起こった。あの向こう見ずな男がフェンスを叩いたまさにその時に戦争が勃発した。その戦争はマイク監獄でも、デルタ監獄でも同時に起こった。四ヶ所で起こったのだ。

何十人もの怒れる男たちが、向こう見ずな小太りの男にならって行動した。今や彼らが門を攻撃していた。そこら中のあらゆる物を集め、鉄の門にぶつけた。収容所において日々使っていた物品とそれに染み付いた生活体験への嫌悪が一気に鋼鉄の門に向かう力となった。プラスチックの椅子が、男たちが手に取った最初の武器となり、門に向かって投げつけられた。投げつけられた椅子は粉々になった。その椅子への嫌悪感は、囚人たちの心の奥底に深く根付いていた。それらを粉々にすることで「キリアーカル・システム」の構造をずたずたに破壊しようとしていた。

第一の攻防の間に、**喜劇役者**として知られる背の低いレバノン系の若者が、門の上に登る方法を見つけた。この時までに、その門は少し曲がってしまっていた。この事態の真っ只中で、**喜劇役者**は囚人たちに、門を乗り越えて電話室まで行くよう呼び掛けた。**喜劇役者**はすべての電話機を破壊した。彼はすべての電話機を電話室から放り出し、電話線さえもソケットから全部引き抜いた。彼は電話台をコンクリートの床に叩きつけた。思いっきり叩きつけた。それから、その電話台を起こし、元々あったところから数メートル先まで運んだ。最後はありったけの力を込めて、それをコンテナの鉄の壁面にぶっつけて破壊した。

喜劇役者は性格の良い若者で、フォックス監獄では人気があった。彼は列に並んで待っている間、時折係官をからかうような態度を見せたり、風変わりでおかしい表情を見せたりしていた。彼がおどけると、囚人が一つにまとまり、笑いに包まれた。この時彼は、戦争の兵器庫として、重要な任務を担っていた。最前線に立ち、監獄の門を倒そうとして、勇ましい雄叫びを上げていた。

彼は人を笑わせるのが上手で、たとえ戦場で戦いの真っ只中にいようが、電話機を使って冗談を言うだけの余裕があった。電話線を引き抜く前や、電話線を小部屋から引き抜き床に投げ落とす前に、彼は受話器を取って、それを耳に当てた。大声で「もしもし！　もしもし！」と繰り返した。そして、受話器のスピーカーを見つめ、肩をすくめると、それを床に叩きつけた。

逃げ出した係官らは、監獄の反対側、監獄の背後の泥道に立っていた。彼らはそこで身構えていた。パプア人もそこに立っていた。トランシーバーがひっきりなしに鳴っていた。道路の端から端まで、トランシーバーを片手に走り回る係官もいた。

監獄外の泥道に、地元民の集団がゆっくりと集まってきていた。予想外の連合の形成。地元民は、オーストラリア人たちと連帯しつつあった。あのオーストラリア人、あの野郎ども。こんな状況下ですら、奴らはこの場を統括していた。奴らはまだ統治していた。私たちが立っているところから、何が起こっているか、特定することができた。奴らがパプア人を難民に敵対させようとしているのがわかった。フォックス監獄とマイク監獄を分断していたフェンスが跡形もなく破壊されるのにそれほど時間はかからなかった。二つの監獄が一つになった。

英雄はすぐさまそこに向かった。フォックス監獄からの別の集団が、怒りに燃えたぎるマイク監獄の一団と合流し、彼の後を追った。路上の人々は、臨戦態勢を整えていた。監獄は完全に囚人たちの統制下にあった。多くの怒れる男たちが監獄内に駐留し、兵士たちが駐屯地に配置された。

しばらくして、石が大量に降ってきた。出所不明ではあったが、戦場にいる囚人たちの大群の上に降りかかった。囚人たちはその石の攻撃に対し、ためらいなく応戦した。弾薬となる石の少なさから空襲はやがて弱まった。後方にいる多くの囚人たちは武器を製造すべく、通路内でタイルを剥がしていた。そのかけらを舗装されていない道まで運び、係官とパプア人に向かって投げつけた。しかし、向こう側にいるパプア人は、さらに力と攻撃力を身につけたように見えた。囚人たちに向かって力いっぱいに大きな石を投げ込み、多くの者が負傷した。しかし、戦争の狂気と残忍さの中においては、負傷者に目を配ることは難しい。どれだけの負傷者が出たか、把握することも難しかった。

監獄は闘鶏場と化した。囚人たちの心は、彼らを拘留した「キリアーカル・システム」という組織体に打撃を与えることのみに注がれた。

デルタとオスカーでの暴動の騒ぎ声が、まだ辺り一帯に轟いていた。それは地獄の声だった。まさに地獄。マイク監獄は石の雨に苦戦していた。しかしこんな恐ろしい状態にありながら、戦争の恐怖の只中にありながら、囚人は自由を感じていた。監獄は、監獄の力は、彼らの足元で小さくなってゆくように感じられた。彼らが踏みつけた分だけ、監獄は貶められた。囚人たちはここで初めて、フェンスによって抑圧されない感覚を得た。ここで初めて規制も規定も無力と化した。抑圧のシステムが消し去られた。この激しい活動の中で、囚人の間に同志としての絆が生まれ、それは見えるように戦争劇場で演じられた。

これは戦いがもたらした栄光の表現である。あらゆる残虐性が支配する中で、同志への思いやりが広がり、囚人たちは互いに対して同志愛を抱いていた。場違いの感情のように思われるかもしれないが、それは紛れもない事実だった。

囚人たちは監獄を完全に掌握した
優勢になったのだ
勝利の喜びを表す時だ
微笑みを交わす
規則と規制に微笑む

統治という抑圧システムに微笑む
戦争が突然終わったかのようだ
石はもう頭上から飛んでこない
監獄は静寂に包まれる
空気が変わった
色が変わった。

道にいたパプア人が視界から消えた。オーストラリア人の係官の数が減った。**喜劇役者**は笑っていた。彼は鉄柱に寄りかかり、煙草を吸っていた。**喜劇役者**は喜劇映画で出てくる俳優のように見えた。ポーズを取りながら、群衆をただ見ていた。

英雄は今までになく奮い立っていた。その一帯の領有権を宣言したような面持ちで、周囲の状況を見守っていた。彼は、今や自分は征服者なのだと自覚していた。彼は革命時の司令官のごとく微笑んだ。勝利を得たかのごとく微笑んだ。彼は正しかった。連日連夜、声の限り絶叫し、連呼し、喉がかれてしまったが、彼の革命の叫びが囚人たちに対し、規則と規制、あの「キリアーカル・システム」に戦いを挑むよう動機づけたのである。

戦争とは何と酷いものなのか
予測できない
思いがけなく始まり
思いがけなく終わる

恐ろしい静寂
嵐の前の静けさのように
死の前の瞬間のように
囚人たちでさえこの静寂は奇妙だと感じた
彼らの血潮はいまだ燃えたぎり
彼らの血管はいまだ波打ち
彼らの額にはいまだ熱き血潮が流れる。

その静寂は長く続かなかった。監獄門に機動隊の一団が現れた。およそ一二名の一団。鉄人部隊のようだった。鉄製のヘルメット、鉄製の防御具を装備し、手には盾を持っている。獲物を狩ろうとする猛獣のようだった。腕を組み合い、盾を装備し、囚人たちの前に集結した。

彼らは数歩前進した
そして止まった。

雨粒のように石が降ってきた。その石は固い盾の上にぶつかった。

彼らは数分間そこにとどまっていた
そしてまた数歩前進した。

鉄人たちは注目の的となり、誰もが彼らを注視し続ける。ありとあらゆる物体が、彼らに投げつけられた。オーストラリア人の係官とパプア人たちが、再び泥道に現れた。彼らは囚人らを見張っていた。そして、囚人らは**鉄人たち**を一心に見つめていた。**鉄人たち**はまるでロボットのようにプログラムされ、監獄から離れた中央司令部から遠隔操作されているかのようだった。中央司令部が泥道の上か、木の上の小さな司令塔の中にでもあるかのような、そんな感じだった。

鉄人たちを統制するには、囚人の数とその位置関係を把握し、状況に応じて**鉄人たち**に指令を与える司令官が必要だった。

鉄人たちはどっしりと立っていた
その脚は鉄塔のようだ
石にも動じず
飛び交う物体にも耐え
鉄の鎖に大砲を落とされても耐えた
その鎖はいつ切れてもおかしくない
しかし彼らは前進し続けた。

マイク監獄の中心部に侵攻するまで、三〇分ほどだっただろうか。ついに彼らは、囚人たちを包囲した。二つの集団は接近していた……敵はすぐそこにいる。迫り来る部隊に対し、**英雄**は鉄の鎖の急所目がけてタイルを丸ごと振り上げ、ほんの半メートルの距離からそれを投げつけた。けれども、鎖のつながりは破ることができないどころか、**鉄人たち**はさらに二歩前進した。**英雄**はタイルをとても強い力で投げつけたため、その音が周囲に響き渡り、ほかの攻撃の音や叫び声に反響した。すると、フォックス監獄からこの様子を見ていた囚人たちの集団は我知らず口笛を鳴らし歓声を上げて、**英雄**に加勢しようとした。**英雄**はその力強い援護に勇気づけられ、新たな活力を得た。彼は数メートル後退し、より強力な飛び道具を探した。

英雄は鉄の棒を手にしていた。彼は**鉄人たち**に近づいた。そして最大限の力を込めて、盾の急所を叩いた。怒り狂った蜂のように、囚人たちが援護しようと周囲に群がった。**鉄人たち**をこてんぱんに叩きのめすべく、すぐに何人かが**英雄**に加勢した。その攻撃で突然、鎖が切れた。**鉄人たち**は驚くべき速さで逃走した。その逃げ足の速さと言ったら、さっきまで一〇分間に二歩しか進まなかった者たちとは思えなかった。

鉄人たちが逃げ出した時、囚人たちはしばらくの間、勝利の栄光に浸っていた。再び監獄を奪回した彼らは歓声と口笛で祝福した。**英雄**は**鉄人たち**をフェンスまで追い詰め、手に持っていた棒を掲げた。彼の勝利の実感は完璧だった。拳を曲げ、胸を叩いた。そして雄叫びを上げた。その叫び声はライオンのそれというより、野生の驢馬（ろば）のようだった。

この間、**喜劇役者**はなおもおどけたポーズを取っていた。そして、**鉄人たち**を追いかけるために突然走り出した。まるでスキップするような足取りだった。彼はとにかく走った。仲間のところに戻る時もスキップするような足取りで走り続けた。そして観衆から煙草をせびった。

喜劇役者は舞台役者だった
喜劇役者は詩人だった
戦争劇場の俳優である**喜劇役者**は

勝利した。

しかし、勝利によってその高揚が最高潮に達し、戦利品に喜び湧いた時……突然、発電機が止まった。

辺り一面真っ暗闇
喜劇役者……と彼の微笑み
英雄……と彼の雄叫び
囚人たち……と歓喜の祝賀
深い暗闇の中にすべてが消えた
暗闇の色、そして銃声の響き
銃声の響き……それは死の響き
死の響き……戦争の響き
戦争の響き……もう一つの戦場
しばらくすると……うめき声しかなくなった
泣き叫ぶ声だけが響き渡る
監獄の鉄面皮と衝突する……硬い物体の音
骨とぶつかったような激しい飛び道具の音
マイク監獄とフォックス監獄から聞こえてくる音
その音が一緒になって暗闇を貫いた
幾多の音が入り混じる中

聞き覚えのある声が聞こえてきた
寄る辺なき場所から……聞き覚えのある声が
風のように私の耳を吹き抜けた声が
心に引っ掛かったままだった
誰かがクルド語で発した言葉「ダレガー！」(25)
誰かが叫ぶ声「母さん！」

――＊――

夜の深い暗闇の中、恐怖におののく無数の影が逃げ出した。フォックス監獄の囚人がマイク監獄に隣接する門から逃げ出し、オスカー監獄の近くの門に向かった。うめき声に加えて、叫び声が時折聞こえたかと思うと、それはあっという間の出来事だった。すぐに門の前に、恐れをなした男たちがぞろぞろと集まってきた。集団はねじれ、もつれ合い、男たちの聴覚は高められた。うめき声が聞こえた。マイク監獄からはかすかな叫び声も漏れ聞こえて来た。

マイク監獄からの脱出に成功した者もいた。何とかして彼らはフォックス監獄にたどり着いた。仲間を肩に担いで運び、門の前にできた人だかりの隣に横たえて休ませている囚人もいた。

辺り一面真っ暗闇。

一体何が起こったのかよくわからなかった。しかし、一瞬の静寂の間に響き渡った言葉に人々は惹き付けられた。「人が撃たれた。近寄るな。奴らが銃撃したんだ」英雄の声だった。彼はマイク監獄から脱出を図り、負傷した囚人を肩に背負って運んでいた。彼はなおも、勇敢さを示すことに喜びを感じていた。主戦場からの脱出、戦争劇場からの逃走を大いに楽しんでいた。

囚人らの顔は火照り、狂気と恐怖の色に染められた。だが、その声は演出に過ぎず、何の意味も目的もなかった。

——＊——

母を呼び求めていたのは誰だったのか？　クルド人ということだけはよくわかった。クルドにおける母と息子の関係は、ほかの地域と文化における母と息子の関係とは異なる。その絆は深遠で、複雑だ。クルド人であってもわかりにくいものであって、クルド人でなければなおさらである。

息子が母を呼ぶ時は、のっぴきならない実存的瞬間に達した時である。この関係は、クルドの母親とその娘との関係とは全く違う。私にもよくわからない。しかし血管に血液が流れるのを感じるように、母との絆を感じるのだ。この感覚はクルドの息子とその母との深い絆を紡ぎ、当人が気づいているかどうかにかかわらず、その心の絆は存在していると私は思う。私はこの不可解な絆が戦争という要素に影響を受けていると確信している。理解しがたいことではあるが、これだけははっきり言える。疑いなく、戦争がこの関係に影を落としているのだ。

この僻地の監獄から母を求めて叫んだのは誰？

この島から母を呼んだのは？
この密林から母を呼んだのは？
この夜に母を求める叫びを上げたのは誰？

——＊——

オーストラリア人たちが姿を現すのにそれほど時間はかからなかった。オスカー監獄に近い門に大勢現れた。その時まで、これほど多くのオーストラリア人たちを監獄内ではおろか、この島でも見たことがなかった。彼らはおそらくオーストラリア軍から派遣された一部隊だろう。あるいは、背後で控えているボスの指揮下の部隊の分遣隊だろう。私の想像では、この監獄の裏側には多層構造の建物があり、そこでボスたちが任務にあたっているのだ。オーストラリア人の一人が、戦時の将軍のような声で、静粛にするよう求めた。割れた声だった。**鉄人たち**を指揮していた者かもしれない。今は別の役割を担っているが、彼らとその盾部隊を司令塔から指揮していた者。

「我々と共に脱出せよ。静粛に、かつ冷静に。当方の指示に従い、我々の後に続いて脱出せよ。静粛に。寸分の狂いなく、列から逸れずに、冷静に歩け。ただ歩き続けるのだ。一言も喋るな」

マイク監獄から耳をつんざくような叫び声とうめき声が聞こえる中で、この脱出指示が出されたことはむしろありがたく、拒む理由などないように思われた。脱出以外の選択肢はなかった。

突然、門が開けられた。私たちはサッカー場の草むらに続く道へ繰り出した。

今なら語れる、囚人がどれほど恐怖を覚えたか

パプア人に攻撃された時を凌ぐ恐怖
鉄人たちに攻撃された時を凌ぐ恐怖
これは戦争が見せる色の一つ
遠ざかればそれだけ増す恐怖
恐怖の放棄は
新たな恐怖の獲得である
今や戦場から遠く離れて。

私たちは監獄を背にしている。しかし何の物音も聞こえてこない。穏やかな、とても穏やかな光景である。しかし短い会話からもわかるように、ある共通の雰囲気が集団内に漂っている。確かに数名が命を落としたことは疑いのない事実だからだ。

救急車に似た車の行き来がなくなる。辺り一面を静寂が包む。

何時間もの間、草むらに座っている。監獄に再び戻るためには係官の指示を待たねばならない。係官たちは大声で怒鳴っている。

我々の感情は何かに取り憑かれている
監獄は荒涼たる墓地だ
人っ子一人通り抜けなかったかのように
人間の匂いもなく
椰子の木の葉はしおれ

星たちは消え
地平線上の月は無に帰する
海は死に
密林は凍える
子どものすすり泣く声が木立ちから広がる
すすり泣き
泣き叫ぶ声
参戦した兵士の亡骸が大観兵式で行進する
銃は引っ込められた
しかしまだ
熱い煙が銃口から漂う
煙は巻き上がり
広がり、密林に吸い込まれてゆく
悲しみに暮れる子どもを探しに出かける
その子どもは人間そのもの
煙はあまねく島中を巡る
男たちが火薬と埃を両肩に浴びながらそこで待避している
彼らは靴を失くしてしまった
あご髭を膝まで垂らした老人が一人
木の幹のような痩せた身体でパイプをくゆらす

笑ったり泣いたり
また笑ったり泣いたりするたびに
泥にまみれた口から、黄色い歯が見える
老人が一人、風に髪をなびかせている
突然、彼が天使のように見える
若返った彼の
頬は紅潮し、歯は白い
密林は活力に満ち、瑞々しい緑と化す
海は慈悲深く情け深い。

――＊――

忌々しい係官の監視の網の目が監獄全体に張り巡らされる。彼らはあちこちで目を光らせる。監獄は再び何百もの男たちを呑み込み、その重々しい歩みを封じ込め、そのうなだれた肩を押さえ込む。ここは幽霊の地であり、捨てられた領土であり、かつての戦地である。昔、ここで戦争があったのだ。

囚人たちは従順な羊となる。口も利けず、耳も聞こえないかのごとく、彼らは監獄に再び入る。係官たちからも疲労がうかがえる。彼らは一言も喋らない。彼らは手振りだけで囚人たちを誘導する。これほどまでに受け身で従順な囚人たちなら、看守たちは彼らを監獄に戻すのに大声を出す理由などないだろう。

しかし、彼らはいつも自分たちの権力を示す必要があるのだ。再び監獄に戻る時、彼らはフォックス監獄からそれぞれの居室ではなく、チャーリーという名の大きなテントへと私たちを連れてゆく。

大勢の人々が床に横たわっている
血に染まった地面
辺り一面、体が押し潰された男たち
辺り一面、骨を砕かれた男たち
辺り一面、傷だらけの顔の男たち
辺り一面、脚の折れた男たち
辺り一面、腕の折れた男たち
潰れた顔
裂けた唇
顔に切り傷を負った若者
皮膚を切り込まれて血が吹き出ている。

そこには囚人しかいない。もう誰一人として、「キリアーカル・システム」への抵抗を二度と企てることはないだろうと確信させるような場面を私たちは目撃することになる。

横幕で覆われたテント沿いに
積み上げられた死体
入り混じる血
様々な血が混じり合って
一つになる

うめき声は
次第に大きくなる
様々な音、様々な様式、様々な歌声
戦争のバラッド
血まみれの口が歌い出す
別の血まみれの口が後を追う。

時間が過ぎ、いつもの囚人の様子が戻ってきたようだ。テントの隅に、腹の出た太った男がいる。横幕で覆われた木の床の上で寝そべっている。両腕を大の字にして、天井をじっと見ている。男の息遣いとうめき声が混じり合う。固まった血でその顔はよくわからない。しかし、広く伸びたアーモンド型の目には見覚えがある。**牛**だ。まだ空腹そうな目つきをしている。

その向こう側には若者が一人、苦痛に満ちた目で母を呼びながら横たわっている。**男娼のメイサム**だ。あの快活さも、子どもっぽい無邪気さも、永遠に彼の表情から消えてしまったようだ。彼は全くの別人である。押し潰され、恐怖におののき、打ちひしがれている。

赤ん坊の父親もそこにいる。すぐそこの横幕で覆われたテントの隅にいる。痛みにのたうちながら必死で傷を手当しようとしている男たちからはできるだけ距離を置いて座っている。テントの壁にもたれかかり、両腕を組んで膝を抱え、顔を上腕に載せている。その顔の目だけが光り輝いている。暴動の渦中の、まさに抵抗に燃えるような目。しかし革命は中断された。そして、その目は鎮圧された暴動を目撃した。

男たちは再会する。だが、まるで見知らぬ他人同士のよう

遠く離れ忘れ去られた孤島のごとく
誰もが独りぼっち。

――＊――

チャウカが歌っている。快い調べが流れる
チャウカが叫んでいる
叫んでいる
歌っている
鳥の声に溶け合う叫び声と歌声
暫しの静寂
チャウカがもう一度叫ぶ
絶叫でつながれるハーモニー
密林の奥深くに分け入る一本の鎖
真っ暗な洞窟の中へ
マヌス島のすべての鳥たちの喉より出でて、響き渡る叫び
マヌス島のすべての鳥たちが奏でる交響曲
チャウカの鳴き声が響きクライマックスを迎える。

英雄の声が聞こえる

遠くからこだまする声
泣いている
その悲しみが監獄に降り注ぎ、監獄に打ち付ける
チャウカの鳴き声が止む
聞こえるのは**英雄**の声だけ
テントの中が静寂に包まれる
男たちはみなしばらくの間黙り込む
英雄の周りには誰もいない
英雄はただ独り
悲しみに暮れて
泣いている。

英雄とつながるためにチャウカが監獄中で一番大きな椰子の木の頂から飛んでくる
チャウカは嘆く
英雄も嘆く
鳥の歌と男の歌
二つの歌声が一つになる
自然の……嘆き……自然の哀歌
人間の……嘆き……人間の哀歌。

知らせが届く。
奴らはレザを殺した。奴らは優しい巨人を殺した。

マヌス島域審査センターは、パプアニューギニアによって二〇一六年に非合法化され、二〇一七年一〇月に閉鎖された。本書はその閉鎖後の数週間後に完成したものである。その間、筆者はパプアニューギニア軍事予備隊に逮捕され、その後、訴追されることなく釈放された。当時そこに抑留されていた何百もの被収容者たちは、その島の別の施設へと移送された。本書が出版された現在も、ベフルーズ・ブチャーニーはマヌス島に残留している。この後どうなるのかは、本人にもわからない。

翻訳者の考察

オミド・トフィギアン

静寂の海に浮かぶ孤島があり、そこでは人々が囚われの身となっていました。人々は、その島の外側の世界を体験することはありません。監獄のすぐ外に広がる社会を見ることはなく、もちろん世界各地で何が起きているのかを知ることはありません。彼らはその狭い世界に囚われた者同士の間で交わされる会話を聞くしかないのです。これが彼らの現実です。彼らは、拘束され孤立させられた状況に不満を抱いているにもかかわらず、この状況を受け入れるように教え込まれているのです。

それでも、自由に学び創造することができるもう一つの島の話が、この監獄にも届くことがあります。囚人たちは、その島での暮らしがどのようなものかある程度想像はできますが、その全貌を理解する能力や経験は持ち合わせてはいません。もう一つの島の人々には独特のものの見方があって、この島の囚人たちが見ることができないものを見たり、創造しえないものを創造したり、知り得ないことを知っていたりします。囚人の中には、そんな別の島の人々に対して憤慨する者もいれば、そういう人々の存在自体を理解できない者、または彼らを貶めようとする者もいます。別の島の社会に対して無関心な者もいれば、その島の住民を憐れむ者もいます。なぜなら、自分たちの置かれた状況は改善され、やがて自分たちにはより大きな自由がもたらされると信じているからです。

この二つの島はまさに正反対です。一方の島では、洞察力や創造力や知識が抹殺されます。つまり、その島は思想を牢獄に入れるのです。もう一方の島では、洞察力や創造力や知識が育ちます。つまり、その島は自由な精神を持つことができる場所なのです。

一つ目の島はオーストラリアと呼ばれる植民国家で、囚人とはすなわち植民者です。

二つ目の島は、マヌス監獄のある島で、そこでは知（識）は投獄された難民と共にあります。

ベフルーズ：「あなたの専門分野は何ですか？……私の専門は政治学です。現在は組織的になされる拷問について研究しています。マヌス監獄のことについてもっと研究が進めばいいのですが……芸術と文学の言葉を通してこそ、この場所の現実をより明らかにできると私は考えています。

この数日間、私の状況はあまり良いものではありません。以前収容されていた場所から別の収容先へ移動させられたのですが、新しい環境に慣れるのに時間がかかっています。音楽を聴くことさえできません。でも、過去のものにはなりますが、以前取り組んでいた仕事で書いた記事を何とかそちらに送るつもりです。是非読んでもらいたい記事があるのです。残念ながらほかのメディアには掲載を断られたものです。あまりにも学術的すぎると言われました。

今週、私はこれまでいた収容所から別の収容所へと移動させられたと言いましたが、被収容者にとってみれば、こうした移動を強いられることはとても辛いことなのです。

——＊——

新しい環境
新しい建物
新しい者たち
監獄への新参者を受け入れられない者たち
絶望感に打ちひしがれるような出来事。

そんな中、私の新しい部屋がジャングルに面したフェンスの近くにあることは数少ない救いの一つです。それに部屋から二、三メートル離れたところには小さな庭があり、そこには熱帯地域によく見られる色とりどりの花が咲いています。この花々は監獄の暴力に満ちた日々に安らぎを与えてくれます。

最近、庭と私の部屋の壁の間の片隅に白いプラスチックの椅子を置きました。そしてこの数日の間、そこに座って、煙草を吸いながら、監獄の向こう側にいる鳥たちの日常を観察しています。鳥たちは背の高い椰子の木の上に止まったり、空を飛び回ったりしています。

私は、この新しい環境を気に入っていますが、こうした状況で何かを書くこと、つまり質の高い記事や、読者に良いと思ってもらえる記事を書いたりすることはかなり困難です。

それに、二人のドキュメンタリー映画の製作者から依頼された撮影を、ずっと待たせてしまっています。実際、この数日間、ほとんど執筆する時間がありません。私はまるで、見知らぬ街の見知らぬ場所に何とか部屋を借りることができた放浪者のようなのです」

——＊——

ここでは本書の著者と翻訳者による哲学的思想、議論、協働的解釈について書いておきたい。本書の根底を成す、現在も発展中の理論的枠組みと分析方法について、読者の理解につながればと願う。この文章は、冒頭の「翻訳者の物語」で取り上げた問題の多くに基づいており、本書の理解のみならず、オーストラリアの国境産業複合体（実際には、この問題はあらゆる国民国家の国境管理体制と関連している）について考察するための手助けとなるだろう。そして、私たちが「マヌス監獄理論」と呼ぶ緻密で多面的なプロジェクトの序章的な部分だけでも示しておくことができればと考える。

本書の主題や概念の概要を示しておくことは、それらがベフルーズ・ブチャーニーの研究活動、学術的仕事や洞察によってもたらされたものであるがゆえに重要である。ここでは、彼の著作と知的探求者としての立場が、学術的言説とアクティビズムに何を語りかけているのか、そして一般的に共有されている難民をめぐる状況についての理解、とりわけ難民が収監されるということについて、彼がどのような問題を提起しているのかを明らかにしておきたい。

ベフルーズの主な関心の一つは、受容のされ方、そして本書を評価し理解するために採られる解釈の枠組みとその基準である。ここでは、ベフルーズ自身の思考、文化、そして彼によって生きられた経験から生まれた、本書を味わういくつかの視点を示せればと思う。

マヌス監獄理論——エンパワーする知の生態学

「マヌス監獄理論」の主たる関心の一つは、国境産業複合体という組織の一部として多面的な社会実践を伴うマヌス監獄が、いかに真実を追求し物事を理解することを阻むために編成されているのかということである。言い換えれば、マヌス監獄は一つのイデオロギーとして機能するがゆえに、その実態を知る機会が失われてしまう、すなわち被収容者たちが被った暴虐や特異な体験を、その細部にわたって多方向的に知る機会が妨げられているということだ。この拘留システムにはつきものの組織的拷問の恐怖に対する一般市民の認識がまだまだ希薄であるとベフルーズは強く感じている。本書の最も重要な目的は、まさにこの事実を暴き、人々に伝えることにある。

マヌス監獄の難民たちは、法的に訴追されることなく無期限に収容されてきただけでなく、多くの場合、主体的に思考したり、物事を計画したりする機会が与えられず、解放に向けた活動を行う場合にも、限られた役割を担うことしかできない。

そのため、協働的戦略や主導権において、ある種の不均衡が生じている。知的および文化的な格差が大きいために、理解や認識が進まないのだ。拘留された者に与えられた権能とでも言うべきか、この経験を通じて難民たちは国境管理に関わる政治の論理と、それが広く社会や文化にもたらす影響を分析するのに重要な洞察力や批判的手段を体得している。しかし、市民としての特権を享受する者たちは、経験においても社会的・政治的な想像力においても限界があるため、国境管理の政治的影響を受ける被収容者らとの有意義で前向きな対話ができない。両者の間に横たわるこの根本的な断絶の結果として、政府において、さらには非政府組織においても不正義が生まれ拡大しているのだ。

ベフルーズ:「実に驚くべきことです。認識論という観点から考える必要があることなのですが……言いたいことを、わかってもらえるでしょうか?　まさに今ここで起きていることなのです。難民たちは、マヌス監獄に収容されることで、ものの見方や人生観に変化が生じ、自己の存在意義に関する解釈が一変し、自由という概念を深く考察しているのです。彼らは本当に変わりました——異なる存在へと変容したのです……ここにいる者たち全員に当てはまることです。その変化の過程は不安定で厄介なもので、世界や人生に対して冷笑的で悲観的な思いを抱くようになった者もいました。けれども、いずれにせよ、各自がそれぞれに独自のやり方で経験を深め、創造的な人間になってゆきました。みな、ほかではなかなかお目にかかれない創造力を持っていますよ。こうしたことを目撃できたのは、本当に驚くべきことです」

—— * ——

親難民／反難民の傾向

ここで言及する差別の個人的・構造的形態について理解するには、私たちが「親難民／反難民」と呼ぶ傾向がある事実を認め、それを是正していくことが必要である。「親難民／反難民」とは、幅広く多様な役割と実践に関わる逆説的状況、すなわち不公正な協働体制、属性が交差する際に起こる差別、知的後退が難民支援の組織論理・実践において考慮されない時に形成され助長される姿勢のことを意味する。マヌス監獄を生み出した社会的システムにも、同様にこの逆説的態度らしきものは形を変えて表れている。つまりは、たいていの場合、多様な形で「親難民／反難民」の両方の状況が発生し、受け入れられてしまっているのであり、この矛盾は制度的・社会的論理の中で合理化されてしまっているのである。

実際、様々な弊害が蔓延している。まず、マヌスの難民たちは、彼らが提供する証言のほか、彼らが関わる事柄において、過小評価され誤解されている。彼らは、マヌス監獄という現象が一般市民からどのように見られるかに影響を及ぼし、時には彼ら自身の自己認識や自己理解にも影響を及ぼす概念や論題、さらには議論を創り出したり用いたりする過程に関わることができない。さらには、社会文化的格差、知的格差や能力の欠如によって、多種多様な目的や目標を掲げた実践や制度が、ありとあらゆる方法で難民たちを拒否し、歪め、傷つけることがある。そのため、問題が特定されたのち、制度上の実践や組織的ネットワーク、個人の行動などが批判的に問われ、それらに変更が加えられない限りは、共犯関係が生まれ、責任逃れが起こってしまうのである。

こうした問題は、特定の難民のコミュニティ（この場合は、マヌス監獄の男たち）が、彼らに関わる議論から排除される際に生じる。もう一つの問題は、自由とは相容れない基準（難民たちをエンパワーし、解放するためにではなく、永遠に周縁化し、烙印を押すために用いられる基準）の様々な正当化を要求する、威圧的でしばしば理不尽な文化に関係している。言説は、いわゆる「伝統的な」、つまりは役に立たない考え、理論、期待そして合法性や正統性、作法の過度な強調といった様々な限界に支配されている。このように、保守的で植民地主義的な思考と行動に由来する規範は保持され是認されてゆく。これらの規範こそが、難民を難民たらしめる限定的で本質主義的な振る舞いを組織化する機能を果たしている。

国境産業複合体のシステムが巧妙に社会内に浸透し、一般市民はこのシステムに何らかの形で加担している。したがって、このシステムを解体するための社会運動を成功させるには、そのための戦術と戦略がいる。その活動が自己完結的に終わるような方法は何としても回避しなければならない。

次の比喩は難民のアイデンティティを表象する際に用いられるものだが、このような比喩のために、難民たちの経験や能力が軽んじられ、社会的言説や正義を求める運動から彼らが排除されることがある。これらの比喩は、難民を「充たされざる者」、市民を「充たされし者」として対比する二分法に由来するものである。

・収監された者――欧米への逃避
・絶望的な嘆願者
・苦境を乗り越えようと奮闘する者――戦士
・悲劇的で哀れな被害者
・破壊された人間
・神秘的な賢者――風変わりで謎めいたトリックスター

これらの比喩的表現は、多様に用いられ相互に組み合わせられることで、難民を本質主義的で、好奇の眼差しを注がれる対象とし、庇護される者として無力化する物語に押し込めてしまう可能性がある（この比喩のリストは決定版ではなく、追加や修正は大歓迎だ）。

エンパワメントの言葉

ベフルーズ：「バフマン・ゴバディーの『酔っぱらった馬の時間』（二〇〇〇）を見た時、もしも自分が映画を撮るなら、こんな作品になるだろうと思いました」

ベフルーズの本は、クルド文学の伝統やクルド的抵抗に寄与している。そのため本書の解釈は、何世紀にもわたって形成されてきたクルド的創造性を特徴づけるスタイルや構造、クルドの人々が経験した不正義をめぐる集合的記憶、政治史、さらには大地とのつながりによって生じる関係性の概念を基にしてなされる必要がある。本書は、オーストラリア文学とペルシャ文学の両方においても重要な作品であるが、クルド固有の自己意識、自己理解、行動様式が最も特徴的な要素になっている。作者の視点や目的、洞察を活かす読みを読者に促すためには、これらの要素、手法、力学といった視点からの案内が必要であろう。次に挙げるリストは、本書の読解の起点となるものである。

- クルド固有のもの
- 記憶の喚起
- 民族自決
- 故郷を自らの手で管理すること

・脱植民地化と解放
・交差的で超国家的なレトリック
・恐怖的シュルレアリスム
・新たな知識

「翻訳者の物語」で、私はベフルーズの書く作品は「恐怖的シュルレアリスム」のジャンルに属すと述べた。それは現実が夢と融合し、さらには自然環境、恐ろしい出来事、建造物（収容所）などを再び想像する創造的手法とも融合していることを意味する。そして、現実は筆者を含めたすべての者たちに向けられた制御不能な無意識の経験という形で提示される。

無意識はベフルーズの書くものにおいて中心的な役割を担っており、意識の流れ、より厳密に言えば、断片化した、もしくは中継された意識の流れが表現されている。彼の書くものは、世俗的な語りだけでなく神話や儀式をも取り込んで演じられる戯曲のようで、詩的でありシュルレアリスムのような世界観を帯びている。こうした本書の特徴が、クルドの口頭伝承と文学の歴史を、抵抗と政治的野望、そして迫害をめぐる現代の語りと出会わせ、現在に蘇らせるのである。それは、高名な詩人アブドゥラ・ゴーランの作品を起源とするクルド文学において確立された手法でもある。その大半が、恐ろしく、暗く、悲観的な要素に特徴づけられる本書は、しかし同時に人々を励まし力づける要素をも含んでいる。この点でベフルーズの表現方法とその様式は、作家シェルザード・ハッサンの作品に見られる自然主義の特徴を呈していると言える。

本書は多くの場面が神話的で叙事詩的であり、それはまた、政治的イデオロギーと植民地性／近代性(26)に対する批判にもなっており、侵略者や占拠者に対するクルド人の苦闘の歴史を喚起させる。ベフルーズは自身の想像力や精神分析的な人間観察、自然の世界と人工の世界に対する独自の反応から生まれる物語を交えながら伝説と神話を織り上げてゆく。母親が語り歌う神話的な物語や昔話、民謡を聴きながら育ってきたこともあるが、彼が用いる幻想と夢の表現方法には、詩人であり作家であるシェルコ・ベカスからの影響が多少なりともある。ベカスのより政治的な作品も、ベフルーズの思考と創作に影響を与えている。繊細かつ重層的な恐怖の要素は、この二人の作家の書くものに通底している。

彼の著作は、詩人で画家であり学者でもあるチョーマン・ハルディーの作品とも関連があり、比較の対象になる。反体制的な政治批判と自己内省を映し出す文学といった点ではアブドゥラ・パシェーウの詩と比較できる。ベフルーズの著作に顕著に見られるシュルレアリスムや内省的意識は、ドラワール・カラダギィーの詩とジャマール・ハメド・アミーンやアリ・バーバンの絵画と比較してみるのがよいだろう。

ベフルーズのシュルレアリストとしての探求や、故郷とその自然への憧憬と共通点のあるほかのクルド的表現に関して言えば、カジャール・アフマドの作品との類似性が挙げられる。この女性詩人の詩は、クルドの伝統や景観と深い関係性があり、それは亡命経験やそれに伴う葛藤の感情に特徴づけられる。ゴーラン、ハルディーそしてベカスに同じく、政治的な事柄や恐怖の感情が物質や動物、自然環境の精妙な表現を通して示される。ベフルーズとアフマドは、ベカスも生前そうであったように、クルド解放と文化の保存に尽力したジャーナリストである。ジェンダー公正はベフルーズが書くものの中心にあり、ゴーラン、ハルディー、アフマド、ベカスをはじめとする多くクルド人作家による文学作品に共通して描かれる問題である。

バハティヤール・アリーとマリワン・ウェリア・カニーの著作も、ベフルーズの著書の主題と思想の発展やクルド固有の伝統といった特徴との関連性において特筆に値する。クルド民話の豊かな口頭伝承と文学の歴史を通してこそ、ベフルーズは彼独自の叙事詩的な年代記を構築し発展させることができたと言える。彼はこの遺産にジャーナリズム、自叙伝、哲学、政治批評、証言、精神分析のようなジャンルを複合的に取り入れ、「恐怖的シュルレアリスム」という独自性に満ちたジャンルを切り拓いた。

「キリアーキー」という概念は、本書において中心的な役割を担い、哲学的基礎となっている。命名という手段を通して、ベフルーズは、未知の抽象的な存在に実体を与えたのである。これこそが、オーストラリアの国境産業複合体の多層複合的な性質を表す学術用語であり、マヌス監獄で起きている組織的拷問に形を与えている黒幕的存在、「キリアーカル・システム」である。

ベフルーズ：「政府はこの制度を構築し、『オーストラリア国境警備隊』『国外審査施設』などに代表されるような、権力の確立と強化を意図した言葉を作り出します。だから私は、ジャーナリストとして、権力側の言葉をできるだけ使わないようにし、文学を通して自分が伝えたいことを伝えることができるのではないかと思いました。私は独自の言説を作り出し、抑圧的な権力の言語には屈しません。マヌス監獄の現象を批判的に分析するために、独自の言語を考案します」

ベフルーズにとって、何よりもまず、マヌス島域審査センターは、疑いの余地なく刑務所に匹敵するものだった（二〇一六年四月、パプアニューギニア最高裁判所が、このオーストラリア運営の拘留施設を違法と判断したことで、収容されていた難民たちが審査センターから外出し、マヌス社会に出入りすることを許されるようになると、ベフルーズは「捕虜収容所」という言葉を使用し始めた）。マヌス監獄という名前はペルシャ語からの直訳であり、様々な意図が込められている。そのうちの一つは、マヌス島に拘留するという手段を用いたオーストラリアの難民庇護申請の処理の実態を知らしめ、批判的に検証することである（それは実際、国境政治一般に対する陳述や批判でもある。）

先にも述べたように、翻訳をするにあたって、マヌス監獄を出現させ統治する権力と支配の構造を表すために、「キリアーキー」という語を使用することとした。「キリアーカル・システム」は、唯一の上部構造ではない。「キリアーキー」という言葉は、一九九二年に急進的なフェミニスト神学者エリザベス・シュスラー・フィオレンツァによって初めて用いられた新語であり、支配と抑圧が交差する社会制度を表している。この専門用語の使用は、ベフルーズの思考と経験の真に迫る表現を可能にした。この語は、人種差別、異性愛規範、経済差別、階級に基づく暴力、信仰に基づく差別、植民地性、先住民虐殺、反黒人主義、軍事主義、排外主義といった、複合的で連鎖的に生ずる社会的スティグマや抑圧の様相を効果的に含意しているからである。この語はまた、交差する複数の社会制度が絶え間なく強化され、複製されるその実態を巧みに捉えている。このことは、マヌス監獄を、オーストラリア植民地化の歴史と、現代オーストラリアの社会、文化、政治に巣くう根本的な病相と結び付けることを可能にするといった意味において重要である。

おわりに

私がこれを書いている今も、ベフルーズはマヌス島での生活を送っているのだが、彼が書いたものは新たな読者を獲得し、新たな言説の創出に影響を与え続けている。二〇一七年、ステファニー・ヘメリク・ドナルドは、ニューサウスウェールズ大学で開催された学術会議で、ベフルーズの作品を発表する機会と、彼がワッツアップ（WhatsApp）を通して参加者との交流ができる場を設けた。ステファニーの継続的な支援のおかげで、ベフルーズと私の作品は近いうちに様々な学会で発表されることになるだろう。ニューサウスウェールズ大学での会議からしばらくして、スーザン・ハンキがベフルーズのためにシドニー大学で講演をする機会を与えてくれ、スーザンと私は共同で国連へ提出する嘆願書をまとめた。また、マフナズ・アリマルダニヤンの名も特筆に値する。彼女はベフルーズと本書の最後の数章について知的・文化的交流を行い、自身の人類学研究にベフルーズの著作と抵抗を組み込んだのだ。その後もマフナズは、マヌス監獄に関して、学術界で活発に問題提起を続けている。二〇一八年初頭ベフルーズは、シドニー大学のシドニー・アジア太平洋移民センター（SAPMiC）の所長ニコラ・パイパーによって、当センターの非居住の客員研究員に任命された。本書の出版準備中、ベフルーズと私は、カイロ・アメリカン大学翻訳研究センターのサミア・メフレズに招待され、タフリル・スクウェアー・キャンパスで「翻訳講座シリーズ」の一環として講演を行った（ベフルーズはこの時も通信技術を駆使した遠隔参加だった）。この講演では、ベフルーズの収容所での執筆経験、私たちの交流、翻訳の過程、そして本書の哲学などについて話された。マードック大学のアン・サルマはベフルーズの「マヌス島からの手紙」への応答を『コンティニュアム――メディア文化研究』（*Comtinuum: Journal of Media and Cultural Studies*）という学術誌に掲載し、編集長ティモシー・ローリーは、ベフルーズにはコメントを、私には『山よりほかに友はなし』に関する文章を同号に寄稿するように依頼してきた。さらには、ニューサウスウェールズ大学のブリジタ・オルバとスー・ゴールドフィッシュは、ライブ・クロッシング誌、UNSWriting、SAM（芸術メディア学部）らと共催で最初の出版記念会を企画している。このイベントでは、ベフルーズが通信技術を用いて遠隔参加し、ムーネス・マンスービー、ジャネット・ガルブレイス、そして私によるパネルディスカッションに加え、マティーヌ・アントルによる芸術と亡命に関する発表も予定されている。

本書が出版準備に入った時、マイケル・ゴードンの訃報が舞い込んだ。ベフルーズは、定期的な交流を行い、本書の出版に関わる進捗状況を知りたがっていたこのジャーナリスト仲間に対して、彼の業績と献身と友情への感謝の思いを表したいと考えた。ベフルーズは、この友人がジャーナリズムの仕事から身を引くと聞いた時、残念に思う気持ちを彼に伝えたのだが、彼からはこんな返信が返ってきた。

マイケル：「ありがとう、ベフルーズ。僕はいつだって君と共にいるよ……少し休んだらまた、違う立場からこの状況について書きたいと思う。どうかお元気で」

二〇一七年、（ジャマイカのチャールズタウンにてマルーン・カウンシルの主催で開催された会議をもとに発行された）『第九回マルーン学会報』（*The 9th Annual Maroon Conference Magazine*）の編者を務めていた、批判的先住民研究の学者であるヴィクトリア・グリーヴズは、ベフルーズの記事を掲載した。「キリアーカル・システム――新たな植民地的実験／新たな脱植民地抵抗」と題された記事だった。この号の序文でヴィクトリアは、特に『チャウカよ、時を伝えて』に言及し、クルド人の土地に根差したあり方と考え方を承認した。実際のところは、剥奪と抑圧に関して、ベフルーズが最もなさなければならない対話と共同作業はいまだ着手されていないと言わねばならない。つまり、アボリジナルおよびトレス海峡諸島民らとの対話と共同作業が待たれるということである。

ベフルーズの本は、私がここまで述べてきた様々な枠組みによって、よりよく理解されるものと思う。「難民の物語」や「難民の回想録」に分類するよりも、地下活動思想書、獄中日記、哲学的小説、オーストラリアの反体制文学、イランの政治的芸術、国家横断的文学、脱植民地文学、そしてクルド文学の伝統に位置付けるのが適切だろう。

景気のいい「難民産業」という名のもとで多少なりとも共感を促すためになされる実態の暴露とは違って、ベフルーズが様々な物語を紡ぐのは、新たな知識を生み出し、組織的拷問と国境産業複合体の実態を解明し暴く哲学を構築するためである。彼は常に、システムをありのままに映し出す鏡を提示し、それを解体し、システムに殺害された人々、システムに現在も苦しむ人々の名誉のために、その歴史を記録しようとしてきた。ベフルーズの著書は、来る世代への教訓的メッセージになりうるだろう。

ベフルーズ：「ここまで来るのに、様々な団体や機関の多くの権利擁護者やジャーナリストが私を支えてくれました。本当にたくさんの人々からたくさんの支援を受けました。この五年ほどの間、世界中の大手メディアと仕事をする機会に恵まれました。けれども、本来なら私に払うべき敬意を示さずに、自分の記事を書くために私に取材を申し込むジャーナリストとも仕事をしなくてはならないこともあります。そんな時、私は個人として果たしている役割が正当に評価されていないと感じます。この体験から私が学んだのは、ジャーナリストは他者に敬意を払うべきであるということ、つまり取材対象に敬意を払うべきだということです。ジャーナリストは自分が取材し書こうとしている人々に対する敬意を持って仕事をしなければならないのです。

もし、マヌス監獄の難民たちが、異なる自己認知を形成し、それを示す機会を与えられていたならば、私たちはもっと効果的なやり方で制度というものに挑むことができたはずです。もっと容易に制度に挑むことができたと思うのです。しかし現実には、オーストラリアは、私たちがひとかどの人格を持つ者であることも、専門家・職業人であることも、私たちが価値と洞察に満ちた貢献を言説にもたらす者であることも認めず、あらゆる手段を用いて私たちが無力だと決めつけようとしてきたのです。政府は、私たちがこの観点から見直されれば、状況は一変するであろうことがわかっていたので、私たちを抑圧しようとしてきました。この二週間（二〇一七年一〇月三一日から三週間続いた包囲の後）に私たちが勝ち得た名声を考えてみてください。私たちの抵抗はより強くなり、私たちの闘いはより激しくなっています。政府は私たちには力があることを知っているのです。だからこそ、政府は私たちを抑圧してきたのです。最も必要なのは敬意です。これこそが抵抗を継続するために必要なものであり、より強く、より激しくあるために必要なものなのです。

　時間はかかるでしょう。でも私はこのシステムに挑戦し続け、最後には勝利を勝ち取ります。長い道のりになると思いますが、必ずやり遂げます」

注釈

（1）私が翻訳し二〇一七年八月一四日に『ハフィントン・ポスト』に掲載されたベフルーズの記事「マヌス島で死に値しなかったハメド・シャムシリプールの不法な終焉」を参照のこと。

（2）ベフルーズの抗議活動期間の日記の抜粋は、『ガーディアン』紙の記事「〈ここは地獄だ〉――ベノルーズ・ブチャーニーが暴露するオーストラリアの難民をめぐる恥」（二〇一七年一二月四日）を参照のこと。この記事の翻訳はムーネス・マンスービーと私が手掛けた。

（3）詳細については、www.writingthroughfences.orgを参照のこと。

（4）アザデーとは、イランでの女性の名前。ペルシャ語の「自由」と同語源である。

（5）イランの三一の州の一つ。イラン西部に位置し、イラクのクルド人が居住する地域と国境を接している。

（6）私たちは、現在亡命生活を送っているイラン人女優ゴルシフテ・ファラハニーに敬意を表してこの名前を選んだ。ベフルーズは彼女を大いに尊敬している。彼にとって、ゴルシフテは模範的な芸術家であり、崇敬する人物だ。彼女は、伝統的な規範を打ち破る勇気ある人物として知られており、ベフルーズは彼女を革命家と見なしている。

（7）マニは、マニ教と呼ばれるグノーシス派の宗教を創始した芸術家であり預言者の名前である。マニ（紀元後二一六～二七四）は、後にササン帝国に滅ぼされたパルティア王朝の時代のイランの統治下にある、現在のイラクで生まれた。この宗教は多くの地域に広がり、マニ教の人々は何世紀にもわたってササン人とローマ人の領土内で迫害され、後に中国とアラブの支配者によって迫害された。また、彼は脚部に障害を負っており、バーラム一世（ササン人のシャー）によって処刑された。

（8）ベフルーズの友人でありクルド人の詩人サビル・ハカーが書いた、『来世で再び労働者になることを恐れている』（*Fear of Being a Labourer Again in the Afterlife*）によるもの。ハカーは三冊の本の著者である。

（9）「キリアーカル・システム」という用語は、支配、抑圧、服従を目的として確立された、相互に結び付いた社会制度理論を説明するためにエリザベス・シュスラー・フィオレンツァが、一九九二年に初めて提唱したものである。私たちはこの用語を、オーストラリアの収容制度の根底にある複雑な構造を示すために用いた。この用語にかぎ括弧を付し固有名詞のように記すのは、この制度が独自の性質を持つ行為主体である様を伝えるためである。この用語の意味とベフルーズの考えに関する詳細については、「翻訳者の物語」と「翻訳者の考察」を参照してほしい。

（10）このシステムの論理は、システムと同様に大文字で表記されているが、これも行為主体を明確にするためである。ここでの目的は、構造的暴力と組織的拷問の作用にアイデンティティを与えることである。これは擬人化の一形態である。詳細については、「翻訳者の物語」および「翻訳者の考察」を参照してほしい。

（11）訳注：二人で遊ぶボードゲームの一種で、盤上に配置された一五個の駒をどちらが先にゴールできるかを競う。

（12）メイサムはアラビア語の名前であり、イマーム・アリ（シーア派にとって初のイマーム）の有名な友人の名前でもある。宗教的な意味合いが強く、通常は宗教的な家系で用いられる。

（13）アバー（abā）は、主にイランの宗教学者が着用するクローク。

（14）アマーマー（amāma）は、イランの聖職者のターバン。

（15）アホンド（ākhūnd）は、イランの一般的な宗教的聖職者。

（16）パプアニューギニアでは同性愛の関係や行為は犯罪とされ、最長一四年の禁固刑が科される。イランでは、同性愛者が投獄されたり、様々な医療処置を受けることを強制されたり、体罰を受けたり、死刑に処せられたりする。

（17）訳注：オーストラリアの警備会社で、刑務所や収容所へ人材を派遣している。

（18）訳注：原書においては、マヌス監獄に収容されている難民の習慣に従い、現地住民全員を指すジェンダー中立的な表現として「パプ（Papu）」という呼称が用いられているが、本書では「パプア人」と称する。

（19）イランで一般的な挨拶は「サラーム（salaam）」である。ペルシア語で書かれたこうした描写は、筆者が述べるように、監獄の中で他の者に挨拶をすることの矛盾した性質を明確に強調している。本来挨拶には相手への敬意と精神的［宗教的］

な意味合いが含まれているが、監獄で「サラーム」と口にする時、そこには本来の意味とは異なる怨恨の響きがある。

(20) ブラスとは、濃い茶色をした地元の煙草で、強い中毒性がある。マヌスのジャングルに豊富に生えている。パプア人は乾燥させたその葉を新聞紙で包んで吸う。

(21) バアス党主義（Ba'athism）はサダム・フセインが提唱したアラブ・ナショナリストのイデオロギー。

(22) ペシュメルガ（Peshmerga）とはクルド人民兵組織と自由のために戦う者たちを意味する。イラン－イラク戦争時に、両国の軍隊を相手に戦ったゲリラ組織。

(23) アシャイェール（Ašāyer）は家畜を飼って暮らす複数の半遊牧の部族で、ケシュラーク（qeshlāq、冬の放牧のための低地の谷間にある牧草地）とヤェイラーク（yailāq、夏の放牧のための高地にある牧草地）と呼ばれる、十分な牧草のある主に二つの場所を季節ごとに移動して生活する。今ではほとんどのアシャイェールは都市居住者となったが、季節ごとの半遊牧移動の習慣と、伝統的な生活様式と文化を維持することで、共同体の誇りを保とうとしている部族も存在する。

(24) ジェズワンはクルド人の女性の名前であり、また愛し合うカップルが会うために用意された場所を指すクルド語である。この語をペルシャ語や英語に翻訳することはできない。

(25)「ダレガー」はクルド語である。「母」を意味するクルド語のフェイリー方言。フェイリー・クルド（クルドのフェイリー族）はイランとイラクの国境周辺に居住する。フェイリー・クルドの多くはいまだに無国籍である。それぞれの国の国籍を有していない。数千年もの間この地に居住し、クルド地域に深く根差した民族性があるにもかかわらず、イラン政府からもイラク政府からも、市民権を認められていない。ベフルーズの記述によると、マヌス島収容所に抑留された難民の中には、無国籍のクルド人が存在するということである。

(26) 植民地性（コロニアリティ）／近代性（モダニティ）とは、ペルー出身の（社会）学者アニバル・キハノによって提唱され、その後、脱植民地化を目指す思想家らによって発展させられた概念である。この概念は、近代性がいかに西欧社会の植民地主義的拡大や搾取、支配と深く関わっているかについて意識を向けさせる。

日本語版刊行に寄せて

オミド・トフィギアン

ある朝、私はニュージーランドのクライストチャーチにいるベフルーズからのワッツアップ（WhatsApp）の着信音で目覚めた。伝えたい重要な知らせがあると言う。二〇一九年一一月、彼がパプアニューギニアからニュージーランドに逃れてからも、私たちは連絡を取り合い、ワッツアップを通して共同作業を続けていた。その連絡があったのは二〇二〇年七月二三日だった。インドネシアからオーストラリアへ向かう彼を乗せた難民船がオーストラリア海軍に捕らえられた日からちょうど七年にあたる日である。二〇一三年、彼は難民条約に批准している国の一つであるオーストラリアに庇護を求めたが、クリスマス島の収容施設に一ヶ月間収容されたのち、パプアニューギニアのマヌス島に追放され、六年以上幽閉されることになった。七月二三日はベフルーズの誕生日でもある。二〇二〇年の自分の誕生日に彼は、難民申請が認められたことを私に伝えてきた。ついにニュージーランドにとどまることが正式に許可され、彼は新生活を始めることになったのである。

だが、今でも彼は自分の誕生日や与えられた自由を心から楽しめないでいる。オーストラリアの監獄ビジネスに捕らえられたままのたくさんの難民たちのことが頭から離れないからだ。多くの者がいまだパプアニューギニア、クリスマス島、オーストラリア本土に拘束されている。ベフルーズの成功を思う時、彼の通訳・翻訳を務めてきた者として、私も複雑な気持ちになる。彼にとっての本当の意味での成功とは、拘束されたすべての者たちが自由の身となり、オーストラリア政府が、彼らの人生を台無しにしてしまったことへの責任を認めることだからだ。正義とは、様々な形の抵抗を内包する長い道程であり、彼の苦闘と成功は、境界の暴力に晒された者たちが自由と尊厳を手に入れることでこそ達せられるのだ。

ベフルーズの著書『山よりほかに友はなし――マヌス監獄を生きたあるクルド難民の物語』は、二〇一八年七月三一日にオーストラリアで出版された。シドニーのニューサウスウェールズ大学での刊行記念イベントを皮切りに、オーストラリア全土さらには海外で次々に出版関連のイベントが催された。それ以来ベフルーズと（英語への翻訳者・協力者としての）私は、文学祭や大学が主催する講演会を含む一五〇を超える様々な国際的イベントや活動に参加してきた。その後、本書は二〇一九年にヴィクトリア州首相文学賞（総合の部での大賞とノンフィクション部門）、ニューサウスウェールズ州首相文学賞の特別賞、オーストラリア図書産業賞（ノンフィクション部門）、全豪伝記文学賞を、二〇二〇年にはオーストラリア図書産業賞（オーディオブック部門）と北アメリカでフォーワード・インディーズ特別賞（ノンフィクション部門）を受賞した。

ベフルーズは、人権活動やジャーナリズムに献身してきたことでも知られている。彼は、国際ペンクラブの名誉会員であり、二〇一七年にはアムネスティ・インターナショナル・オーストラリアのメディア賞とディアスポラ・シンポジウム社会正義賞を、二〇一八年にはリバティ・ヴィクトリア・エンプティ・チェア賞とアンナ・ポリトコフスカヤ賞を受賞している。学術機関も彼の貢献を認めている。ベフルーズは、ニューサウスウェールズ大学の社会科学部の客員准教授やロンドン大学のバークベック・カレッジの客員教授、オックスフォード大学が運営するウェブサイト「境界犯罪学」の運営委員、メルボルン大学の社会政治科学部の名誉研究員に任命された。

翻訳をめぐる経緯

マヌス監獄についてのベフルーズの手記が最初に人々の関心を集めたのは、ムーネス・マンスービーの翻訳による。ムーネスはシドニー在住の活動家で、オンラインを通してベフルーズと知り合う数年前から庇護希望者らと共に活動していた。二〇一六年の初め、私は『ガーディアン』に掲載された彼女の翻訳を読んだことがきっかけでベフルーズの存在を知り、フェイスブック（Facebook）を通して彼に連絡を取った。やりとりをワッツアップに移し、私は彼の書いた新聞記事の翻訳を引き受けるようになった。するとベフルーズは、ワッツアップのテキストメッセージで少しずつ書き溜めている文章があるので、その翻訳を頼めないだろうかと言ってきた。そして、彼の指示のもとにムーネスが編集した何百通ものワッツアップのメッセージからなる最初のいくつかの章がＰＤＦファイルで送られてきた。こうして二〇一六年の年の暮れ、私はこの本の翻訳に着手することになったのだ。

年が明けてすぐ、私はムーネス本人に会った。彼女はサジャド・ガブガニーと共にこの本の翻訳作業を進める上で相談に乗ってくれることになった。そして二〇一七年一二月には翻訳作業を終え、オーストラリアの出版社と編集作業を始めた。この作業の合間に新聞記事の翻訳や『チャウカよ、時を伝えて』の字幕作り、ソーシャルメディアへの投稿やそのほかの様々な活動をベフルーズと共に進めていった。

本書編集出版の過程

この本は、実に複雑で様々な工程を経て出来上がった。出来上がるまでの過程を語るのはとても難しく、それについての別の本を書こうと考えているほどだ。また当然ながら、ムーネスの存在を抜きにして、この本については語れない。彼女はベフルーズが収容施設に閉じ込められたのと同時期にオーストラリアへ移住してきた。ベフルーズは、ワッツアップのテキストメッセージをムーネスによく送っていた。それは一段落の時もあれば、二ページにわたることもあった。ムーネスはベフルーズの意向を汲みながら、そのメッセージを整理していくつかの章にまとめていったのだ。

密かに入手した携帯電話にベフルーズが文章を綴るようになったのは、彼がマヌス島の収容施設に追放されて間もない二〇一三年頃のことだ。そして、私自身がこのプロジェクトに加わったのは二〇一六年である。私が本書の翻訳を引き受けた時、全体の三分の一が書かれていて、ムーネスが章立てをして編集していた。ムーネスと会った後、彼女はそれらの章をPDFファイルにして私に電子メールで送ってくれた。その時のファイルに収められていた章は、段落分けなど編集は一切されていない一続きの長いテキストメッセージのままだった。したがって、この翻訳は同時に編集作業を伴うこととなった。そして、数々の協議と様々な共同作業と大量の情報共有の過程が必要だった。ワッツアップの音声メッセージとテキストメッセージを通して、ベフルーズと私は、この本の様々な箇所について真に深い対話を重ねていった。私が翻訳をしている時にも、彼は各章に加えたい内容を追加で送ってきた。それは一行、または一語のこともあったし、一段落丸ごとということもあった。そして彼は、その文章をどこに入れるべきかを伝えた。

同じ頃、この翻訳に目を通し相談に乗ってもらうため、私はムーネスや、オーストラリア在住のもう一人のイラン人研究者サジャド・ガブガニーと度々打ち合わせを行った。私たちは一週間、もしくは二週間ごとに会い、そのたびごとにそれまでに終えた翻訳文について議論した。ムーネスとサジャドが論評と助言をくれ、みなでそれを翻訳に反映させるという作業を繰り返しながら、本書の内容を理解し、構成するための最良の方法を長い時間かけて話し合った。

先に述べたように、私が翻訳を開始した時には、この本の三分の一がすでに書かれていたが、あとの三分の二は執筆と翻訳が同時に進むような形になった。私が本書の真ん中辺りや後半部を翻訳している時、ベフルーズはまだそれを書いている最中だった。私の翻訳作業が彼の執筆そのものに影響を与え、彼の執筆作業が私の翻訳に影響を与えた。繰り返しになるが、この複雑で混乱に満ちた作業がワッツアップのテキストメッセージならびに音声メッセージを通してなされたのである。

ジャーナリズムとネットワークの構築

ベフルーズがジャーナリストでもあることの強みの一つは、その活動を通して彼が支援者ネットワークを構築し、国際的な注目を集めたことにある。特に、二〇一七年の一〇月から一一月にかけて起きた二三日間に及ぶ監獄の包囲攻撃を伝えた報道記事によって、彼の仕事は国際的に多くの支持を得ることとなった。

この本の翻訳を始める前に私は、ベフルーズの書いた報道記事を翻訳することに加えて、彼の講演やソーシャルメディアを通したメッセージの通訳も行っていた。ベフルーズに出会うまで、私は本格的な翻訳や通訳をしたことは一度もなかったし、翻訳者・通訳者としての特別な訓練を受けたこともなかった。けれども、オーストラリアに移住してきた子どもの頃から、両親や友達のために通訳をしてきた経験が私にはあった。そこで培ったスキルがこんなところで役立つとは思いもしなかった。何年もの間、私は二つの言語の狭間で思考し続け、同時通訳をしたり、両親が移住を強いられる状況に陥り亡命した経緯や、世界中に散らばった親類や友人たち（そのうちの何人かは会ったこともない）の話を聞いて育ってきた。そのため、通訳・翻訳は私にとって自然なものとなっていたのだと思う。だが、このように大きな翻訳のプロジェクトを引き受けることに躊躇がなかったわけではない。それでも、この本がどれだけ重要なものになるかはわかっていたので、この機会を逃したくなかった。適切な支援を受けることができれば、これまでにない特別な何かを作り出すことができるはずだと信じていたし、その支援をムーネスとサジャドが惜しみなく与えてくれた。私が彼らと重ねた話し合いは、一回につき数時間や半日にも及び、それはあたかも哲学のワークショップのようだった。たった一つの言葉、たった一行を翻訳するのに、私たちは時には何時間もかけて話し合い、その結果、多くの関連する問題や疑問点についての幅広い対話が生まれた。

強制移住・亡命・物語ること（ストーリーテリング）

ベフルーズの本の翻訳をはじめ、彼との共同作業に取り組むことを私に促したことの一つに、彼がイランで最も排斥されてきた集団に属しているという事実がある。クルド人はひどい差別を受け、様々な構造的な抑圧を受けていた。私は民族的にはペルシャ系のイラン人だが、私の家族は社会的宗教的立場からイラン社会で周縁化されてきた集団に属していた。そして形は違えど、私たちは共に、オーストラリアの社会や政治に根差す様々な差別に直面してきた。そのため、異なる周縁化された集団に属し、異なる歴史を生きながらも、私たちは互いをよく理解し、イランの社会や政治、歴史について似たような意見を持ち、強制移住や亡命をめぐる経験を共有することができた。

周縁化と差別、越境、強制移住そして亡命、このような経験が私たちを結び付けた。ベフルーズの作品の民俗的要素に加えて、物語ること（ストーリーテリング）と抑圧への批判的解釈が彼の思考の中でどのように作用しているのかを私は深く理解することができた。この点においては、私たちが受けてきた教育も重要な役割を果たした。ベフルーズは書くことによって、隠され抑圧された歴史や沈黙させられた存在に声を与えた。このことはとても重要であり、この本を通して彼が伝えたいことを理解する上で最も尊重すべきことであった。

植民地主義とクルド人の経験

ベフルーズが抑圧の構造を理解し、自分の体験をうまく表現できたのは、この監獄で起きていることや、オーストラリアによるマヌスの人々の処遇を、今も続く植民地主義的暴力とつなげてみることができたからである。彼はイランのクルド人として植民地主義の暴力を直に経験してきた。そして、再びオーストラリア政府の手によってそれを経験したのである。この翻訳の過程においては、この現実とクルド特有の歴史、そして象徴的意味を深く理解し伝える必要があった。例えばベフルーズは、伝統と文化的なアイデンティティにおいて、彼の母親が物語る（ストーリーテリング）という行為の最初の指導者としての役割を担ったこと、そして彼自身が自分で物語を語った最初の経験も母親との関わりの中で生じていることを私に説明してくれた。特に、彼が教わった神話や民話は、クルドの文化やその伝統とのつながりを彼にもたらした。それは、彼の母親が彼に語って聞かせた物語を通してだけではなく、彼がその共同体で目撃した様々な抵抗の形からも彼に伝えられた。彼の母親はよく自分でも物語をこしらえたと言う。このようなベフルーズのクルド人としての文化や伝統、さらには経験に対する深い理解は、話し合いと分かち合いの過程を含む私たちの共同作業がもたらした意義の一例であろう。

クルド人にとって、山は重要な意味を持つ。山は彼らの精神に関わる存在であり、クルドの歴史や民話でも神聖な場所として見なされている。クルド人は山にその起源を持つ民族であり、クルド文化には自分たちとつながりのある山々をめぐる様々な物語がある。これらの物語は彼らの起源を語り、クルド人としてのアイデンティティを強める働きをしている。そのため、本書でも山が重要な役割を担い、タイトルを飾っている。ベフルーズは、故郷の山々について何度も言及し、空想を巡らせる。彼は山々と自らの記憶に慰めを得て、監獄生活を生き抜くためにその記憶を蘇らせるのだ。

クルディスタンはこれまでに何度も侵略を受け、敵に包囲された経験があるが、そのたびにクルドの民は村を逃れて山岳地帯に避難した。山を要塞にしてそこに隠れ、戦略を練り戦闘に備えた。自分たちの村を守るために、もしくは取り戻すために、そこから攻撃を仕掛けた。山はクルド人のアイデンティティやスピリチュアリティの象徴かつ戦争からの避難所であっただけではない。クルド人の闘争組織が山岳地帯で再編されたことから、山は政治的な意味合いをも持つ。

恐怖的シュルレアリスム

恐怖的シュルレアリスムの概念は、この本の知的かつ美的な枠組みとしての役割を果たし、本書に用いられるあらゆる要素を理解する手助けになる。まずそれは、作者のアイデンティティや彼が経験した抑圧と支配について理解する手がかりとなる。次に、オーストラリアの政治状況や国際政治との関連性を映し出す。三つ目に、本書が書かれ、生み出された様式について伝える。四つ目に、本書で用いられるスタイルや内容、構造、言葉の比喩的用法についての説明となる。恐怖的シュルレアリスムという概念が有益なのは、この概念を用いることで、先に挙げた四つの要素の理解が可能となるだけでなく、これらの要素がうまく統合されるからである。つまりは、これらの要素は互いに強化し合い、関連し合うことによって、この本に特別な力と深みを与えているのである。

恐怖的シュルレアリスムには、次のような特徴がある。分裂、支離滅裂、途絶、不条理、潜在意識の役割、心理的恐怖、幻覚、風刺と皮肉、人工的環境と自然環境から生じる物体と象徴の集合体、擬人化、比喩表現の批判的形式、反ジャンルの可能性の探求。

ベフルーズとの共同作業は、はじめからこの上もなくシュールなものだったと言える。私は思いのままに国境を越えられるだけでなく、オーストラリアの市民権があるゆえに数々の権利を有し、様々な人々との関わりの中で社会生活を送ることができる。私は彼の代わりに様々なイベントや活動や祝賀記念会にもよく出席した。その時も、ベフルーズは収監されたままで、可能な時には、携帯電話やワッツアップやスカイプを通して出席するのが常だった。

シュルレアリスムの概念が重要である理由には事欠かない。ベフルーズのものの見方を分析／解釈する修辞技法として、シュルレアリスムは彼の作品中の民俗的なもの、叙事詩的なもの、神話的なもの、そしてクルドの土着的なものといった様々な種類の文化的要素を際立たせる働きをする。ベフルーズはクルディスタンの山岳地帯で生まれ育った。彼はその土地やその地域に伝わる物語や、伝統や慣習と強いつながりを持つ。彼は先住の民なのだ。クルド人は何千年もその土地に住み、その土地と文化を守ってきた。シュルレアリスト的な修辞技法もしくは枠組みは、彼が書くものと彼の思考におけるクルド的要素の理解を促すものである。そしてこの概念は、民族自決、土地の守護者たること、脱植民地化、自然、そして新たな学識の創造といった問題をこの本と関連付けることを可能にする。

反ジャンル

この本には詩が散りばめられており、それが独特の美しさと流れを生み出している。翻訳の過程で私は、ベフルーズの書く文章の多くが韻律と旋律を伴う音楽性を持つ長いパラグラフを含んでいることに気がついた。ペルシャ文学の文章は長い。ファルシ（現代ペルシャ）語で書かれたほかの多くの書き物がそうであるように、主語に相当する名詞で始まり、最後は主動詞で終わる。その間にはおびただしい数の節が続く。たくさんの種類の節は異なる特徴や要素を伴い、様々な形で表れる。ベフルーズの長い文章を初めて読んだ時、ペルシャ語の詩的な音楽性を、何て美しく映し出しているのだろうと思った。しかし、この文構造をそのまま英語に移し替えるとなると、不格好かつ煩雑で、元々の質や意味の多くがことごとく失われてしまうだろうことはわかっていた。和声と複合的意味の共鳴が起こらないのである。どうすればペルシャ語の美しさを保ったまま、味わい深い英語に翻訳ができるかを考え、英語の読者にも訴えかける表現方法について思い巡らした。私は長い文章を短い文章に分け始めた。句読点ごとに、ニュアンスが変わるごとに、主張ごとに文章を分けていった。長い文章を短い文章に分けることにはたくさんの利点があったが、名詞、動詞、形容詞、副詞、熟語を繰り返すことになるので、重複を避けるために様々な同義語を用いることにした。文脈や句の複合的な意味を伝えるために、頭韻や、擬人法の強調的な使用など実験的な方法を試みた。無意味に分割され適当に分けたような印象を与えないように注意を払った。読者がこれらの文章が元々は長い一つの文章であったことがわかるように工夫する必要があったのだ。

私はこのアプローチを本格的に採用し、ベフルーズと一つひとつ議論を重ねた。彼はこの方法に賛同してくれた。三回目の検討を行ってから英語になった文章を見た時、それは本当に詩のように感じられた。翻訳のすべて、特に反復箇所は、独特の詩的要素を英語で表現しているだけでなく、ペルシャ語における重要な象徴や文化の多くをも保っていた。この翻訳の方法を用いることで、私自身の想像力も喚起され、ベフルーズの独自の言葉遣いや思想を伝えるために試行錯誤を重ねた。その結果、この翻訳の至る所で、ベフルーズの散文は英語の詩的表現に姿を変えることとなった。これが功を奏して、様々な表現の様式、ジャンル、形式、構成を織り交ぜた現在の形へと練り上げられていった。これは思い切った実験の賜物であり、それはうまくいったと思う。

文学の力

この監獄で起きていることを理解するためには、変わり続ける手続きや手順、政策、予想できない出来事や状況を含む複雑な歴史を踏まえておかねばならない。けれども、そのすべてを一冊の本で論じ切ることはできないし、この監獄で起きた出来事のすべてについて書くこともできなければ、組織全体を批判することも、組織化された拷問のすべてを伝えることもまた不可能である。ベフルーズが本書で最も成し遂げたかったのは、読者をこの監獄へと誘い、組織的な拷問を経験するとはいかなることなのかを共有するために、自分が体験したことの本質をあぶりだすことだった。

ベフルーズの作品を翻訳し始めて以来、私はこのテクストを大学で教え、研究することも同時に行ってきた。その過程においては、このテクストの文学的要素と哲学的要素の結合に特に焦点を当てた。私は、このテクストを監獄物語（プリズン・ナラティブ）として分析するが、それにとどまらず、物語や報告はあらゆる異文化、異なる時代と状況に言及している。私はベフルーズの書くものを抵抗の文学の大きな系譜に位置付けて、中東、アフリカ、アジア、ヨーロッパ、アメリカ大陸、太平洋の諸島、そしてもちろんオーストラリアやニュージーランドなどほかの地域の監獄物語とも比較している。こうした比較の作業を通して、私は学生たちにその相違点と類似点について考察するように促した。ベフルーズはクルドの口承文学や歴史からインスピレーションを受け、それをペルシャ文学の伝統やイランの歴史に織り込んでいる。この点を掘り下げながら私は、抑圧や拷問や投獄への彼の理解が、彼自身の経験と彼が文化として受け継いできたものを通してどのようにもたらされ、オーラル・ヒストリーを通して確立されたのかを探っている。ベフルーズがイラン・イラク戦争の最中にこの世に生を受け、貧しい村で育ち、大人になって大きな都市へと移住し、大学で教育を受けたということもまた無視できない。このような彼の出自と経歴は、彼がクルド文学とペルシャ文学、西洋文学、哲学、マヌス島の慣習や物語をはじめとする異文化の口頭伝承など、多くの伝統や価値観、学問に影響を受けてきたことを示す重要な根拠となるからだ。

すでに述べたように、ベフルーズの本はどんなカテゴリーやジャンル、様式にも厳密に当てはめることはできない。本書は、民間伝承、叙事詩や神話が混じり合った唯一無二の作品である。ベフルーズがほとんどの登場人物を自分で脚色して描いていることを考慮すれば、本書はフィクションとしての要素もあわせもっている。彼は多数の異なる場面と様々に異なる時代からなる状況を構想する。彼は哲学と心理分析、さらにユーモアさえ統合する。先鋭的に歴史を読み解き、権力者が口にする公式見解を途絶させる反歴史（カウンターヒストリー）を生み出すのだ。私は本書を反ジャンルと呼びたい。本書は境界や分類体系を横断するテクストである。精読を重ねるたびに、その重層性によってもたらされる新たな発見があるに違いない。

山よりほかに友はなし――その背景

テッサ・モーリス＝スズキ

二〇二〇年七月、庇護希望者としてオーストラリアにたどり着いてから約七年を経てようやく、ベフルーズ・ブチャーニーはニュージーランドで庇護を受けることが認められた。その間の悪夢のようなブチャーニーの経験を記した『山よりほかに友はなし』は、二〇一八年に出版され、数々の名高い文学賞を受賞している。長年求め続けた難民の地位をニュージーランド政府が認めたことはブチャーニーを大きく安堵させたが、彼はそれを心から喜ぶことはできないと語っている。なぜなら彼と共にマヌス島に囚われていた多くの者たちが今も自由を求めて闘っているからだ。そう、彼らは今日も闘っているのだ。

ブチャーニーは類を見ないほど力強く詩的な言葉で自らの体験を語っている。だから私はここでブチャーニーの物語自体について何かを書こうとは思わない。それを誰よりもうまく伝えられるのはブチャーニーのほかにはいないのだから。代わりに私は彼の物語を理解する手助けとなる歴史的、そして政治的な背景について記しておこうと思う。そうすることで、何よりもまず、政治家たちがいかに冷酷にオーストラリア社会の（そして他の先進国の）難民に対する嫌悪感情と恐怖を焚きつけ操作したのか、そしてどのように国際条約や人権に関する諸原則を無視した難民政策を導入するに至ったのかを知ることができるだろう。難民に関するオーストラリアの諸政策は、弱い立場に置かれた難民たちに計り知れない苦しみを与え、国境管理のシステムに携わる者たちによる非人間的で暴力的な行動を助長し、究極的には戦争や迫害を逃れてきた人々に対して国境を閉ざすことで国家の民主主義の核心を蝕んでいるのである。

十分に理由のある恐怖

一九五四年一月二二日、オーストラリアは国連で採択された一九五一年の難民の地位に関する条約（ジュネーブ条約）を批准する最初の国の一つとなった。この条約では、人種、宗教、国籍が異なったり、特定の社会的集団の構成員であったり、政治的意見が異なるという理由での「十分に理由のある迫害の恐怖」から逃れてその国境にたどり着く人々に、署名した国々が保護を提供することが約束されている。ジュネーブ条約は当初、一九五一年より前にヨーロッパで起きた出来事の結果として難民となった人々のみを対象としていたが、一九六七年に国連が採択した難民の地位に関する議定書によってその範囲は拡大され、同様の保護が世界中の人々に対し与えられることとなって今日に至っている。そしてオーストラリアはこの議定書もいち早く批准している。

ジュネーブ条約と議定書に署名をした国々には、難民に労働と教育へのアクセスを提供すること、そして難民自身による居住地の選択を認めることが求められる。また、難民を「送還する」ことは認められていない。つまり、難民たちを迫害のおそれのある国へ強制的に帰らせることがあってはならない。難民条約と議定書ではさらに、難民たちは迫害を逃れるために国境を越えなければならないことから、入国関連の法を犯したという理由で批准国が彼らを裁くことを明確に禁じている。

オーストラリアは今もこれらの国際条約の批准国であり続けている。しかし時が経つにつれ、オーストラリア政府はこれらの国際条約の諸原則を次第に露骨に侵害するようになり、それは特に二〇〇一年以降に顕著となっている。その中でも決定的な出来事が、二〇〇一年八月に起きたノルウェー船籍のコンテナ船タンパ号（MV Tampa）に関するものである。タンパ号は、オーストラリアに向かう途中に洋上で動けなくなっていた四三三人のアフガニスタン難民ですし詰めの状態のインドネシア漁船を救助したが、保守派のジョン・ハワード首相が率いる当時のオーストラリア政府は、タンパ号がオーストラリアに寄港することを認めなかった。状況が膠着する中、ハワード政権は太平洋の小さな島国である（オーストラリアの経済援助に深く依存していた）ナウル、そしてニュージーランドと急いで合意を取り付け、最終的にタンパ号の難民たちはこれらの国に送られることとなった。この出来事を機にオーストラリア政府は、「パシフィック・ソルーション（Pacific Solution）」として知られる「国外入国審査（off-shore processing）」政策の導入を決定した。それは、保護を求めて海路でオーストラリアの沿海にたどり着く人々の難民申請を、ナウルやパプアニューギニアのマヌス島といったオーストラリアの国外で処理しようというものだった。

ハワード政権が中道左派の労働党に敗北すると、ケビン・ラッドを首相とする労働党新政権は「パシフィック・ソルーション」を破棄し、ほぼジュネーブ条約に則った難民の処遇に立ち戻ることを決定した。これによって、ナウルとマヌス島に送られた難民の大多数はオーストラリアに移ることができたが、オーストラリアの政治指導者たちは、右派メディアと一部のオーストラリア大衆からの次第に高まる圧力と批判に直面することとなった。アメリカでの九・一一のテロ攻撃とそれに続くアフガニスタンとイラクでの戦争は、外国人とイスラム教徒に対する嫌悪感情を引き起こし、それは増え続けるボートピープル、特に中東からやってくる人々にも向けられるようになる。その結果、ジュリア・ギラード首相の労働党政権は二〇一〇年、難民の「国外入国審査」を再開すると表明した。

二〇一三年になると、（再び政権の座に返り咲いた）労働党のケビン・ラッドは、今後船でオーストラリアに到着したすべての庇護希望者はオーストラリアの領域内に滞在することを認められないという、さらに衝撃的な表明を行った。これによって、すべての難民申請者は「審査」のためにマヌス島かナウルに送られることとなる。当時ラッドは、近々行われる総選挙で敗北すると予想されていたため、この方針の表明によって支持を高められると信じていたのであろうが、労働党が選挙で敗北することに変わりはなかった。この「国外入国審査」政策は再び権力の座に着いた保守政権においても引き継がれ、さらに強化されることとなる。ただし、この「国外入国審査」という言葉は誤解を招く表現である。マヌス島やナウルに送られた庇護希望者の多くは、それぞれのケースを国連難民高等弁務官事務所（UNHCR）によって審査され、間違いなく難民であると即座に認められたにもかかわらず、オーストラリアから遠く離れた二つの島の監獄のような場所に放置されてきた。つまり、実際には「国外入国審査」ではなく、むしろ「国外遺棄（off-shore dumping）」だったのだ。

植民地時代、そして植民地時代以降の太平洋におけるマヌス島

西太平洋で最も裕福な国であるオーストラリアは、なぜ必死の思いで逃れてきた難民たちをこの地域で最も貧しい国の一つの中の最も貧しい場所の一つであるマヌス島に「輸出」し、そのままそこに捨て置くようなことができるのだろうか。その問いへの答えは、「パシフィック・ソルーション」がいかに太平洋地域に今も残る植民地主義の遺産の一部であるのかを明らかにする。

マヌス島の人々は長い歴史を持ち、その文化はたくさんの神話・伝説や象徴的表現に溢れている。オーストラリアがマヌス島に設けた難民収容施設で最もひどい懲罰が与えられる監房は、島固有の鳥の名を取って「チャウカ」と名づけられていた。本書の中でブチャーニーは、「身の毛がよだつ」ような恐怖の兆しとしてチャウカの独特の鳴き声に度々言及しているが、マヌス島出身のミシェル・ナヤハムイ・ルーニーによると、島民たちにとって「チャウカは常にマヌスのアイデンティティとモラリティを象徴するものであったし、これからもそうあり続ける。（中略）マヌスの伝承の中ではチャウカは導き手として、時を告げる存在として、そして危険を告げ、警戒を促す存在として表象される。また別のマヌスの象徴であるグリーン・スネイルという緑色のカタツムリとともに、チャウカはマヌスの公的な旗の中にも描かれている」(1)。

マヌス島のこのアイデンティティの象徴が、庇護希望者たちにとって懲罰と死を連想させる恐ろしいイメージへと変化させられたことは、オーストラリアの「国外入国審査」政策がマヌス島の地域社会の人々に及ぼしている破壊的で深刻な影響を象徴的に表している。保護を求める人々をオーストラリアからマヌス島へと移送することは、島の人々の声を聞くことなく決定され、これは島の経済発展のための機会であり、彼らが求めてやまない雇用を創出することにつながるのだと説明された。しかし実際には、ルーニーが指摘するように、この政策は「マヌス島の道徳的・政治的秩序に亀裂を生じさせ、それは地域レベルでの腐敗をもたらすだけでなく、グローバルに波及してゆくものとなる」(2)。

マヌス島における難民収容政策のもたらす惨事は、マヌス島の人々の生活を破壊し続けてきた植民地的権力による一連の介入の最も新しい出来事に過ぎない。一九一二年、当時ニューギニアの北部を支配していたドイツは小さな軍事基地を島に設けたが、それは第一次世界大戦の終わった一九一八年に、ドイツの旧植民地の統治を委任されたオーストラリアによって接収された(3)。島外の世界からの影響は、比較的限定されたものにとどまっていたが、太平洋戦争中の一九四二年四月に日本軍がマヌス島へ侵攻すると、状況は一変した。戦争の拡大は島の生活に甚大な被害をもたらした。数知れない島民たちが日本軍の侵攻と占領、そしてアメリカ軍による爆撃によって命を奪われ、また多くの人々が戦火を逃れて山へと逃げ延びた(4)。一九四四年の前半に島を占領したことに伴い、アメリカ軍は、オーストラリアと協力して大規模な軍事基地を島に設け、外国の軍隊を駐留させたため、一九四四年九月には総勢三万七〇〇〇名の外国軍人を擁することとなった(5)。

戦後になると、アメリカ軍はマヌスの基地設備の大半をアジアの他の地域へと移し、基地を引き継いだオーストラリアは、そこに新しい海軍施設を建設した。一九五一年、マヌス島はオーストラリアによる日本軍戦犯に対する最後の裁判の場所に選ばれ、戦争犯罪で裁かれた五人の日本人が同年六月、その地で絞首刑に処されている。戦争犯罪の被告となった日本人たちは、ロブルム海軍基地に近い捕虜収容所に収監されたが、そこはのちに庇護希望者や難民認定を受けた者たちが「パシフィック・ソルーション」の名のもとに収容される場所となった。過去の基地の施設が、脆弱な立場に置かれた難民たちを収容することに使われ、戦争犯罪の被告たちが経験したものよりもさらに劣悪な環境を強いられたというのは、実に皮肉なことである。

国境産業複合体と民主主義の侵蝕

パプアニューギニアは一九七五年にオーストラリアから独立したが、その後もオーストラリアからの経済援助に大きく依存し続け、それは例えばパプアニューギニアの保健・医療予算の約二〇％、そして国家の総予算の約八％を占めている[6]。このためパプアニューギニアはオーストラリアからの政治的圧力に対して極めて弱い立場に置かれているが、より小さな島嶼国であり、同様にオーストラリアの運営する難民収容施設を抱えるナウルは、さらに弱い立場に置かれている。二〇一八年にはナウルのＧＤＰの三分の二がオーストラリアからの投資、経済援助、そして難民収容に対する代価によるものであった。

経済援助への依存が陰に陽に圧力となり、パプアニューギニアとナウルがオーストラリアの国外収容政策への協力を断りにくくなっている一方で、このような政策はより深刻な腐敗と秘密主義を助長することにもつながる。オーストラリア政府は、食事の提供や健康管理などを含む難民収容所の運営のほとんどを多国籍企業に委託しており、企業側はこの制度への関与から莫大な利益を得ている。しかし、その契約が結ばれた経緯は極めて不透明で、施設運営の実態も「国家の安全保障」というヴェールに覆い隠されている。例えば、ブチャーニーが本書で詳細に描写している警備部隊「アタック・ドッグス」を有する警備会社であるＧ４Ｓは英国の多国籍企業だが、この企業は世界各地で人権侵害に関わっているとしていくつもの人権団体から批判されており、ノルウェーの政府系投資ファンドのブラックリストにも載せられている。(7)オーストラリア政府は国外移民収容政策を運営するために、二〇一九年までにおよそ五〇億豪ドル(約三六億米ドル)を民間企業に支払ったと推測されているが、それら企業の多くには暗い過去があるのだ。

オーストラリア政府の立場からすれば、いわゆる「国外入国審査」の主な利点の一つは、それによってオーストラリアの一般大衆や人権団体が難民の扱いに関する正確な情報を得にくくなることである。ビザの発給制限によって、一握りのジャーナリスト、弁護士、そして研究者にしか、マヌス島を訪れ、収容されている難民の状況を目にし、彼らの語りに耳を傾けることは許されていない。ナウルの状況はより高い秘密主義の壁に守られている。オーストラリアの「パシフィック・ソルーション」に対して批判的になると思われる者が島に上陸することは実質的に不可能であり、オーストラリア人であれ誰であれ、その移民収容施設で働く者が島での難民たちの状況に関する情報を公表した場合、その者は刑事罰に問われることになる。(8)こうして徐々にシステム全体が類を見ないほどの秘密主義で幾重にも覆われ、そこで起きている人権侵害が隠蔽され、たとえオーストラリアの国会議員や国連機関であっても外部から監視することが不可能となっていった。残酷な政策はこのように民主主義を内側から徐々に蝕んでいくのである。

永遠に宙ぶらりん(リンボー)の難民たち

二〇一四年にマヌス島の収容施設で、「優しい巨人」ことレザ・バラティーが警備部隊によって命を奪われ、六二人の難民たちが傷つけられてからも、警備部隊による暴力や難民たちの自傷行為は増加し続けた。マヌス島とナウルで二〇一八年までに合わせて一二人の難民が、自殺や病気の未治療などの防ぎえた原因によって命を落とし、さらに多くの者が防ぎえた長期にわたる健康問題を抱えることになった。(9)二〇一六年、パプアニューギニアの最高裁判所は、オーストラリアからマヌス島に移送された難民の収容は違法であるという判決を下したが、この判決が問題の解決につながることはなかった。ロブルム基地近くの収容施設は二〇一七年に閉鎖されたが、その時点では難民のための代替施設はまだ完成しておらず、警備部隊と警察が怯えて混乱した難民たちを収容施設から強制的に移動させようとしたことが、両者の衝突の引き金となった。結果的に難民たちは、マヌスの州都であるロレンガウやその周辺の以前と同じく監獄のような施設に移されたが、難民たちの間で命に関わる病気や自傷行為が増え続けたことから、マヌス島の被収容者たちの多くが治療のためにオーストラリア本土へと移送された。ただし、そこでもまた彼らは収容施設に拘留されるか、地域収容（community detention、連絡義務などの条件つきでの仮放免）されることとなった。

アメリカのオバマ政権は、アメリカ大陸の他の国々から合衆国に来た難民の一部をオーストラリアが引き受ける代わりに、一二五〇人を上限としてマヌス島とナウルの難民たちの再定住を受け入れることに同意した。しかし、アメリカへの再定住の審査はかなりの時間を要するもので、COVID-19の流行は審査をさらに遅らせることとなった。二〇二一年六月末の時点で、マヌス島とナウルから九六八人の難民がアメリカでの再定住を認められたが、今も多くの者たちが再定住の審査結果を待っている。他方で、パプアニューギニアに残った一二五人の難民たちは収容施設の外での生活を認められ、そのうちの一部は首都であるポートモレスビーへと移り住んだ。[10]だが彼らは、自分たちがどこに向かえばよいかもわからない宙ぶらりんな状態に置かれていることに気がついた。とても貧しい国に住み、自分たちの故郷から何千マイルも離れ、十分な経済的・社会的支援もなく、将来が極めて不透明な状態に置かれているのである。

二〇二一年一〇月初旬になってようやく、オーストラリア政府はパプアニューギニアでの難民の「国外入国審査」を終了すると表明した。しかしそれは人権の勝利には程遠いものであった。パプアニューギニアに残った一二五人の難民たちには、パプアニューギニアの国民となって宙ぶらりんなままそこにずっと暮らし続けるか、それともヒューマン・ライツ・ウォッチが恐るべき虐待と無関心の現場と表現したナウルに移送されるか、二つの選択肢しか与えられなかった。[11]

オーストラリアの二つの主要な政党はどちらも、一部メディアの強い後押しを受けて「残酷さの政治(politics of cruelty)」に固執するようになり、オーストラリアに庇護を求めることを難民たちに諦めさせようと、国際的に認められた難民の権利を暴力的に抑圧し続けてきた。ベフルーズ・ブチャーニーが書いているように、オーストラリアの難民政策は冷酷な政治的ご都合主義に後押しされた、残酷さの競い合いとなってしまった。二〇二二年に行われる次のオーストラリアの総選挙に先立って、ブチャーニーは次のように述べた。「このような追放政策が無残に失敗していることは数多くの点で明らかになっており、再び政治によって操られることを望むかどうかは、オーストラリア国民の選択にかかっている」と。[12]

注

（1）Michelle Nayahamui Rooney, 'The Chauka Bird and Morality on our Manus Island Home', *The Conversation*, 2 February 2018, https://theconversation.com/friday-essay-the-chauka-bird-and-morality-on-our-manus-island-home-90107.

（2）Rooney, 'The Chauka Bird', op. cit.

（3）James Goldrick, 'Manus Maketh Man', *The Strategist*, 26 September 2018, https://www.aspistrategist.org.au/manus-maketh-man/.

（4）Australian War Memorial, 'Remembering the War in New Guinea', oral history interviews with Charles Kiet Pajoce, Charles Nolih and John Paliau, (interviews conducted by Iwamoto Hiromitsu and transcribed/translated by Jacob Aramans), http://ajrp.awm.gov.au/ajrp/remember.nsf/Web-Printer/50F6C42CB2521BF5CA256E4E0018044A?OpenDocument; http://ajrp.awm.gov.au/ajrp/remember.nsf/Web-Printer/866D42D3B23790C2CA256E4E00183EF0?OpenDo cument; and http://ajrp.awm.gov.au/AJRP/remember.nsf/Web-Printer/80171E360EE7DF7DCA256E4E001CF43A?Open Document.

(5) Goldrick, 'Manus Maketh Man', op. cit.

(6) Department of Foreign Affairs and Trade, Australia, *Aid Investment Plan Papua New Guinea: 2015-16 to 2017-18 (extended to 2018-19)*, Canberra, Department of Foreign Affairs and Trade, n.d., p. 2; Madeleine Keck, 'How Australian Aid Is Helping Papua New Guinea Address Infectious Diseases Like Polio', *Global Citizen*, 2 October 2020, https://www.globalcitizen.org/en/content/australian-aid-is-helping-papua-new-guinea-polio/.

(7) Jasper Jolly, 'Norwegian Wealth Fund Blacklists G4S Shares over Human Rights Concerns', *The Guardian*, 14 November 2019, https://www.theguardian.com/business/2019/nov/14/norwegian-wealth-fund-blacklists-g4s-shares-over-human-rights-concerns.

(8) Michael Garcia Bochenek, 'Australia: Appalling Abuse, Neglect of Refugees on Nauru', *Human Rights Watch*, 2 August 2016, https://www.hrw.org/news/2016/08/02/australia-appalling-abuse-neglect-refugees-nauru.

(9) 'Australia's Off-Shore Processing Regime: The Facts', report by the Refugee Council of Australia, 20 May 2020, https://www.refugeecouncil.org.au/offshore-processing-facts/5/.

(10) Andrew and Renata Kaldor Centre for International Refugee Law, University of New South Wales, *Australia-United States Resettlement Agreement*, 10 August 2021, https://www.kaldorcentre.unsw.edu.au/publication/australia%E2%80%93united-states-resettlement-arrangement.

(11) Bochenek, 'Australia', op. cit.

(12) Behrouz Boochani, 'The Pattern is Clear: Australia's Next Election will be a Competition on Cruelty', *The Guardian*, 11 October 2021, https://www.theguardian.com/commentisfree/2021/oct/11/the-pattern-is-clear-australias-next-election-will-be-a-competition-on-cruelty.

監訳者あとがき

一谷智子・友永雄吾

ベフルーズ・ブチャーニーの『山よりほかに友はなし』と出会った日のことを、今も鮮明に覚えている。二〇一八年八月二九日、オーストラリア。残暑の厳しい福岡を飛び立ち、南極からの冷たい風の吹きすさぶ初春のメルボルンに降り立った翌日の出来事だった。この日から一年間、私はメルボルン大学で海外研究員としてオーストラリア現代文学をめぐる研究活動を行うことになっていた。冬から春へと季節が移り変わる頃、この街では年に一度の文学の祭典「メルボルン・ライターズ」が開催される。新生活のはじまりに、オーストラリア文学の「今」を肌で感じてみようとこの文学祭を訪れた。

ある作家が登壇するイベントに参加して会場を後にしようとした時のことだった。年輩の男性が近寄って来て、二枚のチケットを差し出して言った。「これ、よかったらもらってくれないかな？　この後のトーク・イベントなんだけど、急用で行けなくなってしまったんだ」チケットには「ベフルーズ・ブチャーニー：マヌス島からのライブ中継」とある。逡巡する間もなく、横にいた夫が飛びついた。「ありがとうございます！　これ、とても行きたかったんです！　でも、あっという間に全席完売してしまって」同行していた夫は、イギリスで庇護希望者を支援する活動をしていたことがあり、『ガーディアン』の記事を通して、マヌス島の難民収容施設に違法収容されていたこのクルド人の作家に関心を寄せていた。聞けば、隔絶された厳しい監視下の難民収容施設で、密かに持ち込んだ携帯電話を使って書かれ、支援者によって出版された作品だという。二一世紀のオーストラリアで時代錯誤も甚だしい非人道的措置が行われている現実と、携帯電話という最も現代的情報機器が交差するところに生まれた創作。気になる。この機会を逃すべきではないという心の声もする。私は夫とともにヴィクトリア州立図書館に隣接する会場へと急いだ。

会場に入って、まずその熱気に圧倒された。満席で立ち見の客もいる。マヌス島に幽閉されていたブチャーニーとインターネットでつなぎ、本書の「翻訳者の物語」にも言及される作家で活動家のアーノルド・ゼイブルが問いかけを行う。そして、そのやりとりを翻訳者のオミド・トフィギアンが英語からペルシャ語へ、ペルシャ語から英語へと通訳しつつ、三者の対話でセッションは進んだ。ブチャーニーの携帯電話のインターネット接続は始終安定せず、大画面のスクリーンに映し出された彼の姿は時折フリーズし、声も途切れがちだった。観客はスクリーンを凝視し、スピーカーから断続的に聞こえてくる声に固唾を飲んで耳を傾ける。こうして、異様な緊迫感が漂うこのイベントで、私はブチャーニーと彼の本に出会った。

大手書店「リーディングス」のリサーチによると、二〇一八年のメルボルン・ライターズのベストセラーに輝いたのは『山よりほかに友はなし』である。この国で最も名高いマイルズ・フランクリン文学賞を受賞したミシェル・ド・クレッツァーや国民的作家ティム・ウィントンの新作を抑えての、堂々の一位だった。発売と同時に話題となった本書は、その半年後、オーストラリアの主要な文学賞の一つであるヴィクトリア州首相文学賞を受賞し、表紙のブチャーニーのポートレートが鮮烈な印象的を与える本が、オーストラリアの街の書店のショーウィンドウを飾った。

「入国を拒否されたボートピープルの作家」が大きな文学賞を受賞するという異例の出来事は、本書がオーストラリア社会に及ぼしたインパクトの大きさを物語っている。この本を読み、この本について語り、この本に栄誉ある最高の文学賞を与える。それはまさに、国内の人々の視線が届きづらい他国の島に庇護希望者を収容するという、国際人権の規範から逸脱した政府の難民政策に対する、市民社会からの異議申し立てのように思われた。友人同士が寄りあうブッククラブ、書店や図書館の催し、NGOやNPOの集会、大学の研究会や学会など、一般市民から専門家や研究者に至るまで、様々な人々による集いが開かれ、本書がオーストラリアで社会現象となってゆく様を、私は一年かけて見ることとなった。難民を安全保障の脅威と見なし、経済的不安を抱く人々の不満のはけ口にしようとする、排外主義的な政権に容易には誘導されない成熟した市民社会がそこにはあった。

不思議なめぐりあわせにより手にすることとなった『山よりほかに友はなし』は、私の中で特別な一冊になっていた。かつて夫がイギリスで運営していた庇護希望者のためのシェルターの手伝いをした時、いつ強制送還されるかもしれない不安の中で難民認定の結果を待つ人々を前にして、私は自分ができることのあまりの少なさに無力感を覚えた。私にできたことといえば、食事を作って彼らと一緒にテーブルを囲むことと、寝る場所を提供すること、話し相手になることくらいだった。ブチャーニーが本書の中で語っているように、難民となった人々にとって、待つことは「時間という牢獄で使われる拷問」（九九頁）に等しいのだという現実を思い知った。そして、私自身が学んでいる文学は、この現実に対して何ができるのだろうと考えながら、その問いをいつしか手放してしまった。早い話が逃げていたのだ。

難民となった人々の生に文学はどのように関わることができるのか。この本は、その時私が向き合い損ねた問いについて考えるきっかけを与えてくれたと同時に、文学が為せることの一つの可能性をも見せてくれた。在外研究を終えて日本に戻る頃には、どうすればこの出会いを活かすことができるだろうかと考えるようになっていた。いくつかのイベントで顔を合わせ、言葉を交わしたトフィギアン氏には、日本語翻訳の可能性を探りたいと話していた。すると日本に戻ってしばらく経った頃、友永雄吾先生から本書の監訳・翻訳のお話をいただいた。何か見えない運命の糸のようなものを感じて、私はこのプロジェクトに参加することを決めた。

『山よりほかに友はなし』は、哲学や社会学、政治学や文化人類学など、実に多くの領域において高く評価されてきているが、このあとがきでは、文学としての本書の魅力について、今一度、光をあてておこう。人間の尊厳を奪う無期限の拘留の問題性と、肉体と精神を蝕むような難民収容施設での生活を赤裸々に描いた本書は、ジャーナリストとして国際的に活躍してきたブチャーニーの真骨頂が発揮された作品であることに疑いの余地はない。だが、実体験に基づいた作品の力に加えて、意識の流れや哲学的思索、詩やクルドの神話を織り交ぜた本書の創作としての独創性、すなわちトフィギアンが「反ジャンル」と名づけた豊かさと広がりが、より多くの読者を惹きつけてきたことも、また事実であろう。ヴィクトリア州首相文学賞を受賞した際のインタヴューに答えてブチャーニーは、自らの作品の受賞は難民を「人間と見なさない制度に対する勝利」であるとし、「非人道的な制度や構造に対抗する力」としての文学の言葉の可能性について言及した。「文学は読者を難民収容所へと誘い、被収容者たちの生活を体験させ、目撃させる」のだと。本書は、その言葉通りの作品だ。ジャーナリズムという伝達手段に安住せず、自らが書きたいこと、書くべきことを深く掘り下げるための言葉と方法を模索したブチャーニーの表現への飽くなき探求心が、幻想と現実が融合する恐怖的シュルレアリスムに彩られた「監獄文学」を生み出し、様々な権力を問う問題領域を切り拓くことを可能にしたのだろう。

ブチャーニーにこの作品を書かしめたのは、マヌス難民収容施設での体験であることは紛れもない事実である。だが、本書を読めば、彼のクルド人としての来歴もまた、この作品の成立に色濃く影響していることがわかる。クルド人は、イラク、イラン、トルコ、シリアなどの国境をまたぐ「クルディスタン」と呼ばれる一帯に暮らす「国を持たない最大の民族」と言われている。ブチャーニーは、イラン・イラク戦争の最中の一九八三年、イラクとの国境に近いイランのイーラーム州の山岳地帯に生を受けた。国を持てないまま、周辺の地域大国の弾圧と戦火に翻弄されてきた民族の歴史を捉え、自らを「戦争の子ども」と呼ぶこの作家は、一度はクルドの軍事組織ペシャメルガに身を投じようとした。しかし、「非暴力の抵抗をめぐる思想」（一〇九頁）によって思い止まり、ペンの力によって生きることを決意すると、彼は必要最小限の荷物と一冊の詩集を忍ばせたバックパックを手に故郷を後にする。山の民である彼は、地図でしか見たことのなかった海へと繰り出しオーストラリアを目指すが、死の恐怖と向き合う航海の先に待っていたのは、マヌス島での強制収容だった。本書のタイトルにもなっている「山よりほかに友はなし」という言い回しは、山とともに生きてきたクルドの民に古くから伝わることわざだというが、国際社会において孤立したクルド人の置かれた状況と同時に、マヌスの孤島に遺棄された難民の状況をも映し出している。

「戦争こそが社会システムの基礎」（『暴力について』）と指摘したのはハンナ・アーレントであるが、『山よりほかに友はなし』は「監獄文学」であると同時に、究極の「戦争（反戦）文学」であり、それは最終章で描かれる「キリアーカル・システム」の抑圧に抗する囚人と警備部隊の闘争の場面に最も鮮烈に表現されている。ブチャーニーは、マヌス監獄の囚人たちの抗争の物語に、「幽霊の地であり、捨てられた領土であり、かつての戦地」であったマヌス島の太平洋戦争の記憶と、クルド人が経験してきた闘争の歴史を重ねて描く。

入り混じる血／様々な血が混じり合って／一つになる／うめき声は／次第に大きくなる／様々な音、様々な様式、様々な歌声／戦争のバラッド／血まみれの口が歌い出す／別の血まみれの口が後を追う。（三七六～七七頁）

こうして異なる人間の争いをめぐる記憶を重層的かつ多方向的に想起させる表現は、戦争を繰り返してきた人類の歴史、さらには現在も止むことなく紛争が進行する世界のありさまを想起させ、戦いの中で傷つき破壊された無数の生の存在を銘記する。

「キリアーカル・システム」という用語と概念を通して、先住民政策に始まり、現代の難民政策にも通じる植民地主義的支配の性質や交差性を持つ抑圧の構造を鋭くあぶりだす本書は、究極の「ポストコロニアル文学／脱植民地文学」でもあるだろう。鳥の声と人間の嘆きが重なり、「自然の哀歌」と「人間の哀歌」が一つに合わさって響く象徴的なエンディングが示すように、本書はマヌスという小さな島に囚われた難民たちの生を描きながら、地球上にいくつもの国境線を引き、人間を閉じ込め、人間と人間ならざるものを分節化し、自然やいきものを搾取する近代性とそれが生み出したシステムを前景化するような壮大な企てなのだ。

このような本書の文学性を見れば、ブチャーニーの支援者には人権活動家や研究者のみならず、作家やアーティストが多く名を連ねていることにも合点がいく。先述のゼイブルは、ホロコーストを逃れたユダヤ系難民の両親の下に育ち、移民や難民の経験を主題として描いてきた作家であり、ブチャーニーの創作活動を一貫して支援してきた。ほかにもオーストラリア生まれのアフロ・カリビアン作家マキシン・ベネバ・クラークや、メルボルンを拠点に活動するイラン生まれのアーティスト、ホダー・アフシャールなど移民としてのバックグラウンドを持つ表現者らが、ブチャーニーと協働している（二〇二一年七月から一〇月まで開催されたあいち国際芸術祭には、アフシャールによるベフルーズ主演の映像作品『リメイン』が出展された）。さらに、本書にまえがきを寄せているオーストラリア屈指の作家リチャード・フラナガンに加えて、ノーベル文学賞受賞作家Ｊ・Ｍ・クッツェーも『ニューヨーク・レビュー・オブ・ブックス』に寄稿し、この作品が書かれたことの意義を論じた。これらの作家やアーティストの応答は紛れもなく、絶望の淵にあっても思索と言葉を手放さなかった作家としてのブチャーニーへの連帯の意の表明にほかならない。政府の難民政策によって「招かれざる客」とされたブチャーニーが、「オーストラリアの作家」として受け入れられたことは、「オーストラリア文学」の懐の深さを物語っているようで興味深い。

また、本書の出版がアボリジナルのアーティストや作家との共同作業へと発展したことも瞠目に値するだろう。「翻訳者の考察」で指摘されているように、本書の出版後に様々なプロジェクトが実現している。それはブチャーニーの最大の望みであり課題であったが、例えば、先住民指導者で政治家のパトリック・ドッドソンの発案した舞台『歯に衣着せず』(*Jurrungu Ngan-ga*)。ドッドソンの地元ブルームを拠点とする国際的コンテンポラリー・ダンス・カンパニーであるマラゲクのメンバーらは、ブチャーニーおよびトフィギアンとの対話を重ねながら、本書のエピソードと「キリアーカル・システム」の概念を取り入れ、難民と先住民の経験を重ねて描く舞台作品を作り上げた。さらには、二〇一九年にインドネシアのウブド文学祭で対談して以来、ブチャーニーが友人として親交を深めてきた気鋭のアボリジナル作家タラ・ジューン・ウィンチとの協働も見逃せない。ニュージーランドへの移住後の二〇二二年、ブチャーニーはマヌスでの六年以上に及ぶ収容期間に記した自らの記事やエッセイ、詩に加えて、交流のある移民・難民研究者、人権活動家、政治学者、文学者らの寄稿文からなる『ただ、自由をもとめて』(*Freedom, Only Freedom*)を出版した。この最新書には、ウィンチがまえがきを寄せている。ウィンチは、先住民と難民の経験には類似性があることを指摘しながら、『山よりほかに友はなし』とともに、人類の歴史を覆う暴力の構造を広く論じようとするようとしたこの野心的一冊が、現在も続く植民地主義の真実を語っており、「オーストラリア文学」の新たな地平を拓くものだと賛辞を惜しまなかった。

最後に、この作品を語るうえで忘れるわけにはいかないのが、翻訳者であるトフィギアンの存在である。ブチャーニーと同様にイランのマイノリティとして迫害を受け、移民経験を通して、複数言語のはざまで生き延びるための通訳・翻訳の技術を身に着けたトフィギアンの存在なくして、本書は生まれなかった。強調しておかなければならないのは、トフィギィアンの働きが、決して翻訳者のそれにとどまらないことである。彼はコラボレーターとしても、この作品において創造的な働きを果たした。近年、翻訳理論は、異言語から目標言語への言語変換という伝達機能論から、文化や言説を捉え直す文化批評論へと発展している。トフィギィアンをはじめ、彼とともに本書に関わった支援者らの協働は、翻訳が担う多様で豊饒な役割を考えるうえで示唆的であり、翻訳研究の裾野を広げるものだろう。

これまで一八の言語に翻訳され、オーストラリアを超えて、世界の難民が置かれた現状、さらには、植民地主義への考察をめぐり、様々な領域横断的研究や実践への扉を開く本書から、私たちが学ぶべきことは多くある。「翻訳者の考察」の冒頭でトフィギアンは、「囚われた」考え方のもとに難民を排除しようとしたり、無関心を装いながら「もう一つの島」に住まうオーストラリア人のありさまを一つの寓話を通して表現した。流刑植民地であったオーストラリアの歴史を皮肉るようなこの島の寓話を、私たちは他国の話として聞き流すことができるだろうか。これを書いている現在も、イギリスでは難民認定を申請するために英仏海峡を非正規ルートで渡航した人々をアフリカのルワンダに移送する政府の計画が進んでいるという。翻って日本でも、難民認定率の低さに加えて、申請が認定されない者、在留資格を持たない者に対する無期限かつ長期化する入管施設での収容が問題となっている。本書は、難民受け入れに否定的な日本の状況や入管の闇をはじめ、同様の問題を抱える私たち自身の姿を映し出す合わせ鏡である。

いくつものまえがきやあとがき、解説の「枠物語」に彩られた本書も、ようやく終わりに近づいている。数多くの枠物語は、人と人のつながりの中で生み出された本書の特異な性格をそのまま映し出しているともいえるかもしれない。そして、この日本語版もまた、英語版と同様に、領域横断的な人々の連帯の中から誕生したことを明記しておきたい。

多領域の専門家から成るこの日本語翻訳プロジェクトに監訳者ならびに翻訳者の一人として私を加えて

くださった友永先生と共訳者の皆さんに感謝を申し上げる。訳文のすべてに丹念に目を通してくださり、貴重なご意見をくださった西南学院大学名誉教授の久屋孝夫先生には献身的な協力を仰いだ。監訳の作業においては、一通り出来上がっていた仮訳を、原文と詳細に照らし合わし、全体を通して訳文の改善と統一を行い、最善の形で日本の読者に手渡すことに力を尽くしたつもりである。それでも力不足で、ペルシャ語から英語、英語から日本語という重訳を経た本書が、つなぎとめることができなかったもの、失ってしまったものがあるに違いない。さらには、誤りや不正確な箇所なども残されてしまったかもしれないが、それらはすべて監訳者の責任であり、ご指摘をいただければと願っている。

近年、移民・難民をめぐる先鋭的な書籍を世に送り出し続けておられる明石書店からこの一冊を出版できることを幸いに思う。本書の意義を見出してくださった明石書店の大江道雅氏と、丁寧かつ迅速に編集作業を進めてくださった岡留洋文氏のお二人のご尽力なくしても、この翻訳書は存在することはなかった。厚くお礼申し上げる。また、日本語訳の完成を随分と待たせてしまったが、数々の質問に根気強く答えてくださり、日本語版へのあとがきを寄せてくださったトフィギアン氏と、移住先のニュージーランドからチャーミングで温かいメッセージを送ってくださったブチャーニー氏にも感謝の意を伝えたい。

本書に描かれたような出来事が誰かの身に起きることを許してはならない。このような理不尽な苦しみの中から生まれるべき本があってはならない。だからこそ、私たちはこの現実から目を逸らさず、心を閉ざしてはならないのである。世界のどこにも届かずにそのまま埋もれてしまったかもしれない人間の経験と声を、文学という一つの希望を通して可視化し、それが社会を変える力になることを信じた人々の勇気と連帯を私は敬い、言祝ぐ。

二〇二三年八月二九日『山よりほかに友はなし』との出会いから五年目の日に

一谷　智子

本書は、ベフルーズ・ブチャーニーの*No Friend but the Mountains: Writing from Manus Prison*（2018）の全訳である。

著者のブチャーニーは、イランのテヘランにあるタルビアット・モアレム大学とタルビアット・モダレス大学を卒業し政治学の修士号を修了したクルド人作家であり、ジャーナリスト、学者、文化提唱者、映像作家と多彩な才能の持ち主である。

彼はクルド人の祖国クルディスタンの建国とイラン政府に対する批判的な記事を新聞に掲載したことで政府からの圧力がかかり、二〇一三年に亡命を決意し、船でインドネシアを経てオーストラリアへ入国しようと試みたボート・ピープルであった。不運にも、彼が目指したオーストラリアでは二〇一三年七月以降、たとえ難民認定が下りたとしてもオーストラリアでの定住ができなくなった。国連難民高等弁務官事務所（UNHCR）を介して海外から受け入れた難民は人道的配慮を受け、オーストラリアでの定住が可能となるが、ボート・ピープルはテロリズムなどと結び付く危険人物と見なされ、島嶼国ナウルやパプアニューギニアのマヌス島に収容された。

本書は、マヌスに収容された著者の経験から生まれた文学作品である。ブチャーニーが携帯電話のアプリを使いペルシャ語の文章を友人オミド・トフィギアンに送信し、彼がペルシャ語から英語へ翻訳・編集、その結果として完成したのが本書である。

我々訳者が本書の翻訳出版に取り組み始めたのは、二〇二〇年五月に遡る。その時期は、世界中が新型コロナウイルス感染症パンデミックの渦中にあり、国内でも同年四月七日に発令された緊急事態宣言が継続していた。訳者の一人である友永は四月四日から一年間、オーストラリア国立大学とメルボルン大学にて長期海外研究員として家族で渡豪する予定であったが、その計画は断たれ、自宅での自粛中であった。当然、研究計画をすべて変更する必要があったため、オーストラリア国立大学の指導教員でオーストラリア先住民を研究する人類学者フランチェスカ・マーラン教授とメルボルン大学の先住民教員でアーティストでもあるティリキ・オウナス講師に代わりの計画に取り掛かる旨を伝えた。

一つは、前年から新たに開始したオーストラリア先住民と日本のアイヌと琉球の人々の遺骨返還に関する動向と法律や制度に関する調査、もう一つは、オーストラリア国内における先住民と移民に関する近年注目されている書物の翻訳であった。マーラン教授とオウナス講師からこの案への賛同とそれを支援するための国外から両大学の図書データベースの利用を許可していただいたおかげで、オーストラリアで出版されている大量の資料にアクセスができた。メルボルン大学の図書データベースでは、資料だけでなく映画やドキュメンタリーをも鑑賞することができた。そうした映像データの中に、ブチャーニーらが作成したドキュメンタリー『チャウカよ、時を伝えて』があり、二〇一九年度のオーストラリア人類学会が、本書の原書に特別賞を授与したこともあり、友永は本書が最も注目される作品であると確信し、日本での翻訳出版を実現させたいと願うようになった。

しかし、オーストラリア先住民の研究者である友永はそれまでクルド文化やクルド人移民・難民に関する研究に携わった経験は皆無に等しかった。このため、当時東京大学の博士課程で在日クルド人を含む難民問題を研究していた土田千愛氏と、龍谷大学の研究員であり国際人口移動を専門とする朴伸次氏、そしてオーストラリアにて実務家として移民や難民の支援活動に従事してきたメルボルン在住の三井洋氏が共に翻訳を行うこととなった。これにより、オーストラリアの歴史や社会とともに移民・難民たちの置かれている現場の状況に詳しく、また、クルド人の文化や離散の歴史、国際的な移民・難民保護制度に明るいメンバーによる翻訳チームを結成する運びとなった。

——＊——

次なる課題として浮上したのは、京都、東京、メルボルンという異なる場所およびタイムゾーンにいる訳者たちの協働作業の方法であった。幸いにして、Ｚｏｏｍなどのオンライン会議ツールが定着し始めた頃であり、これらを利用してのオンライン・ミーティングを七月から一〇月まで開催した。一度のミーティングでは、二名がそれぞれ担当する章の全訳文を提出し、その内容について意見を交わし、理解を共有することに努めた。各々の仕事への影響や時差も考慮して、ミーティングは金曜日の夕刻の二時間とし、それを二週続けて開催した後に一週間の翻訳準備期間を空けるという形式を繰り返した。こうしたスケジュールで本書全体の仮訳を約三ヶ月かけて完成させたのである。コロナ禍で外出の自粛・禁止という状況下で訳者たちはオンライン化する授業や仕事への対応に忙殺されていたが、その中にあって本書の翻訳作業は、同じ問題意識を共有する仲間とつながり、一つの目的に向けて共同作業を実践する貴重な時間となっていたように思われる。訳出の担当を記しておく。友永が「はじめに」「翻訳者の物語」「第四章」「第八章」「翻訳者の考察」、土田が「第三章」「第七章」「第一一章」、朴が「第二章」「第六章」「第一〇章」「山よりほかに友はなし——その背景」、三井が「第一章」「第五章」「第九章」「第一二章」を担当した。

仮訳が四割ほど仕上がった段階で明石書店に企画書を提出し、出版の許可を得ることができたものの、同時に明石書店からは、専門家の監修と監訳を求められた。最適な監修・監訳者を見つけることは容易ではなかったが、仮訳を終える頃に思わぬ助っ人が現れた。二〇一八年八月から二〇一九年九月までメルボルン大学にて海外研究員をされ、本書の英語翻訳者であるトフィギアン氏とも直接の友好関係があり彼から翻訳の依頼も受けていた西南学院大学教授の一谷智子先生がその作業を引き受けてくれたのである。これにより、翻訳権を取得し翻訳の段取りが整った。大学業務のため時間が限られる中で訳文の隅々にまで目を通し、ブチャーニー氏やトフィギアン氏ともやりとりを重ねながら根気強く監訳作業をしてくださった一谷先生の助力がなければ、これほど読みやすく洗練された翻訳書を日本の読者に届けることは叶わなかった。具体的には、仮訳の誤訳修正と幾度にも及ぶ著者たちへの確認、文学者としての専門的な視点から読者にとって読みやすい文章にするために訳文を大幅に修正していただいた。加えて「日本語版刊行に寄せて」は一谷先生が全訳されている。こうした一谷先生の原文の魅力と意味をできるだけ忠実に伝えようと努める姿勢、さらに監修・監訳をお引き受けていただいたことに、私たち訳者一同は深い感謝の念を抱いている。

また、友永が日豪での大学院生時代から指導を受けてきたオーストラリア国立大学の名誉教授テッサ・モーリス＝スズキ先生からは本書を読む際のオーストラリアにおける難民に関する諸政策の歴史的、政治的な背景を簡潔に記述いただだいた。さらに、アラビア系、クルド系の人物名の表記については、友永が二〇二二年九月から半年間所属したケンブリッジ大学東アジア中東研究学部に所属するクルド人でアラム語を専門とするマスード・モハンマリダッド先生にご教授いただき、最もネイティブに近い発音表記に改めた。こうした先生方のご支援なくして本書を出版することはできなかった。この場をお借りして感謝申し上げたい。

最後に、本書を翻訳する意義について三点挙げたい。まず、オーストラリアが一九九〇年代から実施してきた強制収容措置、二〇〇〇年からのパシフィック・ソルーションと言われる水際対策の現状を、直接体験した当事者の語りから学ぶことができるということである。

次に、こうした強制収容措置は移民のみを対象とすると見られがちであるが、実際は先住民に対して植民地化の過程で実施されてきた保護隔離政策や同化政策と相通じるものである。とりわけ八〇年代後半から顕在化する、先住民を強制的に監獄、留置所、少年院などに拘禁し、そこでの非人道的な扱いや高い死亡率の問題は、本書で扱われる難民の収容施設の拘禁によるそれと類似している。このため難民問題を通して先住民問題ひいてはブラック・ライブズ・マター運動のような問題にも目を向ける視点を涵養できることがある。

最後に、難民・庇護申請者の強制収容や収容施設での非人道的な対応は、とりわけ安定した在留資格を持たない外国人に対する出入国在留管理の形で日本でも問題となっており、本書の内容は日本の移民・難民政策をめぐる議論に対して示唆を与えることがある。

本書の翻訳と出版にあたって監訳者、訳者をはじめ多くの方々からの支援を受けた。また、版権交渉をはじめ奔走してくださり、本書完成まで辛抱強く私たちの執筆に付き合ってくださった大江道雅さんと編集を担当いただいた岡留洋文さんに感謝申し上げる。なお、本書出版の経費は友永が代表を務める科学研究費の国際共同研究加速基金（国際共同研究強化）（17KK0036）と龍谷大学のグローバル・アフェアーズ研究センター（ＧＡＲＣ）からの助成金を充てた。新型コロナウイルス感染症拡大が落ち着きを見せる中ではあるが、世界の情勢は、長引くロシアのウクライナ侵攻、ミャンマーやアフガニスタンの政治不安定、さらには、ハマスとイスラエルの戦闘など、いまだ世界中で移動を余儀なくされる人々は尽きることがない。そうした中で本書が日本語で出版される意義は大きいと訳者一同は考えている。

二〇二三年一〇月一四日　「オーストラリア先住民の声の国民投票」が「否決」された日に

友永　雄吾

[翻訳者]

土田千愛（つちだ　ちあき）

東京大学地域未来社会連携研究機構三重サテライト特任助教。東京大学大学院総合文化研究科国際社会科学専攻「人間の安全保障」プログラム博士課程修了。博士(国際貢献)。専門領域は国際関係論、移民・難民研究。

朴伸次（パク シンチャ）

龍谷大学嘱託研究員・非常勤講師、関西学院大学非常勤講師。ニューヨーク州立大学ビンガムトン校社会学研究科博士課程修了、Ph.D。専門領域は移民・難民研究、ディアスポラ研究、マイノリティ研究、歴史社会学。

三井洋（みつい　ひろし）

オーストラリア・ソーシャルワーカー協会認定ソーシャルワーカー。オーストラリア・ヴィクトリア州メルボルン在住。メルボルンの難民庇護希望者支援センターにてボランティア・ケースワーカーの経験7年あり。並行して、現地の公的機関・非営利団体にて障害者の権利擁護と社会参加に関わる業務に現在まで通算14年間従事。

[寄稿者]

テッサ・モーリス＝スズキ（Tessa Morris-Suzuki）

歴史学者。オーストラリア国立大学名誉教授。オーストラリア学士院の名誉研究員。 研究テーマは東アジアと近代日本。特に、歴史紛争と和解、移民、マイノリティの問題に関心がある。主な著書に『辺境から眺める――アイヌが経験する近代』(みすず書房、2000年)、『批判的想像力のために――グローバル化時代の日本』(平凡社、2013年)、『過去は死なない――メディア・記憶・歴史』(岩波書店、2014年)。近著に *Japan's Living Politics*：*Grassroots Action and the Crises of Democracy*（Cambridge University Press、2020)、*On the Frontiers of History: Rethinking East Asian Borders*（ANU Press、2020)、『アイヌの権利とは何か』（共著、かもがわ出版、2020年)。2013年、アジア研究における多大な貢献が評価され福岡アジア文化賞（学術研究賞）を受賞。

[監修・監訳者]

一谷智子（いちたに・ともこ）

西南学院大学外国語学部外国語学科教授。博士（文学）。専門領域はオーストラリア文学、ポストコロニアル・スタディーズ、環境文学。主な著書に*Postcolonial Issues in Australian Literature*（共著、Cambria Press、2010年）、『トランスパシフィック・エコクリティシズム――物語る海、響き合う言葉』（共編著、彩流社、2019年）、『オーストラリア多文化社会論――移民・難民・先住民族との共生をめざして』（共著、法律文化社、2020年）、『語られぬ他者の声を聴く――イギリス小説にみる〈平和〉を探し求める言葉たち』（共著、開文社出版、2021年）、主な訳書にケイト・グレンヴィル『闇の河』（現代企画室、2015年）、キャシー・ジェトニル＝キジナー『開かれたかご――マーシャル諸島の浜辺から』（みすず書房、2023年）がある。

友永雄吾（ともなが　ゆうご）

龍谷大学国際学部准教授。総合研究大学院大学地域文化学専攻修了。博士（文学）。専門領域は社会・文化人類学、オーストラリア先住民研究。主な著書に『オーストラリア先住民の土地権と環境管理』（明石書店、2013年）、『スタディツアーの理論と実践――オーストラリア先住民との対話から学ぶフォーラム型ツアー』（明石書店、2019年）、主な論文に「オーストラリアにおける先住民族の遺骨・副葬品の返還と再埋葬」（『オーストラリア研究34号』2021年）、"Dispute over the Recognition of Indigenous Peoples in the Lawsuit Calling for the Return of the Ryukyuan Remains"（単著、*International Journal of Human Rights*、2024年）、訳書にブルース・パスコウ『ダーク・エミュー　アボリジナル・オーストラリアの「真実」――先住民の土地管理と農耕の誕生』（明石書店、2022年）がある。

著者・訳者・寄稿者紹介

[原著者]

ベフルーズ・ブチャーニー（Behrouz Boochani）

作家、ジャーナリスト、映画監督。1983年、イランのイーラームにクルド人として生まれる。テヘランにあるタルビアット・モアレム大学とタルビアット・モダレス大学に学び、政治学の修士号を取得。クルド語雑誌*Werya*の記者として活躍。2013年、イラン政府の弾圧を逃れて、ボートピープルとしてオーストラリアに庇護を求めたが、パプアニューギニアのマヌス島にある難民収容施設に強制収容される。その体験をもとに書かれた『山よりほかに友はなし』は、ヴィクトリア州首相文学賞、ニューサウスウェールズ州首相文学賞特別賞、全豪伝記文学賞など数多くの賞を受賞し、世界各国語に翻訳されている。シドニー大学のシドニー・アジア太平洋移民センター（SAPMiC）やカンタベリー大学など多くの大学や研究機関で客員研究員を務める。ペン・インターナショナルの名誉会員。『ガーディアン』に連載をもち、『サタデー』『ハフィントン・ポスト』『フィナンシャル・タイムズ』『シドニー・モーニング・ヘラルド』などに寄稿。2017年の長編映画『チャウカよ、時を伝えて』をアラシュ・カマリ・サルベスターニーと共同監督。ナザニン・サハミザデの演劇『マヌス』の制作協力者でもある。2022年に2冊目となる*Freedom, Only Freedom: The Prison Writings of Behrouz Boochani*を刊行した。

[英訳者]

オミド・トフィギアン（Omid Tofighian）

哲学者、翻訳者、人権活動家。イランのテヘランに生まれる。後に両親とともにオーストラリアに移住。シドニー大学で哲学と宗教学の学士号を取得し、ライデン大学で哲学の博士号を取得。カイロのアメリカン大学で哲学の准教授を経て、シドニー大学とニューサウスウェールズ大学で研究員を務める。哲学を通して市民メディア、レトリック、宗教、大衆文化、トランスナショナリズム、強制移住、差別といった問題を考察している。主な著書に*Myth and Philosophy in Platonic Dialogues*（Palgrave Macmillan 2016）があり、ベフルーズ・ブチャーニーの協力者かつ作品の翻訳者として、多数の著書や論文を発表している。

山よりほかに友はなし
——マヌス監獄を生きたあるクルド難民の物語

2024 年 2 月 29 日　初版第 1 刷発行

原著者　ベフルーズ・ブチャーニー
英訳者　オミド・トフィギアン
監修・監訳者　一谷智子
友永雄吾
発行者　大江道雅
発行所　株式会社明石書店
〒 101 0021 東京都千代田区外神田 6-9-5
電　話　03（5818）1171
FAX　03（5818）1174
振　替　00100-7-24505
http://www.akashi.co.jp
装丁　上野かおる
印刷・製本　モリモト印刷株式会社

ISBN978-4-7503-5712-6
Printed in Japan
（定価はカバーに表示してあります）

ダーク・エミュー
アボリジナル・オーストラリアの「真実」
先住民の土地管理と農耕の誕生

ブルース・パスコウ 著
友永雄吾 訳

■四六判／上製／324頁　◎2800円

オーストラリア先住民が有史以前から、高度な農耕、養殖、定住といった文化を発展させていたことを当時の入植者が記録した多くの歴史資料をもとに論じる。既存の狩猟、漁労、採集の民という先住民族のイメージを大きく転回させるきっかけとなった話題の書。

●内容構成●

難民
行き詰まる国際難民制度を超えて

アレクサンダー・ベッツ、ポール・コリアー 著
滝澤三郎、岡部みどり、佐藤安信、杉木明子、山田満 監訳
金井健司、佐々木日奈子、須藤春樹、春聡子、古川麗、松井春樹、松本昂之、宮下大夢、山本剛 訳

■四六判／並製／336頁　◎3000円

本書では、90％の難民の留まる周辺国で、難民に就労機会と教育を提供することで難民の自立を推進することを提唱する。難民の自助努力を支援するアプローチ、受け入れ社会への貢献、さらには出身国の再建を可能にするオルタナティブなビジョンを提示した重要な一冊。

●内容構成●

〈価格は本体価格です〉

希望 オーストラリアに来た難民と支援者の語り
多文化国家の難民受け入れと定住の歴史
アン＝マリー・ジョーデンス著　加藤めぐみ訳　◎3200円

クルド人を知るための55章
エリア・スタディーズ 170　山口昭彦編著　◎2000円

「難民」とは誰か　本質的理解のための34の論点
小泉康一著　◎2700円

難民・強制移動研究入門
難民でも移民でもない、危機移民があふれる世界の中で
小泉康一著　◎3500円

難民とセクシュアリティ
アメリカにおける性的マイノリティの包摂と排除
工藤晴子著　◎3200円

難民を知るための基礎知識　政治と人権の葛藤を越えて
滝澤三郎、山田満編著　◎2500円

難民との友情　難民保護という規範を問い直す
山岡健次郎著　◎3600円

いっしょに考える難民の支援
日本に暮らす「隣人」と出会う
森恭子、南野奈津子編著　◎2500円

政治主体としての移民／難民
人の移動が織り成す社会とシティズンシップ
錦田愛子編　◎4200円

移住者と難民のメンタルヘルス　移動する人の文化精神医学
ディネッシュ・ブグラ、スシャム・グプタ編
野田文隆監訳　李創鎬、大塚公一郎、鵜川晃訳　◎5000円

ロヒンギャ問題とは何か　難民になれない難民
日下部尚徳、石川和雅編著　◎2500円

入管問題とは何か　終わらない〈密室の人権侵害〉
鈴木江理子、児玉晃一編著　◎2400円

出入国管理の社会史　戦後日本の「境界」管理
李英美著　◎4000円

帝国のヴェール　人種・ジェンダー・ポストコロニアリズムから解く世界
荒木和華子、福本圭介編著　◎3000円

帝国の島　琉球・尖閣に対する植民地主義と闘う
松島泰勝著　◎2600円

黒人と白人の世界史　「人種」はいかにつくられてきたか
世界人権問題叢書 104　オレリア・ミシェル著
児玉しおり訳　中村隆之解説　◎2700円

〈価格は本体価格です〉

グローバル化する世界と「帰属の政治」 移民・シティズンシップ・国民国家
ロジャース・ブルーベイカー著 佐藤成基、髙橋誠一、岩城邦義、吉田公記編訳 ◎4600円

フランス人とは何か 国籍をめぐる包摂と排除のポリティクス
パトリック・ヴェイユ著 宮島喬、大嶋厚、中力えり、村上一基訳 ◎4500円

オルター・ポリティクス 批判的人類学とラディカルな想像力
ガッサン・ハージ著 塩原良和、川端浩平監訳
前川真裕子、稲津秀樹、高橋進之介訳 ◎3200円

ヒトラーの娘たち ホロコーストに加担したドイツ女性
ウェンディ・ロワー著 武井彩佳監訳 石川ミカ訳 ◎3200円

ハロー・ガールズ アメリカ初の女性兵士となった電話交換手たち
エリザベス・コッブス著 石井香江監修 綿谷志穂訳 ◎3800円

オーストラリア先住民の土地権と環境管理
世界人権問題叢書84 友永雄吾著 ◎3800円

スタディツアーの理論と実践 オーストラリア先住民との対話から学ぶフォーラム型ツアー
友永雄吾著 ◎2200円

オーストラリア先住民族の主体形成と大学開放
前田耕司著 ◎3800円

多文化国家オーストラリアの都市先住民 アイデンティティの支配に対する交渉と抵抗
栗田梨津子著 ◎4200円

人体実験の哲学 「卑しい体」がつくる医学、技術、権力の歴史
グレゴワール・シャマユー著 加納由起子訳 ◎3600円

ドローンの哲学 遠隔テクノロジーと〈無人化〉する戦争
グレゴワール・シャマユー著 渡名喜庸哲訳 ◎2400円

人間狩り 狩猟権力の歴史と哲学
グレゴワール・シャマユー著
平田周、吉澤英樹、中山俊訳 ◎2400円

統治不能社会 権威主義的ネオリベラル主義の系譜学
グレゴワール・シャマユー著 信友建志訳 ◎3200円

レヴィナスを理解するために 倫理・ケア・正義
コリーヌ・ペリュション著
渡名喜庸哲、樋口雄哉、犬飼智仁訳 ◎3000円

黙々 聞かれなかった声とともに歩く哲学
高秉權著 影本剛訳 ◎2600円

私とあなたのあいだ いま、この国で生きるということ
温又柔、木村友祐著 ◎1700円

〈価格は本体価格です〉